서양의 정의론, 동양의 정의론

연구총서 48

서양의 정의론, 동양의 정의론
Theories of justice in the West, Theories of justice in the Orient

지은이 이찬훈
펴낸이 오정혜
펴낸곳 예문서원

편집 유미희
인쇄 및 제책 주) 상지사 P&B

초판 1쇄 2023년 1월 3일

출판등록 1993년 1월 7일(제307-2010-51호)
주소 서울시 성북구 안암로 9길 13, 4층
전화 925-5913~4 ㅣ 팩스 929-2285
전자우편 yemoonsw@empas.com

 ISBN 978-89-7646-477-4   93150
YEMOONSEOWON 13, Anam-ro 9-gil, Seongbuk-Gu, Seoul, KOREA 02857
 Tel) 02-925-5913~4 ㅣ Fax) 02-929-2285

값 24,000원

연구총서 48

서양의 정의론, 동양의 정의론

이찬훈 지음

예문서원

책을 펴내며

수많은 사람이 공정과 정의를 부르짖고, 정의로운 사회의 건설을 목표로 내세운 것은 어제오늘의 일이 아니다. 우리는 정의롭지 못한 것 즉, 불의는 그 자체가 잘못된 것이고 우리가 마땅히 맞서 싸워야 할 것이라 여긴다. 사람들 대부분은 특히 정의를 정치사회적인 선 가운데서도 으뜸가는 것으로 여긴다. 동서양을 막론하고 정의는 기본적으로 '각자에게 알맞은 몫을 주는 것'을 의미한다. 즉 각자가 자신에게 적합하고 자신이 마땅히 해야 할 일을 하고 그에 알맞은 보상을 받는 것이야말로 정의이다. 사실 이런 정의가 이루어지는 사회보다 더 올바른 사회를 그리기는 어렵다. 그렇기에 지금껏 모든 위정자는 한결같이 정의로운 사회의 건설을 정치의 목표로 내걸었다. 우리나라에서도 심지어 군사쿠데타로 정권을 장악한 군부독재정권조차 겉으로는 '정의사회구현'을 구호로 삼지 않았는가?

그런데도 정의로운 사회의 건설은 결코 쉬운 일이 아니다. 아니 지금까지 과연 진정으로 정의로운 사회가 실현된 적이 있었던가 할 정도로 그것은 지극히 어려운 일인지도 모른다. 최근 우리 사회에서는 새삼 공정과 정의가 문제가 되어 모두가 고민하는 절실한 화두로 떠올랐다. 이것은 우리 사회에서 불공정과 불의가 그만큼 심각한 문제로 해결해야 할 과제라는 것을 입증하는 일이라 할 수 있다.

　대한민국 19대 대통령인 문재인 대통령은 2017년 5월 10일 대통령 취임사에서 "지역과 계층과 세대 간 갈등을 해소하고 비정규직 문제도 해결의 길을 모색하겠습니다. 차별 없는 세상을 만들겠습니다. 거듭 말씀드립니다. 문재인과 더불어민주당 정부에서 기회는 평등할 것입니다. 과정은 공정할 것입니다. 결과는 정의로울 것입니다"라고 말했다. 차별 없는 공정하고 정의로운 사회를 만들겠다는 포부를 밝힌 것이다.

　그러나 그 후 우리 사회에서는 여러 사건을 계기로 도리어 공정과 정의를 둘러싼 갈등과 충돌이 격화되었다. 그 가운데 무엇보다도 인천국제공항공사 비정규직의 정규직 전환을 둘러싼 갈등과 의견 충돌은 매우 상징적이다. 문재인 대통령은 취임사를 한 이틀 뒤인 2017년 5월 12일 인천국제공항공사를 방문하여 '공공부문 비정규직 제로 시대'를 선언하였고, 수많은 비정규직 노동자들은 자신도 정규직이 될 수 있다는 꿈에 부풀었다. 그 이후 인천국제공항공사는 상당 기간 노동단체 등과 여러 차례의 협의와 합의를 통해 일부 비정규직 노동자들을 정규직으로 전환하였다. 그런데 얼마 지나지 않아 이에 대한 반대와 항의가 일어나고 이에 따른 격렬한 논란이 벌어졌다. 일부 취업준비생들은 비정규직 노동자들의 정규직 전환이 공정한 입사 경쟁 경로인 공채시험을 거치지 않아 불공정하며, 그것은 자신들의 정규직 취업 기회를 앗아 가는 것이라고 항의하며 강한 분노를 표출하였다. 심지어 일부 취업준비생들은 인권위원회에 진정을 내기도 하고 그 진정을 각하한 인권위의 처분을 취소해 달라는 소송을 제기하기까지 하였다. 정치권과 언론도 이런 논란의 와중에 뛰어들어, 우리 사회에서는 공정과 정의에 대한 극심한 의견 대립이 드러나게 되었다. 비정규직 노동자들의 정규직 전환에 대한 논란은 인천국제공항공사에 한정되지 않고 국민건강보험공단 비정규직이나 교육부문 비정규직 노동자들 문제 등으로까지 확산하였다. 문재인 대통령이 차별 없는 공정하고 정의로운 사회를 위해 제일 먼저 내세웠던 비정규직 노동자들의 정규직 전환 문제가 바로 극심한 논란을 불러일으켰다는 사실은, 공정과 정의가 무엇이며 그것을 어떻게 달성할 수 있는가 하는 문제가 그리 녹록지 않은 문제라는 것을 보여 주었다.

그런데 공정과 정의를 둘러싼 논란과 대립은 여기에만 한정되지 않았다. 이 밖에도 수많은 문제를 둘러싸고 공정과 정의에 대한 의견에 격렬한 충돌이 일어났다. 우리 사회의 공정과 정의 논란에 기름을 부은 것은 무엇보다도 조국 전 법무부 장관 자녀의 입시 관련 사건이었다. 자녀의 경력을 허위로 조작하여 대학입시에 사용했다는 것이 이 사건을 둘러싼 핵심 논란이었다. 이 사건으로 조국 전 장관은 장관직에서 물러났고, 그의 부인 정경심 전 동양대 교수는 딸의 동양대 표창장을 위조한 자녀입시비리 혐의 등으로 재판에 넘겨져 대법원에서 징역 4년의 형이 확정되었다. 이 사건이 불거지자, 평소 공정과 정의를 내세웠던 조국 전 장관은 물론, 그가 속한 정부와 민주진영을 향한 엄청난 분노가 일어났다. 소위 민주진영 인사라는 사람들도 겉으로는 공정과 정의라는 이미지로 자신을 포장하면서 실제로는 자신이 비판하는 사람들과 다름없이 갖은 편법을 동원해서라도 자신의 이익만을 추구했다는 것 때문에 많은 사람이 엄청난 배신감과 분노를 느끼고 표출했다.

이 분노는 조국 전 장관 가족에 대한 처벌 요구에 그치지 않았다. 그것은 학생부종합전형 방식을 포함한 대학입시제도 자체의 공정성 문제로도 확대되어 갔다. 여러 가지 편법을 동원한 조작의 가능성이 큰 제도들은 폐지하고 차라리 대입수능시험 점수로만 줄을 세워 대학입시 합격자를 선발하는 것이 공정하다는 의견이 분출하였다. 급기야 이것은 다양성과 평등성 등에 대한 고려보다도 객관적 공정성이 더 중요하며, 객관적인 시험으로 과정의 공정성이 보장되기만 한다면, 그에 따른 불평등이나 차별은 정당한 것으로 받아들일 수 있다는 견해로 확대되기도 하였다.

　그 이후 이러한 견해는 공정한 경쟁을 통해 각 개인의 능력과 성과를 객관적으로 평가해서 그에 합당한 대우를 하는 것이 무엇보다도 중요하다는 능력주의의 확산으로 이어졌다. 능력주의자들은 개인이 받는 몫은 철저하게 개인의 능력과 성과(업적, 기여)에 따라 정해져야만 하며 그러한 것이 바로 정의라고 주장한다. 능력주의자들은 대체로 개인을 서로 자유로운 독립적인 존재이며 그들 사이의 경쟁은 필연적이고 그 결과 역시 개인이 감당해야 할 몫이라고 간주한다. 사회는 자유로운 개인들이 서로 경쟁을 벌여 승리자가 더 많은 것을 차지하는 약육강식과 승자독식의 정글과 같다는 것이다. 이들은 이런 사회를 당연한 것으로 받아들이며, 이런 경쟁의 결과로 불평등이 초래된다고 해서 약자들을 위한 할당제 같은 것으로 보완조치를 취하는 것은 공정을 해치는 부당한 개입이라고 간주한다. 최근 우리 사회에서는 여성 할당제 폐지나 여성가족부 폐지 주장 같은 것을 통해 이러한 능력주의의 견해가 극명하게 표출되기도 하였다. 그동안 사회적 약자로 간주해 여성을 배려해 왔던 여성 할당제 같은 제도들은 더 많은 능력을 갖춘 남성들에게 불공정하게 작용하기 때문에 폐지해야 한다는 능력주의의 주장은 특히 많은 남성 청년들에게서 호응을 얻었다. 이런 와중에 '국민의 힘'이라는 정당의 이준석 대표는 그의 저서 『공정한 경쟁』을 비롯한 여러 곳에서 이런 주장을 적극적으로 펼치면서 능력주의의 아이콘으로 떠오르기도 했다.

　독립적인 자유로운 개인과 개인의 능력을 무엇보다 중시하는 자유주의와 능력주의자들은 몫의 분배 문제에서 어떤 공동체적인 가치보다도 개인의 능력과 성과(업적, 기여)를 더 중시한다. 평창올림픽에서 여자 아이스하키 남북단일팀 구성을 둘러싸고 벌어진 우리 사회의 논란은 개인의 능력과 성과에 따른 보상과 공동체적인 가치에 따른 분배 사이의 갈등을 잘 보여 준 또 하나의 사례였다.

이 문제에서 일부 사람들은 남북단일팀 구성은 한국 대표선수들이 공정하게 경기할 기회를 박탈하고 더 실력 있는 일부 선수들을 탈락시킬 수 있는 불공정한 것이라고 비판하였다. 남북한 각각의 대표선수들이 이미 구성되어 있는데, 이 둘을 합쳐 공동팀을 구성하면, 남북의 적절한 안배 등을 위해 더 실력 있는 선수를 포함한 많은 선수가 출전 기회를 박탈당하는 등 여러 불이익을 받을 수 있다는 것이다. 그리고 이것은 그동안 열심히 노력한 개인에게 돌아가야 할 몫을 부당하게 침해하는 일이라는 것이다. 여기에서는 평화와 통일이라는 민족공동체의 이익을 위한 노력 같은 것보다도 공정하게 개인의 몫을 분배하는 것이 더 우선적이고 중요하다는 생각과 가치관의 일단이 잘 드러났다.

이처럼 최근 우리 사회에서 공정과 정의를 둘러싸고 일어난 일련의 논란과 갈등들은 공정과 정의라는 개념이 얼마나 복잡하고 그에 관한 생각들이 서로 얼마나 다른가를, 그리고 공정하고 정의로운 사회의 실현이 얼마나 어려운 일인가를 잘 보여 주었다. 이 때문에 공정과 정의는 우리 사회의 절실한 화두가 되었다.

그런데 공정과 정의라는 이 화두는 그 속에 수많은 물음을 포함하고 있다. 기회가 평등하고 과정이 공정하면 결과는 자연히 정의로운가? 결과가 아무리 불평등해도 평등하고 공정한 기회와 과정의 결과라면 정의로운 것으로 받아들여야 하는가? 기회가 평등하다는 것은 무슨 뜻일까? 형식적으로 똑같이 경쟁할 수 있는 자격을 부여하기만 하면 기회가 평등한 것일까? 아니면 처음부터 서로 다른 처지 때문에 기울어져 있는 경쟁조건을 실질적으로 평등하게 만들기 위한 어떤 조치들을 취해야 진정으로 기회가 평등한 것일까? 공정한 과정은 어떻게 이루어지는가? 누구에게나 똑같은 기회를 주고 객관적으로 채점이 가능한 시험을 통하기만 하면 공정한 것인가? 시험의 공정성은 어떻게 보장할 수 있는가? 어떤 분야, 어떤 내용과 형식으로 시험을 치러야 공정할 수 있는가? 한 번의 시험으로 측정한 결과를 믿을 수 있는가? 그게 아니라면 몇 번의 시험을 어떻게 시행해야 하는가? 개인의 능력이나 성과(업적, 기여)를 어떻게 정확하게 평가할 수 있는가? 개인의 능력이나 성과(업적, 기여)는 오로지 개인이 이룩한 것인가? 개인의 능력과 성과에는 수많은 타인과 사회적인 구조와 조건들도 함께 작용하는 것이 아닐까? 개인의 능력과 성과에 차이가 있다 하더라도 그 차이에 따른 보상은 어느 정도로 해야 하는가? 과연 승자독식이나 엄청난 격차를 인정해야 하는가? 아니면 차이를 인정한다 해도 너무 큰 불평등이 초래되지 않도록 그 결과를 조정해야 하는가? 어째서 개인의 능력과 성과(업적, 기여)만이 분배의 기준이 되어야 하는가? 인간의 절박한 필요라든가, 공공의 이익, 공동체의 선, 박애와 연대의 가치를 분배의 기준, 정의의 기준으로 고려할 필요는 없는가?

공정과 정의란 무엇인가 라는 문제가 포함하고 있는 이런 수많은 물음에 대한 답은 어느 순간 일어나는 한 번의 깨우침으로 단박에 얻어지는 것이 아니다. 동서양을 막론하고 지금까지 수많은 사상가가 이미 정의에 관한 사상과 이론을 제시한 바 있다. 그들은 각자 서로 다른 방식으로 정의에 관한 물음들에 대해 대답을 내놓았다. 정의에 관한 물음들에 대한 답을 얻기 위해 우리는 지금까지 제시된 수많은 정의 개념과 정의론들을 비교 검토할 필요가 있다. 이런 작업도 없이 자신만의 정의를 부르짖는다면, 그것은 벌써 이미 누군가가 제시한 정의론을 반복하는 것에 불과하거나, 아무런 근거도 없는 독단적인 주장을 하는 데 그치게 될 가능성이 크다. 정의란 무엇인가에 대한 올바른 답을 찾기 위해서 이보다는 기존의 뛰어난 정의론들을 상세히 비교 검토하면서 그 속에 들어 있는 불합리한 부분은 비판하고 합리적 부분은 수용함으로써 최적의 정의 원칙과 현실 속에서 정의를 실현해 나갈 방법을 찾아 나가는 쪽이 훨씬 더 낫다고 할 수 있다.

정의와 얽혀 있는 수많은 문제에 대한 해답을 얻기 위해서는 동서양의 중요한 정의론들의 장단점을 비판적으로 검토하고 그 속에 들어 있는 합리적인 부분들을 찾아내 종합하고 결합함으로써 보다 유효한 의론으로 계승해 나갈 수 있는 길을 모색해 나가야 한다. 이 책의 목표가 바로 이것이다. 이 책은 수많은 동서양의 사상 가운데서 정의와 관련해서 중요한 문제를 던지고 나름의 답을 제시함으로써 정의에 관한 논의에 크게 이바지한 것들을 뽑아 검토한 것이다. 여기서 필자는 정의와 연관된 동서양의 주요 이론을 읽으면서 파악한 각 이론의 장점과 문제점을 정리하고 그것들을 비판적으로 종합하여 정의 문제를 해결해 나갈 수 있는 나름의 길을 제시해 보고자 하였다.

그간의 중요한 동서양 정의론들을 검토해 보면 각자 나름대로 정의 문제를 해결하는 데 필요한 소중한 원리와 꼭 고려해야만 하는 요소를 제시해 주고 있다. 그런데 문제는 철학자와 사상가가 종종 자신이 내세우는 원리와 주장을 절대적인 것으로 고집한다는 것이다. 철학자와 이론가들은 종종 완벽한 체계화와 절대적인 법칙이라는 이론적 강박 탓에 한쪽 극단만을 고집하는 경향이 있다. 이것은 도덕규칙 역시 하나의 법칙으로서 자연법칙과 마찬가지로 예외를 인정하지 않는 조건 없이 절대적인 것이 되어야 한다는 강박관념과 맞닿아 있는 것이라 할 수 있다. 그래서 정의 문제에서도 자신이 내세우는 하나의 원리로 모든 것을 해결할 수 있다는 독단이 종종 나타난다. 그러나 이것은 다중적이고 복합적인 인간들의 관계, 서로 다른 동기와 목적 및 가치관, 서로 갈등하는 이해관계 등이 복잡하기 짝이 없게 얽혀 있는 현실의 경험적인 인간세계에 들어맞을 수 없는 이념이다.

앞으로 자세히 보게 되겠지만, '각자에게 알맞은 몫을 분배'하려는 정의의 문제를 다룰 경우, 이성과 경험, 동기와 결과, 의무와 목적(행복), 개인의 권리와 공리, 개인의 자유와 공동체의 가치, 개인의 노력 및 공적과 인간의 절박한 필요 또는 사회적 약자에 관한 관심과 배려 등, 관련된 수많은 요소를 모두 고려해야만 한다. 이 중 어느 한쪽만을 절대화하고 다른 쪽을 무시하고 배제하는 데서 문제가 벌어진다. 문제를 해결하기 위해서는 어느 한쪽만을 절대화하고 고집할 것이 아니라 상대방의 중요성을 함께 인정하고 양편을 종합해야 한다. 이 책에서는 그동안 대립해 온 윤리도덕사상과 정의론들이 어떤 편향성을 가지고 있으며 거기로부터 어떤 문제가 발생하는가를 밝히고, 그런 문제들을 해결하기 위해서는 서로 대립적인 것으로 간주되어 온 요소와 견해들을 '불이不二적 관점'에서 통합하는 것이 필요하다는 것을 밝히고자 하였다.

불이적 관점에 대해서 필자는 이전에 『둘이 아닌 세상』이라는 저서를 통해 상세히 논한 바가 있다. 필자는 그 책에서 이 세상을 불이적 관점에서 바라보는 불이사상不二思想이 인간을 포함한 이 세상 모든 존재에 대한 근본적인 존재론적 설명을 제공해 주고, 우리를 이끌어 갈 삶의 지침도 제공해 줄 수 있다는 것을 밝힌 바 있다.[1] 그 이후 필자는 불이사상을 통해 세상과 인생을 바라보며 수많은 사상과 이론들을 불이사상을 통해 읽고 풀어내 보려는 작업을 계속해 왔다. 예컨대 그런 작업의 하나로 필자는 『불이사상으로 읽는 노자』(예문서원, 2006)라는 책을 낸 바가 있고, 불교와 관련된 여러 논문을 발표하기도 하였다. 이 책 역시 필자가 불이적 관점에서 수많은 동서양의 정의론을 읽고 정리하여 여전히 우리의 중요한 화두 중 하나인 정의 문제를 해결하기 위한 방도를 제시해 본 것이다.

'불이不二'라는 말은 '둘이 아님'이라는 뜻이다. 이것은 근본적으로 이 세상 모든 것의 관계, 이것과 저것, 이것과 다른 것들의 관계를 표현하는 말이다. 이 세상 모든 것들이 서로 둘이 아니라고 하면, 사람들은 대번에 그럼 하나라고

---

1) 불이사상에 대해서는 이찬훈, 『둘이 아닌 세상』(이후, 2002), '3부 불이 사상과 미래 문명' 부분을 참조.

하지 왜 어렵게 둘이 아니라고 하느냐 라고 타박을 할 수도 있을 것이다. 그러나 그것은 '불이'라고 하는 말이 포함하고 있는 뜻을 아직 제대로 헤아리지 못한 데서 나오는 성급한 판단이라고 할 수 있다. 무릇 이 세상에 존재하는 모든 것은 저 혼자 독립적으로 존재할 수 없으며, 모든 것은 다른 것들과 맺는 관계의 그물망 속에서만 존재할 수 있다. 그런데 서로 간의 관계 속에서만 존재하는 것들은 서로 관계를 맺을 수 있는 같은 점(접점)이 있어야만 한다. 그것들이 서로 전적으로 다르기만 한 둘이라면 서로 관계를 맺을 수 없다. 관계 속에서만 존재하는 것들을 둘이라고 한다면 그것들이 서로 다르지 않음을 표현할 수가 없다. 그러나 그렇다고 해서 그것들이 서로 완전히 같은 것이라면 애당초 이것 과 저것의 구분도 없고 아무런 관계도 있을 수 없다. 따라서 그것들은 완전히 똑같은 하나도 아니다. 만약 하나라고 하면 그것들이 같지 않음을 표현할 수 없다. 이처럼 불가분한 관계 속에서만 존재하는 것들은 둘이라고 해도 틀리고, 하나라고 해도 틀린 그런 존재들이며, 그래서 그것들의 관계는 불이라고밖에는 표현할 수가 없다.

불이사상의 핵심은 불이적 관계에 있는 것들 가운데서 어느 쪽으로도 완전히 치우치지 않는 중도에 있다. 우리가 범하는 대부분의 잘못은 어느 한쪽만을 극단적으로 중시하고 다른 쪽을 무시하는 데서 벌어진다. 정의론에서도 마찬가지이다. 정의 문제를 둘러싸고 벌어지는 논쟁에서 대부분의 잘못 역시 정의 문제에서 고려해야만 하는 불이적 요소들 가운데 어느 한쪽만을 고집하고 다른 쪽을 무시하거나 배제하는 데서 일어난다. 이런 문제점에 대해서는 앞으로 여러 동서양의 정의론에 대한 검토에서 자세히 보게 될 것이다. 칸트와 공리주의의 정의론에 대한 검토 등에서 드러날 것이지만, 이성과 경험, 동기와 결과, 의무와 목적(행복, 공리) 등 불이적 관계에 있는 요소들을 서로 단절시키고 한쪽만을 극단적으로 강조하고 다른 쪽을 배제하면 문제가 발생한다. 이것은 유가와 묵자의 의론에서 나타나는 의義와 리利에 대한 논의에서도 마찬가지이다. 또한 자유주의와 공동체주의 정의론에 대한 논의에서 드러나듯이 개인과 공동체, 개인의 자유와 공동체적 가치라는 불이적 요소에 대해서도 똑같은 이야기를 할 수 있고, 이 점은 유가의 친친親親에 기초한 별애別愛와 묵자의 겸애兼愛에 대한 논의에 대해서도 마찬가지이다.

　　이 책에서는 편의상 동서양의 정의론을 1, 2부로 나누어 논하였다. 1부인 '불이적 관점에서 본 서구의 정의론'에서는 서양 고대의 플라톤과 아리스토텔레스의 정의론, 근대의 칸트와 공리주의 철학과 정의론, 현대의 여러 자유주의자와 공동체주의자의 정의론, 그리고 레비나스의 정의론을 다루었다. 2부인 '묵자와 동양의 정의론'에서는 묵자의 정의론을 중심으로 하되 그것을 공자와 맹자가 대표하는 유가철학의 정의론과 대비하여 다루었다.

　　필자는 「통합적 관점에서 본 서구의 정의론」이라는 논문과 「묵자 의론의 현대적 의미」2)라는 논문을 통해, 각기 이 책의 1부와 2부에서 다루는 서구의 정의론과 동양의 정의론의 내용을 조금 간략하게 다룬 바 있다. 이 책에서는 이들 논문을 기초로 하면서도, 논문이라는 글의 제약으로 인해 충분히 서술하지 못했던 내용과 그 밖의 보충하는 글도 포함하여 동서양의 정의론을 불이사상의 관점에서 종합하면서 총체적으로 정리하고 논하였다.

　　서양의 정의 개념은 고대 그리스에서부터 발견할 수 있는데, 정의 문제가 본격적으로 논의된 것은 플라톤에서부터였다. 그를 이어받은 아리스토텔레스는 일반적인 의미의 정의와 특수적 의미의 정의를 모두 포함하는 것으로서

---

2) 이찬훈, 「통합적 관점에서 본 서구의 정의론」, 『인간·환경·미래』 제27호(2021); 「묵자 의론의 현대적 의미」, 『율곡학연구』 제48집(2022).

정의 문제에 대해 많은 이야기를 하였다. 그 가운데 아리스토텔레스가 논한 분배적 정의 문제는 이후 서구의 정의론에 지대한 영향을 끼쳤다. 아리스토텔레스 이후 서구에서는 정의 문제가 주로 각자에게 마땅히 받아야 할 것을 주는 것이라는 분배의 문제를 중심으로 논의되었다. 분배적 정의 문제는 특히 근대 이후 다시 본격적으로 논의되었는데, 여기에 큰 역할을 한 것은 칸트의 도덕철학과 공리주의였다.

칸트철학과 공리주의는 윤리도덕의 문제와 분배적 정의 문제에 대해 매우 대조적인 관점을 제공하였다. 그것들은 개인과 공동체(사회), 동기와 결과, 의무와 목적, 옳음과 선의 관계나 우선성 문제 같은 것에 대한 대조적 관점을 제시하였고, 분배적 정의 문제에 대한 대조적 견해에도 커다란 영향을 미쳤다.

공리주의가 등장한 이래 그것은 오랫동안 특히 정치사회적 영역에서 서구 자유민주주의 사회를 지배하는 원리로서 주도적인 영향력을 행사하였다. 그리고 그 대척점에는 칸트를 계승한 자유주의자들이 있었다. 그들은 공리주의 원칙을 비판하며 개인의 자유와 권리를 앞세웠다. 그 가운데 자유지상주의자들은 개인에게 돌아가야 할 몫을 개인의 자유로운 선택과 능력에 따른 경쟁에 맡겨 놓는 것이야말로 정의로운 것이라고 간주하였다. 그러나 여기에는 여러 가지 문제가 있었고, 그에 대한 반동으로 그와 정반대로 기계적인 산술적 평등을 정의로 여기는 극단적인 평등주의 경향도 등장하였다. 그러나 그것 역시 심각한 문제를 포함하고 있었다. 이런 양자의 정의 개념이 포함하고 있는 문제들을 극복하고 올바른 정의론을 정립해 보고자 한 것이 존 롤스의 정의론이었다.

롤스는 개인의 자유 그리고 그에 기초한 권리와 의무를 존중하는 자유주의 전통에 기초해 정의론을 구축하려 하였다. 그러나 롤스의 정의론은 자유주의를 기반으로 삼으면서도 극단적으로 자유만을 내세우지 않고 평등의 요소도 도입하려고 노력하였다. 이런 롤스의 정의론은 이후 현대 서구 정의론에 큰 영향을 끼쳤다. 롤스의 정의론이 발표된 이후 그것이 포함하고 있는 여러 가지 문제들에 대한 다양한 논의들이 이어졌다. 롤스의 정의론에 대한 문제 제기는 주로 공동체주의자들이라 부르는 일련의 사상가들에 의해 이루어졌다. 그 후 공동체주의자들의 비판에 대해 롤스를 포함한 여러 자유주의 사상가들이 다시 반박하면서 자유주의와 공동체주의 간에 정의를 둘러싼 논쟁이 활발하게 벌어졌고, 그 논의는 지금도 계속되고 있다.

이 책의 1부에서는 서양의 대표적인 정의론으로 앞에서 이야기한 고대의 플라톤과 아리스토텔레스의 정의론, 근대의 칸트와 공리주의 정의론, 현대의 자유주의와 공동체주의 정의론을 검토함으로써 정의 문제를 해결하기 위해서 우리가 취해야 할 관점과 방안들을 밝혔다. 또 주된 맥락에서는 벗어나 있기는 하지만, 독특한 정의 개념을 제시한 레비나스의 이론도 보충하는 글에서 분석해 놓았다. 여기서 다룬 서양 철학자들의 정의론 가운데 정의의 문제만을 체계적으로 다룬 경우는 거의 없다. 롤스의 정의론 정도만 그렇다고 할 수 있을 것이다. 대다수 철학자의 정의론은 우리가 인생에서 추구해야 할 선, 행복과 같은 도덕적 문제, 우리가 타인과 어떻게 관계를 맺으며 살아가야 하느냐는 것과 같은 윤리의 문제, 우리가 바람직한 사회를 만들어 가기 위해 어떻게 해야 하는가와 같은 정치·사회철학의 문제에 대한 논의와 뗄 수 없이 연결되어 있다. 정의가 그 자체로 따로 논해지기보다는 오히려 다른 철학적 문제들에 대한 논의 과정에 정의 개념이 녹아들어 있는 경우가 더 일반적이다. 그러므로 서양 철학자들의 정의론을 검토하는 이 책의 1부는 정의 문제를 매개 고리로 삼아 중요한 여러 서양 철학자의 윤리 및 정치·사회철학을 개괄해 보는 여정이 되기도 할 것이다.

동양에서는 일찍이 백가쟁명의 시대라 일컫는 춘추전국시대부터 인간과 사회에 관한 수많은 철학사상들이 나타나 서로 타당함을 다투었고, 정의에 관한 다양한 이론 역시 이때부터 본격적으로 제시되었다. 동양의 고전사상에서 정의론은 '의義' 개념을 논하는 '의론義論'으로 전개되었으며, 그것은 특히 '의'와 '리'의 관계 문제를 중심으로 전개되었다고 할 수 있다. 이런 동양의 대표적인 고전적 의론으로는 공자와 맹자를 중심으로 하는 유가의 의론과 묵자의 의론을 들 수 있다. 이 가운데서도 정의 문제에 대해 가장 포괄적이며 깊이 있는 이론은 묵자가 제시한 의론이었다. 그런데 묵자의 사상은 공자의 사상을 배경으로 형성되었으며, 또한 그 이후 맹자 등의 사상에 지대한 영향을 끼쳤다. 묵자는 공자로부터 전해진 유가철학을 배웠으나 이를 비판하면서 자신의 독자적인 철학과 의론을 정립하고 전개하였다. 맹자는 거꾸로 이런 묵자를 비판하면서 유가철학을 확장하고 발전시켰다. 그러므로 우리는 유가철학 및 의론과 묵자의 철학 및 의론을 대비해 살펴봄으로써 동양의 고전적 의 개념을 잘 이해할 수 있다.

유가와 묵가 등의 고전적인 의론 이후 동양에서도 수많은 사람이 정의 문제를 논했을 것이지만, 근대 이후 정의를 둘러싸고 서양에서 벌어진 정의론과 특별히 차별성을 갖는 정의론을 찾기는 어렵다. 그것은 근대 이후에는 동서의 교류가 활발해짐에 따라 동서양의 사회체제가 유사해지고 사상과 문명도 서로 널리 소통되어 특별히 동서에 따라 구분이 있을 이유가 없기 때문이다. 그러므로 이 책의 2부에서 행한 동양의 정의론에 대한 논의는 묵자의 의론을 중심으로 하면서 그것을 유가의 의론과 비교해 검토하고, 그것이 오늘날의 정의 문제에 던져 주는 의미를 밝히고자 하였다.

공자와 맹자를 중심으로 한 유가철학이 동양의 고전적인 윤리 및 정치·사회철학을 대표하는 사상임은 누구나 아는 바이다. 이에 반해 유가철학에 못지 않은 묵자의 사상은 그 의미와 가치가 아직은 그다지 널리 알려지지 않았고, 턱없이 낮은 대접을 받고 있다. 그러나 한때 공자와 나란히 성현으로 일컬어지기도 했던 묵자의 사상은 이루 말할 수 없이 귀중한 가르침을 간직하고 있다. 전제적인 통치체제와 봉건적인 신분질서라는 역사의 질곡 속에 파묻혀 오랫동안 제대로 숨 쉬지 못했지만, 묵자의 사상은 그 어떤 동양의 고전적 사상보다도 일반 민중과 사회적인 약자들을 대변하고 옹호하는 평등주의적이고 진보적인 사상이었다. 누구보다도 시대를 훨씬 앞서갔기 때문에 오해되고 탄압받아 빛을 보지 못했던 것이 묵자의 사상이었다. 그러나 시대를 훨씬 앞지른 관점을 선취한 덕분에 묵자의 사상은 그 어떤 동양의 고전적 사상보다도 오늘날 시대에 적합한 가르침을 우리에게 전해 주고 있다. 묵자는 정의 문제를 포함한 윤리 및 정치·사회철학적 문제들을 해결하기 위해 오늘날에도 우리가 고려해야 할 원리와 우리가 택해야 할 방도들을 거의 다 망라해 선취하여 우리에게 가르쳐 주고 있다. 그러므로 묵자의 사상은 이미 지나가 버린 케케묵은 유물이 아니라 오늘날에도 여전히 우리가 다시 곱씹어 보고 되살려 내야 할 위대한 산지식이라고 할 수 있다.

이런 관점에서 이 책의 2부에서는 의론을 중심으로 하여 묵자의 핵심 사상들을 체계적으로 설명하고 그 가치와 의미를 밝히는 데 주력하였다. 그런 의미에서 2부는 '묵자 읽기'라고 해도 그다지 틀리지 않는다. 그러나 묵자의 사상은 여러 면에서 유가철학과 대조를 이루기 때문에, 2부에서는 정의 개념을 중심으로 핵심적인 공자와 맹자의 윤리 및 정치·사회철학도 함께 정리하였다. 이런 점에서 본다면 2부는 '공자와 맹자 읽기'도 되는 셈이다. 나중에 자세히 보게 되겠지만, 유가와 묵자 사이에는 격렬한 비판이 오갔고 서로 각각의 장단점을 가지고 있지만, 양자 사이에는 상당한 공통점도 있다. 오늘날 정의 문제의 해결에 필요한 것을 얻기 위해서는 양자의 대립만을 강조하는 것보다는 공통점을 확인하고, 깊이 있고 포괄적인 묵자의 의론에다 유가 의론의 장점을 통합하여, 그것이 오늘날 우리에게 던져 주는 의미를 잘 이해하고 계승해 나가는 것이 중요하다. 이 책의 2부는 불이적 관점에서 공자와 맹자, 그리고 묵자의 사상을 읽어 가면서 오늘날 우리에게 필요한 정의론을 밝혀 보려고 하였다.

이 책이 나오게 되는 데에는 언제나 힘이 되어 주는 가족과 친구와 선후배들을 비롯해 정의로운 세상을 꿈꾸는 모든 사람의 도움이 있었다. 모두에게 깊은 감사를 드린다. 또 부족한 글을 기꺼이 맡아서 좋은 책으로 만들어 주신 예문서원의 오정혜 사장님을 비롯한 출판사의 여러 선생님께도 깊은 감사를 드린다. 이 책이 소외되고 아픈 사람들을 위해 힘쓰며 정의로운 사회를 위해 함께 노력해 나갈 모든 사람에게 조금이나마 도움이 되기를 손 모아 기원한다.

책을 펴내며   5

1부_ 불이적 관점에서 본 서구의 정의론   23
   1. 행복과 정의: 플라톤과 아리스토텔레스의 정의론   25
      1) 플라톤의 『국가』와 정의론   25
      2) 아리스토텔레스의 행복과 정의론   35
   2. 자유로운 인간의 존엄과 의무: 칸트의 의무론   48
   3. 다수의 이익: 공리주의 정의론   78
   4. 공정으로서의 정의: 롤스의 자유주의 정의론   92
   5. 연대와 박애: 공동체주의 정의론   104
   6. 서구 정의론에 대한 검토를 마무리하며   125

   ▨ 보충하는 글_ 에마뉘엘 레비나스(Emmanuel Lévinas)의 타자 중심의 윤리학과
                  정의론   130

2부_ 묵자와 동양의 정의론   151
   1. 들어가는 말   153
   2. 유가의 의론   156
      1) 동양 고대의 의義 개념과 공자의 의론義論   156
      2) 맹자의 의론義論   169
   3. 묵자의 의론義論   188
      1) 묵자의 겸애설兼愛說과 의義 개념   192
      2) 겸애와 의義의 실천과 실현   216
   4. 묵자 의론義論의 현대적 계승   234
   5. 맺는 말   252

찾아보기   258

1부 – 불이적 관점에서 본 서구의 정의론

1. 행복과 정의: 플라톤과 아리스토텔레스의 정의론

1) 플라톤의 『국가』와 정의론

서구에서 정의正義라는 문제는 일찍이 그리스시대 때부터 논의되었다. 그리스에서 정의의 개념은 문헌상으로 볼 때 호메로스에게서 처음으로 나타난다고 알려져 있다. 호메로스는 정의의 개념을 '모이라'(moira, 운명)와 관련지어 이야기한다. 호메로스에 따르면 신이나 인간들에게는 모두 각각의 모이라가 있다. 운명을 뜻하는 모이라는 몫, 영예, 권리 등의 분배와 밀접한 관계가 있다. 모이라는 각자가 자신에게 주어진 역할을 잘 분담하고 각자 마땅히 받아야 할 몫을 받는 것을 의미한다.[1] 이에 따르면 결국 정의란 각자가 자신이 마땅히 해야 할 역할을 충실히 이행하고 자신에게 주어진 응당의 몫을 차지하고, 타인의 몫과 역할을 침해하지 않는 것을 말한다. 이로부터 정의란 '각자에게 합당한 것을 주는 것'[2] 즉, '각자에게 알맞은 몫을 주는 것'이란 개념 정의가 나온다. 이후 서구의 정의론은 이러한 정의 개념의 기초 위에서 이루어진다고 할 수 있다.

그리스에서 예로부터 전해진 이러한 정의 개념을 받아들이면서 정의에 관한 논의를 본격적으로 전개한 사람은 플라톤이다. 플라톤은 그의 저서 『국가』에서 정의의 문제를 중점적으로 논하고 있다. 즉 『국가』 전체가 정의란 무엇인

---

[1] 하기락, 『서양윤리사상사』(형설출판사, 1986), 17쪽. T. Bulfinch, 최혁순 역, 『그리스 로마 신화』(범우사, 1998), 24쪽 참조.
[2] 플라톤 지음, 천병희 옮김, 『국가』(서광사, 2019년 2판 2쇄), 35쪽.

가를 중심으로 이야기를 전개하고 있다고 할 수 있다.

『국가』에 보면, 소크라테스가 글라우콘과 함께 여신께 축원도 하고 축제도 보려고 페이라이에우스 항에 갔다가 폴레마르코스의 집으로 가서 그의 아버지인 케팔로스 등 여러 사람과 토론하고 대화하는 과정에서 정의라는 주제를 논하게 된다. 친한 동료들과 함께 축제를 즐기고 한곳에 모여 음식과 술을 나누며 철학적인 주제에 관해 자유롭게 열정적인 토론을 벌이는 광경이 눈에 선하다. 그야말로 심포지엄(symposium) 즉, 향연饗宴인 셈이다. 소크라테스와 그 동료들이 함께 벌였던 이런 향연은 이후 수많은 철학도가 이어받은 즐거운 축제의 장이었다. 필자 역시 동료와 선후배 철학도들과 함께 모여 술 마시고 웃고 떠들다가 누군가 제기한 철학적 문제를 두고 격렬한 논쟁을 벌이곤 했던 많은 추억이 있다. 논쟁에 몰두한 나머지 의견 대립이 지나쳐 싸우기도 하지만 그러다가도 곧 술 한 잔으로 화해하기도 했던 그런 기억들은 지금까지도 행복한 추억으로 남아 있다.

폴레마르코스의 집에서 벌어진 향연에서는 정의에 대한 여러 가지 의견이 제시되는데, 그중에서도 가장 흥미로운 것은 글라우콘의 의견이다. 글라우콘은 불의를 당해 불이익을 본 경험이 있는 사람들이 서로의 이익을 위해 불의를 행하지도 않고 당하지도 않도록 법을 제정하고 협정을 체결하여 정해진 것을 '올바르다'(정의롭다)고 한 것이 정의의 기원이며 본질이라고 주장한다. 이것은 일종의 사회계약설과 같은 것으로, 정의는 사회적 약속이라는 것이다. 정의를 이렇게 본 글라우콘은 사람들이 정의를 지키는 것은 그것을 좋은 것으로 여겨서 그런 것이 아니라 불이익을 당하지 않기 위해 마지못해 그러는 것이라고 주장한다. 이런 주장을 뒷받침하기 위해 글라우콘은 그 유명한 '귀게스의 반지' 이야기를 한다. 귀게스의 반지는 그것을 낀 사람을 보이지 않게 해 주는 마법의 반지이다. 글라우콘은 만약 사람에게 그런 반지가 있다면, 누구도 정의를 고집하여 남의 재물에 손대기를 삼갈 만큼 의지가 굳지 않을 것이며, 누구라도 몰래 남의 재물을 차지하여 자신의 이익을 도모할 것이라고 주장한다.

누구의 눈에도 띄지 않게 만들어 주는 반지가 있다면, 그것을 이용해 자신의 욕심을 채우려는 유혹을 이겨 낼 사람이 얼마나 되겠는가? 인간의 이기적인 욕망에 기초한 글라우콘의 이런 주장은 상당히 그럴듯해 보인다. 글라우콘의 형 아데이만토스는 그런 동생의 견해를 이어받아 소크라테스에게 우리가 불의보다 정의를 택할 이유가 무엇이냐고 묻는다. 그는 정의가 불의보다 낫다는 것을 증명하고, 정의와 불의가 그 소유자에게 어떤 영향을 주기에 하나는 좋고 다른 하나는 나쁜 것인지를 설명해 달라고 부탁한다. 플라톤의 정의론은 소크라테스의 입을 빌려 이런 물음에 대한 답을 한 것이라 할 수 있다.

정의에 관한 플라톤의 논의에서 먼저 주목할 점은 그가 정의를 행복과 밀접한 연관이 있는 것으로 간주하면서 정의론을 펼쳐 나간다고 하는 것이다. 플라톤은 행복을 위해서는 반드시 정의가 필요하다고 이야기한다. 그는 이것을 이렇게 말한다. "내 생각에 정의는 앞으로 행복해지기를 바라는 사람이라면 누구든지 그 자체 때문에도 그 결과 때문에도 좋아해야 하는 가장 아름다운 부류에 속하네."[3] 플라톤은 정의는 개인의 행복뿐만 아니라 사회 공동체인 국가 전체의 행복을 위해서도 필요하다고 하면서 이렇게 말한다. "우리가 국가를 건설하는 목적은 한 집단을 특별히 행복하게 만드는 것이 아니라, 국가 전체를 최대한 행복하게 만드는 것이다.…… 그런 국가에서는 정의를 발견할 가능성이 가장 높은 반면, 가장 잘못 경영되는 국가에서는 불의를 발견할 가능성이 가장 높다."[4]

이처럼 플라톤이 정의를 개인이나 국가 모두의 행복을 위해 필요한 것이라

---

3) 플라톤 지음, 천병희 옮김, 『국가』, 89쪽.
4) 플라톤 지음, 천병희 옮김, 『국가』, 216쪽.

고 하면서 정의와 행복을 연관시키고 있는 것은 나중에 아리스토텔레스에게도 영향을 끼친다고 할 수 있다. 그러나 플라톤의 『국가』는 행복의 문제에 대해서는 그 이상 논하지 않고 정의의 문제를 집중적으로 논해 나간다.

플라톤은 정의를 개인의 일이자 국가 전체의 일이라고 주장한다. 그러면서 플라톤은 그런 정의가 어떤 것인지를 살펴보기 위해서는 우리가 국가의 정의를 먼저 살펴보는 것이 더 편리하다고 주장한다. 그것은 플라톤이 국가와 개인을 근본적으로 서로 다르지 않은 것으로 보는 데서 나오는 주장이다. 이것은 개인이 오직 국가라는 공동체의 구성원인 시민으로서만 존재한다고 믿었던 당시 아테네인들의 신념에 기초하고 있다. 그런 의미에서 국가는 큰 개인이며 개인은 작은 국가라 할 수 있다. 플라톤은 정의라는 문제는 파악하기가 매우 까다로운 복잡한 문제라고 생각한다. 우리가 복잡한 것을 작은 것에서 살펴보려고 하면 그것은 매우 어렵다. 그런데 그 작은 것을 확대해 놓은 것이 있다면, 그것을 통해 그 복잡한 것을 살펴본다면 훨씬 수월할 것이다. 그래서 플라톤은 먼저 개인을 크게 확대해 놓은 것과 다름없는 국가를 통해 복잡한 정의의 문제를 살펴보는 쪽이 손쉬울 것이라고 주장한다. 그 때문에 그는 우선 국가에서 정의란 무엇인가에 관해서부터 이야기를 시작한다.

플라톤은 국가는 여러 직업에 종사하는 사람들로 이루어져 있는데, 크게 본다면 국가는 세 계급으로 이루어져 있다고 주장한다. 그 세 계급은 나라의 통치를 담당하는 수호자 계급(통치자 계급), 나라를 지키는 전사 계급(보조자 계급), 필요한 물자를 생산 공급하는 생산자 계급(상인 계급)을 말한다. 그리고 그 세 계급이 각자 제 할 일을 잘해 나가는 것이야말로 국가의 정의라고 주장한다. 플라톤은 우선 정의라는 것에 대해 이렇게 이야기한다. "우리는 정의란 제 할 일을 하고 남의 일에 참견하지 않는 것이라는 말을 많은 사람한테서 들었고, 우리 자신도 가끔 그렇게 말했네. 각자가 제 할 일을 하는 것, 그것이 어떤 의미에서 정의인 것 같네."5) 그런데 국가는 세 계급으로 이루어지기 때문에 세 계급 모두가 각자 제 할 일을 잘하고 남의 일에 참견하지 않는 것이야말로 국가의 정의라는 것이다. 그래서 플라톤은 '세 계급 간의 상호 참견과 교환은 나라에 가장 큰 해악을 끼치는 것으로서 최대 범죄이며 불의이고, 그 반면에 상인 계급과 보조자 계급과 수호자 계급이 제 할 일을 함으로써 나라 안에서 제구실을 하는 것이 바로 정의'6)라고 이야기한다.

세 계급이 각자의 역할을 잘 수행해서 정의로운 국가가 되기 위해서는 세 가지의 덕목 또는 자질이 필요하다. 그것은 지혜, 용기, 절제이다. 그런데 이 세 가지 덕목 또는 자질은 각 계급이 따로따로 갖추어야 할 것으로서 각 계급에 할당되어야 하는가에 대해서는 상당히 애매한 구석이 있다. 플라톤은 분명 지혜를 통치를 담당하는 수호자 계급이 갖추어야 할 덕목 또는 자질로 간주하고 있다. 또 용기는 무엇보다도 나라를 지키는 전사 계급(보조자 계급)의 덕목 또는 자질로 간주하고 있다. 그러나 플라톤은 애초에는 수호자 계급을 통치자와 전사 계급 모두를 포함하는 것으로 이야기하면서 그들에게 용기가 필요하다고 하다가, 나중에는 그들을 수호자와 보조자로 나누어 이야기한다. 그래서 용기는 전사 계급(보조자 계급)에만 필요하다고 보기 어려운 점이 있다. 상식적으로 생각해 보아도, 만약 수호자 계급이 용기를 갖고 있지 않다면 국가를 제대로 통치할 수 있으리라고 하기는 어렵다. 또 플라톤은 절제라는 덕목 또는 자질은 나라 전반에 걸쳐 있는 것이라 간주하고 있다. 계급을 막론하고 누구나 자신의 욕망을 절제하지 못하고 제 욕심만을 채우려고 한다면, 나라가 제대로 될 리는 없을 것이다. 그러므로 절제는 모두가 갖추어야 할 덕목이라 할 수 있다. 플라톤은 절제를 '평범한 다수의 욕구가 더 나은 소수의 욕구와

---

5) 플라톤 지음, 천병희 옮김, 『국가』, 243쪽.
6) 플라톤 지음, 천병희 옮김, 『국가』, 246쪽 참조.

지혜에 의해 제어되는 것'이고, '더 나은 부분과 더 못한 부분 가운데 어느 쪽이 통치할 것이냐에 대한 합의', '이 양자 간의 자연스러운 협화음'[7]이라고 표현하고 있다. 전체적으로 볼 때, 아마도 생산자 계급은 절제라는 덕을 잘 발휘하면 되고, 전사 계급은 절제와 더불어 용기라는 덕까지 잘 발휘해야 하고, 수호자 계급은 절제와 용기에 더해 지혜라는 덕까지 잘 발휘해야 한다고 보는 것이 가장 합리적이라고 간주할 수 있다.

이처럼 지혜, 용기, 절제라는 덕목 또는 자질의 할당이라는 문제는 복잡하고 애매하고 모호한 구석이 많아서 많은 논의가 필요하다. 그렇지만 어쨌든 세 계급에 속한 사람들이 지혜, 용기, 절제의 덕을 잘 발휘해서 각자의 역할을 잘 수행할 때 비로소 국가는 정의로운 국가가 된다는 점은 분명하다. 그리고 이렇게 볼 때 국가의 정의는 다름 아니라 지혜, 용기, 절제라는 덕이 모두 잘 이루어져 조화를 이룬 상태라고 할 수 있다.

플라톤은 정의로운 국가를 이루기 위해서는 무엇보다도 세 계급을 잘 나누어 각자에게 그 역할을 수행토록 하는 일이 중요하다고 생각하고 있다. 그는 그중에서도 특히 훌륭한 통치자가 될 수호자 계급을 선발하고 길러 내는 문제야말로 가장 중요하다고 생각하여, 그에 관해 많은 이야기를 하고 있다.

플라톤이 그리는 이상적인 국가의 결혼제도는 일부일처가 아니라 남성과 여성 집단이 모두 서로에게 배우자가 되는 공동혼인제이다. 공동의 부부 가운데 아이를 낳을 수 있는 나이는 엄격히 제한된다. 그리고 국가는 우수한 남자와 여자는 되도록 많은 아이를 낳고 열등한 남녀는 되도록 아이를 낳지 못하게 유도한다. 또 태어난 아이들 가운데 열등한 아이들은 은밀한 장소에 유폐시키는 등의 우생학적 조치를 하기도 한다. 아이들의 양육은 공동으로 이루어진다.

---

7) 플라톤 지음, 천병희 옮김, 『국가』, 240~241쪽.

아이들의 교육은 정신과 육체를 모두 훌륭하게 카우기 위한 시가 교육과 체력단련 교육을 위주로 한다. 시가와 같은 교육 내용에 대해서는 아이들에게 악영향을 주지 않도록 철저히 검열하고 규제한다. 교육에는 나중에 산술과 기하 등의 수학, 천문학, 문답법과 같은 철학 등이 추가된다. 이런 교육 과정을 거치면서 적절한 시기에 생산자 계급이나 전사 계급 등을 선발한다. 모든 교육 과정을 무사히 마친 자들에게는 적절한 임무를 주어 실제 경험을 15년 정도 쌓게 하면서 여러 가지 방법으로 자질을 시험한다. 이런 모든 시험을 통과한 사람만이 비로소 통치자인 수호자 계급이 될 수 있다. 교육 과정이나 계급의 선발 등에서 남녀는 차별받지 않고 동등하게 취급된다. 통치자들은 사적인 욕심에 사로잡히지 않고 국가의 통치에 전념할 수 있도록 사유재산이나 금은 등 일체의 보물 등을 소유할 수 없으며, 엄격한 공동생활을 해야만 한다. 이처럼 국가의 세 계급을 선발하고 육성하여 각 계급이 각자의 역할을 제대로 수행토록 할 때 비로소 정의로운 이상 국가가 이루어질 수 있다.

이상 국가에 관한 플라톤의 이야기 가운데는 매우 흥미로운 것도 있지만 또 여러 가지로 문제로 여겨지는 것도 있다. 예컨대 남녀평등의 관점은 당시로는 상당히 진보적이며, 아이들의 양육과 교육에 대한 국가의 책임을 강조한 것, 통치자 계급의 사적 소유에 제한을 둔 것 등은 상당히 흥미로운 관점이다. 문제가 되는 것으로 무엇보다도 먼저 눈에 띄는 것은 개인의 자유를 침해하는 국가의 과도한 통제이다. 결혼과 자녀 출산과 양육에 대한 국가의 통제, 비인간적인 우생학적인 조치, 시가에 대한 검열 등은 오늘날의 자유민주주의의 관점에서는 받아들이기 어렵다. 통치자 계급에 일체의 사적 소유를 금지하고 엄격한 공동체 생활을 하도록 한 것도 적실성이 별로 없어 보인다.

계급을 엄격히 구분하고, 수호자 계급에만 국가의 통치 문제를 일임한 것도 큰 문제이다. 국가 통치의 주체는 국민 전체이지 소수의 계급에 한정할 수 없다. 국가의 정책을 결정하고 집행하는 데 필요한 지혜는 수학에서처럼 소수의 뛰어난 전문가가 정답을 찾아낼 수 있는 지혜 같은 것이 아니다. 국가를 어떤 방향으로 이끌어 갈 것이며 국가가 어떤 정책을 어떤 방식으로 펴 나갈 것인가는 다수의 국민에 의해서만 결정될 수 있다. 통치의 지혜는 소수가 독점할 수 없다. 그런 것은 개개인의 욕망 및 희망과 연관되어 있으며 거기에 정해져 있는 정답은 없다. 정치는 그런 국민의 바람을 한데 모아 정책을 결정하고 실현해 나가는 과정이다. 아무리 '국민을 위한' 정치라 해도, 소수의 수호자 계급만이 통치를 한다면, '국민에 의한' 정치라는 이념으로 표현되는 국민의 당연한 권리는 침해될 수밖에 없다. 세 계급과 그 역할을 엄격하게 구분하고 국가의 통치를 수호자 계급에만 일임한 철인통치라는 플라톤의 주장은 다분히 귀족주의적인 편향성을 가진 것으로, 오늘날의 민주주의의 이상과는 어울리기 어려운 것으로 보인다. 그러므로 엄격한 계급 구분과 역할의 분담에 의한 정의로운 국가의 달성이라는 플라톤의 정의 개념은 상당히 문제가 있는 것으로 보인다.

어쨌든 국가에서의 정의, 정의로운 국가에 관해 이야기하고 난 후, 플라톤은 그러한 이야기를 개인에게도 적용한다. 플라톤은 국가가 세 계급으로 구성되는 것처럼 인간의 혼도 세 요소로 이루어져 있다고 주장한다. 그것은 우리가 보통 지知, 정情, 의意라고 부르는 부분이다. 그것은 합리적 사고를 하는 합리적 부분(知), 분노를 느끼는 기개라는 부분(意), 욕구를 느끼는 비합리적인 부분(情)이다. 그리고 플라톤은 개인의 정의도 국가와 마찬가지의 방법으로 달성될 수 있다고 주장한다. 나라가 정의로운 것은 나라 안의 세 계급이 지혜와 용기와 절제의 미덕을 잘 발휘하여 저마다 제 할 일을 잘함으로써 이루어진 것이다. 이와 마찬가지로 개인의 정의 역시 이성, 기개, 욕구 부분이 각기 자신의 역할을 잘함으로써 달성될 수 있다. 이성적 부분은 지혜로워서 혼 전체를 잘 보살피고 지배해야 하고, 기개 부분은 이성적 부분에 복종하고 협력해야 한다. 그리고 이 두 부분이 혼의 대부분을 차지하며 욕구 부분을 잘 지배하게 된다면 개인의 정의는 이루어진다.

인간의 정신이 이성과 기개와 욕구라는 세 부분으로 이루어져 있으며, 그것들이 모두 제 기능을 잘 발휘할 때 인간이 훌륭하게 잘 살아갈 수 있다는 것은 충분히 수긍할 수 있다. 생명체로서 인간에게는 여러 가지 욕구나 욕망이 있고 삶은 그것을 충족시켜 나가는 과정이라 할 수 있다. 그러나 그것이 적절히 절제되지 않고 끝없이 확대되고 무한정한 충족만을 향해 달려간다면 삶은 피폐해질 수밖에 없다. 또 인간에게는 부당한 일을 보면 부끄러워하거나 분노하는 의기가 있다. 이것은 삶을 위협하는 불의에 저항하는 당연한 정의감이라 할 수 있다. 그러나 수치심이나 분노가 지나치게 되면 이것 또한 삶을 황폐하게 한다. 인간은 다른 어떤 동물보다도 의식과 자기의식을 포함한 이성이 발달해 있다. 인간은 이 이성을 발휘하여 옳고 그름(맞고 틀림)을 구분할 수 있다. 그래서 이 이성에 의해 인간은 욕망이나 분노의 과도함이나 그릇됨을 알고 통제할 수도 있다. 불교에서는 욕망과 기개와 이성이 제 기능을 발휘하지 못하는 것을 탐貪, 진瞋, 치癡의 삼독三毒이라고 부르고 있다. 삼독이라는 말이 나타내는 것처럼 과하게 탐내고 성내고 어리석어 인간의 정신이 제대로 기능을 하지 못하면 인간의 삶은 큰 해를 입는다.

인간의 정신을 이루는 세 부분은 서로 분리될 수 없이 결합해 있다. 어느 한쪽이 너무 부족하거나 넘쳐 균형을 상실하게 되면 문제가 벌어진다. 이지理智가 제대로 발달하지 못해 옳고 그름을 제대로 판단하지 못하면 문제이지만, 이지만 발달하고 그것이 옳다고 판단한 것을 추진해 나갈 의지가 뒷받침되지 못한다면 그것도 문제이다. 이성과 의지 부분이 발달해 있다 해도, 욕구가 너무 약해 아무런 의욕이 없다거나 반대로 욕구가 과도해 통제가 어렵다면 그것도 문제이다. 그러므로 서로 뗄 수 없이 결합해 있으면서도 서로 각자의 기능을 하는 정신의 세 부분이 조화를 이룰 때 비로소 인간은 훌륭한 삶을 살 수 있으며 그것이 플라톤이 말하는 개인에게 있어서의 정의라고 할 수 있다.

앞에서 본 것처럼 플라톤은 아데이만토스의 요청에 따라 정의가 불의보다 낫고, 정의가 그 소유자에게 좋은 것이라는 것을 증명하고자 하였다. 플라톤은 정의란 국가를 이루는 세 계급과 개인을 이루는 세 요소가 각기 제 역할을 제대로 함으로써 지혜와 용기와 절제라는 덕목이 조화를 이루는 상태라고 보았다. 그런 정의가 이루어질 때 국가나 개인은 모두 훌륭하고 행복한 국가나 개인이라고 할 수 있다. 그러므로 이런 정의는 불의보다 낫고 정의가 그 소유자에게 좋은 것임은 분명하다고 할 수 있다는 것이 플라톤의 주장이었다. 이런 플라톤의 정의 개념에서 개인이 분리할 수 없는 이성과 기개와 욕구의 조화를 이루어야 정의가 달성되고 행복에 이를 수 있다는 점은 충분히 인정할 수 있다. 그러나 국가를 엄격히 세 계급으로 나누고 그 역할을 분리하고 고정했다는 점은 크게 문제가 된다. 이성과 기개와 욕구라는 요소를 모두 가지고 있는 인간들 가운데 특정한 사람들만을 수호자 계급으로 선발하여 국가를 통치할 수 있는 지혜와 자격을 가지고 있다고 하는 것은 도저히 수긍하기 어려운 귀족주의적 견해라고 할 수 있다.

플라톤은 애초에 개인이나 국가 모두의 행복을 위해 정의가 필요하다고 하면서 정의와 행복을 연관시켜 이야기를 시작했다. 그 이후 플라톤은 국가와 개인에게 있어서의 정의란 무엇이며 그런 정의가 어떻게 해야 이루어질 수 있는가를 밝히는 데 논의를 집중하였다. 그러나 플라톤은 『국가』에서 그런 정의를 통해 얻을 수 있다는 행복에 대해서는 별다른 논의를 더 하지는 않았다. 또 플라톤은 '각자에게 알맞은 몫을 주어야 한다'는 정의의 문제 가운데서 각자의 역할의 문제만을 중점적으로 다루고, 분배의 대상이 되는 다른 여러 가지

것을 어떤 원칙에 따라 어떻게 분배해야 할 것인가 하는 문제에 대해서는 그다지 심도 있는 논의를 하지는 않았다. 그러므로 이런 논의들은 그 이후로 넘어가게 되었다.

2) 아리스토텔레스의 행복과 정의론

아리스토텔레스는 플라톤의 생각을 이어받아 정의의 문제를 행복과의 연관 속에서 논했다. 아리스토텔레스는 『니코마코스윤리학』이라는 저서를 통해 그러한 작업을 수행하였다. 니코마코스는 아리스토텔레스의 아들이다. 『니코마코스윤리학』이란 이름은 아리스토텔레스가 아들인 니코마코스를 위해 이야기한 것이기 때문에 붙여졌다는 설도 있고, 아들인 니코마코스가 아리스토텔레스의 강의를 정리했기 때문에 붙여졌다는 설도 있다. 그런데 아리스토텔레스의 『니코마코스윤리학』은 그 전체가 행복의 문제를 논하는 행복론이라고 할 수 있고, 정의 문제는 그것의 한 부분으로 다루고 있다는 점에서 플라톤의 『국가』와 주된 논점이 상당히 다르다고 할 수 있다. 『니코마코스윤리학』은 윤리의 중심 문제를 행복이라고 보고 행복이 무엇이며 어떻게 해야 행복을 얻을 수 있는가에 대해 다루고 있다. 여기서 우선 『니코마코스윤리학』에 나타난 아리스토텔레스의 행복론 전체의 개요를 정리해 볼 필요가 있다.

아리스토텔레스는 우선 인간의 모든 행위와 선택은 어떤 좋음(善)을 목표로 하고 있다고 간주한다. 그런데 아리스토텔레스가 보기에 만약 행위의 목적 중에서 그것을 다른 것 때문에 바라는 것이 아니라 그 자체로 바라고 다른 것들은 그것을 위해 바라는 그런 것이 있다면, 그것이 최고로 좋은 것(ariston, 최상의 좋음, 최고선)이다. 그렇다면 인간이 바라는 최고의 선은 무엇인가? 아리스토텔레스는 그것을 행복이라고 말한다.[8]

어째서 행복이 인간에게 최고의 선이며 궁극적인 목적이라고 할 수 있을까? 사람들이 원하는 것이나 인생의 목적으로 삼는 것에는 여러 가지가 있을 수 있다. 예를 들면 어떤 사람은 부유해지기를 원하며 돈을 엄청나게 벌어서 대재벌이 되는 것을 인생의 목적으로 삼을 수 있다. 또 어떤 사람은 누구보다도 큰 권력을 얻기를 원하며 대통령 같은 국가의 최고 지도자가 되는 것을 인생의 목적으로 삼을 수도 있다. 그런데 우리는 그런 사람에게 이렇게 물음을 던질 수 있다. '대재벌이 되어서 뭐 하려고 하는데?' '대통령 되어서 뭐 하려고 하는데?' 그때 이런 질문은 하등 이상하지가 않다. 돈을 엄청나게 벌거나 강한 권력을 잡으려는 것은 그를 통해 무언가를 하기 위해서이지 돈이나 권력을 소유하고 있는 것 자체만으로 의미가 있는 것은 아니기 때문이다. 인간이 추구하는 다른 목적들도 대부분 사정이 이와 비슷하다. 그런데 어떤 사람이 자신의 목적, 자신이 추구하는 인생의 목적이 행복이라고 한다면, 사정이 다르다. 이때 우리가 그 사람에게 행복해서 뭐 하려고 하느냐고 묻는다면, 그 물음 자체가 매우 우스꽝스럽게 여겨진다. 행복하려고 하는 것은 다른 무엇을 위해서가 아니다. 그냥 행복한 것 자체가 목적이지 그것이 다른 것의 수단이 될 수는 없는 것이다. 이 때문에 뭐 하려고 행복하려고 하느냐는 물음은 우스꽝스러운 질문이 되지 않을 수 없는 것이다. 이렇게 볼 때 우리는 행복이야말로 인간이 추구하는 인생의 궁극적인 최고의 목적이자 선이라고 할 수 있다.

그렇다면 문제는 행복이 어떤 것이며 그것은 어떻게 이룰 수 있는 것일까 하는 것이다. 아리스토텔레스는 사람들이 인간의 최고선을 행복이라고 하면서 그것을 보통 '잘 사는 것'과 '잘 행위하는 것'이라고 본다는 데서 그 실마리를 찾고 있다. 행복은 잘 사는 것이고, 잘 살면 행복할 수 있다. 그러면 어떻게

8) 아리스토텔레스 지음, 강상진 · 김재홍 · 이창우 옮김, 『니코마코스윤리학』(도서출판 길, 2016년 제1판 제9쇄), 14 · 17쪽 참조.

하면 잘 살 수 있는가? 그 대답은 매우 분명하다고 할 수 있다. 인간이 잘 산다는 것은 인간이 가진 기능을 모두 잘 발휘하는 것이므로, 인간이 가지고 있는 기능을 모두 잘 발휘한다면 인간은 행복할 수 있다. 그러므로 우리는 이제 인간이 가지고 있는 기능을 잘 살펴보면 된다.

아리스토텔레스는 인간이 가진 기능을 크게 세 가지로 이야기한다. 첫째는 영양을 섭취하고 성장하는 것인데, 이것은 식물들에까지 공통된 생명체의 기능이다. 둘째는 여러 가지 감각의 기능으로서, 이것은 모든 동물에 공통되는 기능이다. 셋째는 이성에 따른 영혼의 활동으로서, 인간만의 특유한 기능이다.[9] 이 중에서 아리스토텔레스는 이성에 따른 영혼의 활동이라는 기능만이 인간에게 고유한 기능이므로, 인간의 행복은 그 기능을 제대로 잘 발휘하는 것이라고 간주한다. 그리고 영혼이 이성에 따라 잘 활동하는 행복이야말로 또한 가장 진정하고 으뜸가는 선, 즉 최고선이기도 하다.

그리고 사람들은 흔히 인간의 선에 관해서 외적인 선, 육체에 관한 선, 영혼에 관한 선이라는 세 가지 것들을 드는데, 아리스토텔레스는 이 중에서도 영혼에 관한 선, 즉 이성에 따라 영혼이 잘 활동하는 것을 최고의 선으로 간주하고 있다. 외적인 선은 부유하고 이름난 가문이나 화목한 가정, 준수한 용모같이 우연히 개인에게 외부에서 주어진 좋은 것들을 말한다. 육체적 선은 건강한 육체적 조건을 말한다. 아리스토텔레스는 외적인 선이나 육체적 선 같은 것이 없다면 인간의 고귀한 활동이 어려우므로 그런 것 또한 추가로 필요하다는 것을 인정한다. 그러나 아리스토텔레스는 비운이 닥쳐 외적인 선이나 육체에 관한 선 같은 것이 결여되어도, 이성에 따라 영혼이 잘 활동하는 사람은 결코 비참하게 되지 않고 행복할 수 있다고 주장한다.[10]

---

9) 인간의 세 가지 기능에 대해서는 아리스토텔레스 지음, 강상진·김재홍·이창우 옮김, 『니코마코스윤리학』, 29~30쪽 참조.

그런데 인간의 기능과 선에 관한 아리스토텔레스의 견해는 다분히 이성주의적인 편향을 드러내고 있다. 아리스토텔레스는 인간의 기능에 영양 섭취와 성장, 그리고 감각 활동의 기능을 포함하고, 인간의 선에 외적인 선과 육체적 선을 포함하고는 있다. 하지만 그는 이런 부분의 중요성에 대해서는 충분한 주의를 기울이지 않는다. 그의 행복론은 다분히 인간만이 가지고 있다고 여기는 이성적 기능에 대해서만 주목하고 있다. 그러나 인간이 가진 기능을 제대로 발휘하면서 인간답게 잘 살아가기 위해서는 우선 생명체로서 안전하게 살아가는 데 필요한 기본적인 조건들이 갖추어져야 한다. 오히려 그런 것이 더 근원적이고 중요한 점이라고 할 수 있다. 생명체로서 인간이 생존하고 성장하며 여러 가지 감각 활동을 제대로 해 나가는 것은 매우 중요하다. 생존이 위협받으면 행복할 수 없다는 것은 자명한 일이다. 감각은 생존을 위한 도구이자 쾌락을 얻는 통로이기도 하다. 감각기관을 통해 적절한 쾌락을 느끼는 것은 행복의 중요한 부분이다. 이런 부분들이 제대로 충족되지 못한다면 충분히 행복하다고 하기는 어렵다. 인간이 건강한 생명체로서 안전하게 살아갈 수 있는 기본적인 여건을 갖추는 것이 행복에서 갖는 중요성은 아무리 강조해도 지나치지 않다. 물론 외적인 선이나 육체적인 선 같은 것도 행복을 위해서 추가로 필요한 선이 될 수 있다는 것을 인정하고 있기는 하지만, 아리스토텔레스는 인간의 행복을 위해 인간에게 제공되어야 할 기본적인 조건들에 대해서는 별달리 주의를 기울이지 않은 채 어떻게 하면 이성이라는 기능을 잘 발휘할 것인가에만 논의의 초점을 맞추고 있다. 이런 이성주의적 편향에는 인간에게 기본적으로 충족되어야 할 생존 조건에 대해 별다른 고민 없이 살아갈 수 있는 귀족의 입장이 상당히 반영된 것으로 보인다.

---

10) 세 가지 선과 행복의 관계에 대한 아리스토텔레스의 이런 견해에 대해서는 아리스토텔레스 지음, 강상진·김재홍·이창우 옮김, 『니코마코스윤리학』, 32~41쪽 참조.

예나 지금이나 일반 민중의 처지에서는 큰 걱정과 불안 없이 살아갈 수 있는 조건들이 갖추어지는 것이야말로 행복을 위해 가장 필요하고 중요한 것이라 할 수 있다. 그러나 그런 조건이 갖추어져 있다고 해서 그것으로 충분히 행복하다고 하기는 어렵다. 그런 최소한의 조건이 갖추어졌다는 것을 전제로 한다면 이성적 존재로서 인간의 행복은 아리스토텔레스의 말처럼 이성에 따라 영혼이 잘 활동함으로써 달성될 수 있다고 할 수 있을 것이다. 그렇다면 이성에 따라 영혼이 잘 활동한다는 것은 어떠한 것인가? 우리는 어떻게 해야 그렇게 할 수 있는가? 그것은 이성이 필요한 덕(탁월성)을 잘 갖추어서 그에 따르는 것이라고 할 수 있다. 그래서 이성에 따르는 영혼의 활동을 행복이라고 규정했던 아리스토텔레스는 행복은 덕에 따르는 영혼의 활동이라고 규정하기도 한다. 아리스토텔레스에 의하면 이성에 따라서 영혼이 제대로 활동하기 위해 우리가 갖추어야 하는 덕에는 두 종류가 있다. 그 하나는 지적인 덕(지적인 탁월성)이며, 다른 하나는 성격적인 덕(성격적인 탁월성)이다.[11]

이 중에서 아리스토텔레스는 먼저 성격적인 덕에 관해서부터 이야기한다. 그는 성격적인 덕을 지나침과 모자람이 없는 중용이라고 주장한다. 지나치거나 모자란 것은 악덕이고 중용을 취하는 것은 덕이라는 것이다. 행복을 위해서는 중용을 취하는 것이 중요하다. 아리스토텔레스는 이런 중용을 취하기 위해서 주의해야 할 점에 대해 다음과 같이 세 가지 충고를 하고 있다. "첫째, 중간에 더 대립적인 것으로부터 멀어져라. 둘째, 쉽게 기울어지는 방향과 반대 방향으로 가라. 셋째, 즐거움을 경계하라."[12] 이것은 항상 극단에 치우치지 말 것, 자신의 성향이 쉽게 기울어지는 것을 잘 살펴서 그것을 경계할 것, 쾌락에

---

11) 아리스토텔레스 지음, 강상진 · 김재홍 · 이창우 옮김, 『니코마코스윤리학』, 51쪽 참조.
12) 아리스토텔레스 지음, 강상진 · 김재홍 · 이창우 옮김, 『니코마코스윤리학』, 76쪽의 주47.

사로잡혀서 어느 쪽으로 기울어지지 말 것을 주문하고 있는 것이라 할 수 있다. 인간이 즐거운 것을 추구하는 것은 자연스러운 일이다. 사람마다 즐거워하고 좋아하는 것은 각기 다를 수 있다. 그리고 인간은 자신에게 즐거움을 주는 쪽으로 기울어지기 쉽다. 그런데 자신에게 즐거움을 주고 자신이 좋아하는 쪽으로 자꾸 빠지다 보면, 그와는 다른 것을 무시하고 배척하면서 한쪽 극단으로 치우치기 쉽고, 그것이 왕왕 문제를 불러일으키게 된다. 그러므로 항상 그런 것을 경계하면서 중용을 취하도록 주의하는 것이 필요하다. 아리스토텔레스는 행복을 위해 이런 것에 주의하라고 이야기하는 것이다. 중용에 관한 아리스토텔레스의 이런 가르침은 행복한 삶을 위한 지침으로서 매우 적절하고 유용한 것이라 할 수 있다.

중용이라는 성격적 덕을 갖추는 것이 행복을 위해 필요하다고 본 아리스토텔레스는 『니코마코스윤리학』의 여러 장에 걸쳐서 구체적인 여러 가지 중용의 덕에 관해 상세히 설명하고 있다. 예를 들자면 용기는 두려움과 대담함의 중용이다. 절제는 지나치게 즐거워하거나 즐길 줄 모르는 것이 아닌, 즐거움의 중용이다. 자유인다움은 지나치게 낭비하거나 인색하지 않은, 재물에 관련한 중용이다. 온화는 지나치게 노여워하거나 노여움을 모르는 것이 아닌, 노여움과 관련된 중용이다. 친애는 무분별하게 사람을 사귀거나 사람과 사귀기를 지나치게 꺼리지 않는, 교제와 관련된 중용이다. 진실성은 자기가 안다고 마구 떠들어대는 허풍선이나 자신은 아무것도 모른다고 하는 자기비하 사이의 중용이다. 재치는 저속한 사람과 촌스러운 사람 사이의 중용이다. 그리고 아리스토텔레스는 정의 또한 중용의 덕 중의 하나로 들고 있다. 이런 맥락에서 우선 정의는 자신과 타인 또는 관계되는 당사자들 사이에서 어느 한쪽으로 치우치지 않는 중용이라고 할 수 있다. 아리스토텔레스는 여기서 상당히 길게 정의론을 전개하고 있는데, 우리는 우선 애초에 그가 이야기하고 있던 행복론의 줄거리를 먼저 정리한 후 그의 정의 개념을 따로 자세히 살펴볼 필요가 있다.

아리스토텔레스는 행복을 위해 필요한 것은 성격의 덕과 지적인 덕(지혜의 덕)이라 하고, 그 가운데 성격의 덕을 중용이라는 것으로 설명하였다. 이제 남은 것은 지적인 덕에 대한 설명이다. 그런데 아리스토텔레스는 지적인 덕에 관해 설명하기 전에 다시 그에 앞서 행복과 즐거움의 관계에 대해 상당히 길게 설명을 하고 있다. 이것은 인간의 진정한 행복이 단순히 종류를 가리지 않고 모든 즐거움으로부터 얻을 수 있는 것이 아니라 이성이 기능을 제대로 발휘하는 지적인 덕을 통해서만 얻을 수 있다는 것을 뒷받침하기 위한 장치라고 할 수 있다.

아리스토텔레스는 먼저 즐거움과 행복의 관계에 대한 여러 가지 의견을 소개한 후 자신의 견해를 밝히고 있다. 많은 사람은 행복이 즐거움과 함께하는 것이며 즐거움과 같은 것이라고 주장한다. 그것과 밀접한 연관이 있는 견해는 고통은 나쁜 것이며 회피해야 한다는 보통의 견해이다. 그에 따르면 회피해야 할 고통의 반대인 즐거움(쾌락)이 좋은 것(선)이라는 사실은 필연적이다. 그러나 어떤 사람들은 즐거움과 좋음은 같은 것이 아니라고 주장한다. 즐거움 가운데 는 좋은 것도 있지만 그렇지 않은 열등한 것들도 있다. 어떤 즐거움들은 창피하고 비난받는 것들도 있고, 병을 가져와 해가 되는 것도 있다. 이런 견해들을 소개하고 나서 아리스토텔레스 자신은 "즐거움이 곧 좋음인 것도 아니며 모든 즐거움이 선택할 만한 것도 아님이 이제 분명"[13]하다고 주장하였다.

앞에서 본 것처럼 아리스토텔레스는 인간이 자신의 기능, 그중에서도 이성 의 기능을 제대로 발휘하는 것이 곧 행복이요, 최고선이라고 간주하고 있다. 그것에 방해가 되는 것은 곧 좋은 것(선)이라고 할 수 없다. 그러므로 즐거움(쾌

---

13) 아리스토텔레스 지음, 강상진 · 김재홍 · 이창우 옮김, 『니코마코스윤리학』, 357쪽.

락) 가운데서도 이성의 발휘에 방해가 되는 것은 선한 것이 아니고, 행복을 가져오는 것도 아니다. 이러한 아리스토텔레스의 생각은 쾌락주의와 그 특수한 형태로서의 공리주의 등과 상당한 차이가 있어 자세히 비교해 볼 필요가 있다. 이에 대해서는 나중에 공리주의 정의론을 검토할 때 다시 살펴보기로 하겠다.

아리스토텔레스는 모든 즐거움이 다 좋은 것은 아니며, 즐거움 가운데서 '완전하고 지극히 복 받은 인간의 활동'인 이성의 활동을 완성하는 것이야말로 진정으로 '인간에게 속하는 즐거움'이라고 주장한다. 그 밖의 '나머지 즐거움들은 이차적인 즐거움'일 뿐이다.[14] 아리스토텔레스가 말하는 이성의 활동은 다름 아닌 '지혜에 따르는 활동'인 '관조적 활동'이다.[15] 관조적 활동이란 어떤 사물이나 사태의 진리 또는 진실을 바라보고 깨닫는 활동이다. 진리나 진실에 대한 깨달음은 이성적 존재인 인간에게 큰 즐거움을 준다. 이렇게 해서 아리스토텔레스는 결국 이성의 관조적 활동이야말로 행복에 가장 중요한 지혜의 덕이라고 주장하고 있다. 아리스토텔레스는 다른 실천적 활동들은 행위 자체 이외에 무엇인가를 얻으려고 하는 것인 데 반해 관조적 활동은 그 자체로 사랑을 받는 것이므로 자족적인 것이라는 점에서도 최고의 활동이라고 주장한다. 그러므로 관조적 활동을 하는 이성적 삶, 지성적 삶이야말로 최고로 즐겁고 선하고 행복한 삶이라 할 수 있다. 이것을 아리스토텔레스는 이렇게 말하고 있다. "무엇보다도 지성이 '인간'인 한, 인간에게 있어서도 지성을 따르는 삶이 가장 좋고 가장 즐거운 것이다. 그러므로 이 삶이 가장 행복한 삶이기도 하다."[16]

이상이 행복론을 중심으로 하는 아리스토텔레스 윤리학의 전체적인 줄거리이다. 그리고 여기서 이미 보았듯이 정의는 행복을 위해 필요한 덕인 중용의

---

14) 아리스토텔레스 지음, 강상진 · 김재홍 · 이창우 옮김, 『니코마코스윤리학』, 366쪽 참조.
15) 아리스토텔레스 지음, 강상진 · 김재홍 · 이창우 옮김, 『니코마코스윤리학』, 370쪽 참조.
16) 아리스토텔레스 지음, 강상진 · 김재홍 · 이창우 옮김, 『니코마코스윤리학』, 373쪽.

덕 가운데 하나로 다루어지고 있다. 이제부터는 아리스토텔레스의 정의론을 더 상세히 살펴볼 필요가 있다.

아리스토텔레스는 정의를 옳은 행위를 하고 올바른 것을 바라는 성품, 품성이라고 보고 있다. 그렇다면 어떻게 하는 것이 옳은 행위이고 올바른 것이라고 할 수 있는가? 이것을 아리스토텔레스는 법을 지키는 것과 공정한 것이라고 이야기한다. 이 중에서 먼저 아리스토텔레스는 '법에 따르는 것은 모두 정의로운 것'이라고 주장한다.[17] 그런데 아리스토텔레스는 법을 모든 사람에게 공통되는 이익을 도모하는 것이라고 보고 있다. 그 때문에 법에 따르는 정의라는 것은 '정치적 공동체를 위해 행복을 만들어 내고 그것들을 보전하는 것'이다.[18] 그리고 아리스토텔레스는 이러한 정의가 완전한 덕이며 덕 가운데서 최고의 것이라고 간주하고 있다.

법이 모든 사람에게 공통되는 이익을 보호해 주는 것이라고 규정한다면 그것을 지키는 것이 올바르다는 것은 분명하다. 그런데 이때의 법 개념은 다분히 자연법적인 개념이라고 할 수 있다. 왜냐하면 실정법 가운데는 모든 사람에게 공통되는 이익에 어긋나는 잘못된 법도 있을 수 있고, 그 경우에는 그런 법을 지키는 것이 반드시 정의라고 할 수는 없기 때문이다. 실정법이 잘못되어 있는 경우라면 오히려 그에 저항하는 것이 정의가 될 수도 있다. 그러므로 법에 따르는 것이 정의라는 아리스토텔레스의 주장을 무조건 실정법을 옹호한 것으로 보아서는 곤란하다. 그러나 법에 특별한 문제가 없다면 모두가 그 법을 지켜야만 하며, 거기에 예외를 두어서는 안 된다는 것은 오늘날에도 모든 사람이 생각하는 정의 개념과 합치한다고 할 수 있다. 오늘날에는 많은 사람이 모든 사람에게 법을 평등하게 적용하는 것을 공정으로서의 정의라고 간주하기

---

17) 아리스토텔레스 지음, 강상진·김재홍·이창우 옮김, 『니코마코스윤리학』, 162쪽 참조.
18) 아리스토텔레스 지음, 강상진·김재홍·이창우 옮김, 『니코마코스윤리학』, 162쪽 참조.

도 한다.

아리스토텔레스는 공동체 구성원 모두의 이익과 행복을 도모하는 법을 지키는 것을 전체적인 정의라고 하고, 공정으로서의 정의는 그러한 전체적인 정의의 한 부분이라고 이야기한다.[19] 그리고 아리스토텔레스는 이 부분적 정의인 공정으로서의 정의에 속하는 것으로 분배적 정의와 시정적是正的 정의를 들고 있다.

이 가운데 우선 시정적 정의란 잘못된 것을 바로잡는(시정하는) 것을 말한다. 즉 시정적 정의는 어떤 사람이 다른 사람에게 부정의를 행하거나 손해를 입혔을 경우, 그것을 바로잡아 부정의를 행하거나 손해를 입힌 사람에게 똑같이 갚아주고, 손해를 입은 사람의 손실을 보상해 줌으로써 그릇된 것을 바로잡는 것이다. 이러한 시정적 정의 개념에 대해서는 별로 논란의 여지가 없어 보인다. 잘못을 저지른 사람을 처벌하고 잘못으로 인해 피해를 본 사람에게 보상을 해 줌으로써 잘못을 바로잡자는 데 이의를 제기할 수는 없기 때문이다.

어려운 것은 분배적 정의 쪽이다. 아리스토텔레스는 분배적 정의는 '명예나 돈, 혹은 정치체제를 함께하는 사람들 사이에서 나눌 수 있는 것들의 분배에서 성립하는 것'이라고 이야기한다. 즉 분배적 정의는 사람들이 중요하게 여기는 어떤 것의 분배에서 성립하는 정의이다. 그런 것을 분배할 때 사람들의 몫이 무조건 동등한 것은 아니다. 이러한 분배에서는 한 사람이 다른 사람과 동등하지 않은 몫을 가질 수도 있고 동등한 몫을 가질 수도 있다. 아리스토텔레스는 분배는 가치(axia, 공적)에 따라 이루어져야 한다는 생각을 당연한 것으로 받아들인다. 그런데 분배 몫을 정하는 가치(공적)를 무엇으로 볼 것인가에 대해서는

---

19) 아리스토텔레스 지음, 강상진·김재홍·이창우 옮김, 『니코마코스윤리학』, 166~167 쪽에서 이렇게 표현한다. "부정의한 것은 법을 어기는 것과 공정하지 않은 것으로 구분되고, 정의로운 것은 법을 지키는 것과 공정한 것으로 구분된다.…… 한편은 부분으로서, 다른 한편은 전체로서 서로 다른 것이다."

사람마다 생각이 다를 수 있다. 그래서 아리스토텔레스는 "분배에 있어 정의로운 것은 어떤 가치에 따라 이루어져야 한다는 것에 대해서는 모든 사람이 동의하지만, 그럼에도 모든 사람이 동일한 것을 가치로 주장하는 것은 아니다"[20]라고 한다.

아리스토텔레스가 말한 분배적 정의와 시정적 정의 가운데서 이후 서구의 정의론에 커다란 영향을 미친 것은 분배적 정의 개념이라고 할 수 있다. 분배의 대상이 되는 것들에는 부, 명예, 권리, 권력 등 여러 가지가 있을 수 있다. 분배적 정의의 문제는 여러 재화를 어떤 원칙에 따라 어떻게 분배해야 하는가의 문제라고 할 수 있다. 오늘날 많은 사람이 큰 관심을 보이는 문제는 부나 직위 같은 것이라 할 수 있을 것이다. 그런데 아리스토텔레스는 이런 문제에 대해서는 특별한 관심을 기울이지 않았다. 당시 아리스토텔레스가 주로 문제로 삼은 것은 정치적 권리, 국가의 정치적 권력의 분배 문제였다.

『니코마코스윤리학』에서는 분배가 가치에 따라 이루어져야 한다는 것에 모든 사람이 동의하면서도 그 가치가 어떤 것이냐에 대해서는 사람마다 의견이 다르다고 하면서 정치에 참여할 수 있는 권리의 분배 문제에 대해 다음과 같이 간단하게만 언급하고 있다. "민주주의자들은 자유(민의 신분)를 가치라고 말하고, 과두정의 지지자들은 부나 좋은 혈통을 가치라고 말하고, 또 귀족정체를 지지하는 사람들은 탁월성을 가치라고 말한다."[21] 이것은 민주정의 지지자들은 자유 시민인 이상 국가에 대한 공적 또는 기여도나 국가의 통치에 관여할 수 있는 능력에 차이가 없으므로 정치적 참여에서 모두가 같은 자격 또는 가치를 갖는다고 주장한다는 것이다. 반면 과두정과 귀족정의 지지자들은 부와 혈통, 그리고 덕에 따라 공적 또는 기여도나 능력에 차이가 있어 서로 다른 자격 또는 가치를

---

20) 아리스토텔레스 지음, 강상진 · 김재홍 · 이창우 옮김, 『니코마코스윤리학』, 169쪽.
21) 아리스토텔레스 지음, 강상진 · 김재홍 · 이창우 옮김, 『니코마코스윤리학』, 169쪽.

갖는다는 것이다. 『니코마코스윤리학』에서는 이에 대한 논의가 그 이상 이어지지 않는다. 정치적 권리, 정치 권력의 분배 문제에 대한 본격적인 논의는 그의 『정치학』에서 이루어진다. 아리스토텔레스는 덕이 뛰어난 군주나 귀족에게 통치 권력을 부여하는 군주정이나 귀족정을 이상적인 정치체제로 간주하였지만, 그것을 현실에 실현하기는 어렵다고 보았다. 그래서 그는 법치적 민주정을 실현 가능한 최선의 정치체제라고 주장하였다. 그러나 정치적 권리는 모든 국민에게 평등하다는 오늘날의 민주적 관점에서 본다면 정치적 권리의 분배에 대한 아리스토텔레스의 논의는 다분히 귀족주의적인 편향을 가진 것으로 적실성이 떨어지므로 여기서는 더 자세히 논하지는 않는다.

분배적 정의는 어떤 것의 분배 몫을 정할 때 누가 그런 몫을 받을 가치, 자격이 있는가, 또 때로는 누구에게 어떤 것을 부담할 그런 책임이 있는가를 정하는 것과 관련이 있다. 이를 해결하기 위해 아리스토텔레스는 분배하려는 것의 목적, 본성, 성격 등을 규정하고 그것에 비추어 누구에게 어느 만큼의 몫이 분배되어야 하는가를 정하려 한다. 예를 들면 국가의 목적, 본성 등을 정하고 나서 그것을 위해 누가 어느 만큼의 국가 권력을 가져야 하는가, 누가 어떤 일을 해야 하는가 등을 정하려는 것이다. 그러나 분배하려는 것의 목적이나 성질, 그리고 누가 어느 정도 분배 몫의 가치나 자격, 책임을 갖고 있는가에 관한 판단은 사람마다 다를 수 있다. 이것을 규정할 때 아리스토텔레스는 플라톤과 마찬가지로 시대적 한계로 인해 신분과 재산 등의 차별성을 인정하고 그것들을 기준 속에 포함하고 있다. 그러나 모든 사람을 자유롭고 평등한 것으로 보게 된 근대 이후에는 그런 것을 받아들일 수 없게 된다. 그렇다면 완전히 자유롭고 평등한 사람들 사이의 정의로운 분배는 어떻게 이루어져야 하는가가 문제이다. 근대 이후 서구의 정의론은 바로 이 문제를 중심으로 전개되었으며, 공리주의, 자유주의, 공동체주의 등 현대적 정의론이 그것을 대표하는 이론들이라고 할 수 있다.

아리스토텔레스는 사람들의 관계에서 따라야 하는 중용의 덕인 정의가 덕 가운데서도 완전한 덕이며 최고의 덕이라고 주장함으로써 도덕에서 정의의 중요성을 강조하였다. 또 정치 사회에서 중요 재화들의 분배 문제야말로 중요한 문제라는 것을 상기시키기도 하였다. 이런 아리스토텔레스의 생각과 주장은 서구 정의론의 전개에서 획기적인 계기가 되었음에 틀림이 없다. 그러나 동시에 그의 정의론은 여러 가지 문제들을 미해결인 채로 후세에 남겨 주었다.

예컨대 아리스토텔레스는 분배의 기준을 가치(공적)에 둠으로써 공적(업적)이나 능력을 분배의 기준으로 삼는 경향을 보였다. 어떤 것을 분배하려고 할 때, 분배 몫을 그 분배 대상과 관련한 당사자들의 공적(업적, 기여도)이나 능력 또는 책임에 따라 분배한다는 것은 어떤 면에서는 매우 타당하다고 할 수 있다. 그런데 문제는 그 공적이나 능력 또는 책임을 어떻게 평가할 것인가이다. 예컨대 회사의 이익을 분배하려고 할 때, 그 회사의 이익 산출에 누가 얼마만큼 이바지했는가를 결정하는 문제는 쉽지 않다. 대학 입학 자격을 부여하려고 할 때 능력을 기준으로 평가한다면, 그 능력은 무엇이며 어떻게 평가할 수 있는가? 국가를 통치할 지도자를 뽑을 때, 국가의 발전에 누가 얼마만큼 이바지했으며, 누구에게 그런 능력이 있는가를 어떻게 평가할 수 있는가? 누가 어느 만큼의 세금을 내야 하는가? 그러한 것도 정하기가 쉽지 않다. 이러한 것을 정하기 위해서는 구체적인 평가의 기준과 원칙은 물론이고 일반적인 원칙도 필요하다.

더 심각한 문제는 과연 공적이나 능력만이 분배의 타당한 기준인가 하는 것이다. 오늘날 많은 사람은 공적이나 능력 이외에도 때에 따라서는 필요나 자유교환 같은 것도 분배의 기준으로 인정해야만 한다고 주장한다. 분배하려는 재화나 가치의 특성에 따라 분배의 기준은 달라질 수 있으며, 심지어는 달라져야 한다. 마이클 왈쩌는 이것을 이렇게 표현한다. "자유 교환, 응분의 몫, 필요라는 세 가지 기준은 모두 실질적인 힘을 지니고는 있다. 그러나 그 중 어느 것도 분배 영역 전체를 아우를 만한 힘은 가지고 있지 못하다."[22] 더 나아가서 우리는 어떠한 때에 자유 교환, 응분의 몫, 필요라는 기준을 적용해야 하며, 또한 어떤 결정이 가장 합당한가를 판단할 수 있는 상위의 기준이 필요할 수도 있다. 예를 들자면 그것은 '보편화 가능성'의 원리, '공리'의 원리 같은 것이 될 수 있다.

　아리스토텔레스가 넘겨준 정의론의 이런 문제들은 서구에서 근대 이후 활발하게 논의됨으로써 다양한 현대적 정의론이 전개된다. 이런 문제들에 관해서는 이하에서 다루는 근대 이후 서구의 정의론에서 살펴보도록 하겠다.

2. 자유로운 인간의 존엄과 의무: 칸트의 의무론

　앞에서 우리는 서양의 고대 정의론을 플라톤과 아리스토텔레스의 이론을 통해 살펴보았다. 플라톤과 아리스토텔레스가 살았던 고대사회는 신분과 계급적 차별이 존재하던 사회였다. 비록 아테네 등의 도시국가에는 다른 나라들에 비해 비교적 자유롭고 민주적인 제도가 일부 있었다 해도 신분과 계급적 차별은 엄연히 존재했다. 그런 상황에서 각자에게 알맞은 몫을 어떻게 분배해야 하느냐는 정의의 문제에 답하려고 한 그들의 견해 속에는 자연히 시대적 한계가 반영되지 않을 수 없었다. 예컨대 계급적 차별을 인정하고 그에 따른 역할이나 권력의 분배 등을 주장한 그들의 견해 속에 그러한 한계가 드러나 있다.

---

　22) 마이클 왈쩌 지음, 정원섭 외 옮김, 『정의와 다원적 평등―정의의 영역들』(철학과 현실사, 1999), 58쪽.

그런데 신분과 계급적 차별에 따르던 전근대사회와 인간들의 자유와 평등을 전제로 하는 근대사회에서 인간들 사이의 관계를 규정하는 원칙과 정의 원리는 완전히 달라질 수밖에 없다. 근대사회에서 인간 간의 관계라는 도덕의 문제를 본격적으로 다룬 사람이 바로 칸트였다. 칸트는 모두가 자유롭고 평등한 사회 속에서 인간들은 서로를 어떻게 대해야 하는가, 서로 어떻게 관계를 맺어야 하는가 하는 문제를 자신의 핵심적 문제로 삼았다. 칸트의 도덕이론은 자유롭고 평등한 인간들 간의 올바른 관계라는 일반적인 문제를 다루고 있으며 특별히 분배적 정의 같은 문제를 직접 다루지는 않았다. 그러나 그의 도덕이론은 이후 서구의 자유주의 정의론에 지대한 영향을 끼치고 정의를 둘러싼 현대의 논쟁에서 가장 중요한 계기 중의 하나가 된다. 그러므로 이제부터 칸트의 도덕이론을 자세히 검토하고 그것이 정의론에 어떤 의미가 있는가를 살펴볼 필요가 있다.

칸트의 도덕이론은 그의 저서 『도덕형이상학의 기초』(Grundlegung zur Metaphysik der Sitten)와 『실천이성비판』(Kritik der praktischen Vernunft)에 잘 드러나 있다. 그중에서도 『도덕형이상학의 기초』야말로 칸트 도덕이론의 특징을 가장 잘 알 수 있는 저작이다. 칸트는 1785년에 자신의 도덕이론을 처음으로 논술한 『도덕형이상학의 기초』를 세상에 내놓았고, 이어서 1788년에 그것을 좀 더 보완하고 새롭게 정리한 『실천이성비판』을 내놓았다. 그러나 필자가 보기에는, 두 저작의 내용에 큰 차이는 없고, 칸트의 도덕이론을 더 체계화하고 종합했다고 하는 『실천이성비판』보다 『도덕형이상학의 기초』가 칸트의 도덕이론을 더 일목요연하게 드러내 주고 있다. 그러므로 여기에서는 이 저작을 중심으로 하고, 『실천이성비판』을 보조적인 자료로 하여 칸트의 도덕이론을 살펴보도록 하겠다.[23]

---

23) 이 글에서 『도덕형이상학의 기초』의 번역본으로는 『도덕 형이상학을 위한 기초 놓기』(이마누엘 칸트, 이원봉 옮김, 책세상, 2002)를 사용하였다. 『실천이성비판』의 번역본

칸트는 『도덕형이상학의 기초』에서 우선 자신의 도덕이론의 포부를 밝히고 있다. 그것은 일체의 경험적인 요소를 배제하고, 오직 순수한 이성의 선험적 개념들에 근거해서, 모든 사람에게 통용될 수 있는 절대적 필연성을 가진 도덕 법칙을 정립하는 것이다. 이것을 칸트는 다음과 같이 이야기하고 있다.

어떤 법칙이 도덕적으로, 즉 어떤 구속력의 근거로 유효하려면 절대적 필연 성을 띠고 있어야 한다는 것은 명백하다.…… 따라서 여기서 구속력의 근거 는 인간의 본성이나 인간을 포함하고 있는 세상의 형편 안에서가 아니라, 오 로지 순수한 이성의 개념들 안에서 선험적으로 찾아져야만 한다.…… 단 하 나의 동인이라도 경험적인 근거에 몸을 맡기는 한 실용적 규칙이라고 부를 수는 있겠지만 결코 도덕법칙이라고 부를 수는 없다.[24]

경험적인 것은 모두 도덕의 원칙에 덧붙여진 것으로서, 도덕의 원칙에 전혀 쓸모없을 뿐 아니라 도덕의 순수함 자체를 훼손하는 것이다.[25]

그런데 여기에서 두드러지는 점은 칸트가 도덕법칙이 단 하나의 경험적 근거에도 의지해서는 안 되며, 오로지 선험적인 순수한 이성의 개념에 근거해야 하며, 절대적 필연성을 가지고 있어야 한다고 강조하고 있다는 점이다. 그런데 완전한 경험과의 단절, 순수한 선험성, 절대적 필연성 등에 대한 강조는 매우 극단적인 표현이다. 그것은 하나의 강박관념과 같은 것으로서, 앞으로의 논의에서 밝혀질 것처럼, 칸트의 도덕이론에서 수많은 문제점을 낳는 것이라고 할 수 있다. 이후 자세하게 논하겠지만, 순수하게 선험적으로 제시할 수 있는 도덕법칙, 칸트가 말하는 '정언명법' 같은 것은 매우 추상적인 것에 지나지

으로는 『실천이성비판』(이마누엘 칸트, 백종현 옮김, 아카넷, 2009)을 사용하였다.
24) 이마누엘 칸트, 이원봉 옮김, 『도덕 형이상학을 위한 기초 놓기』, 17쪽.
25) 이마누엘 칸트, 이원봉 옮김, 『도덕 형이상학을 위한 기초 놓기』, 79쪽.

않는다. 그것으로부터 구체적인 도덕법칙, 구체적인 의무의 내용을 정하기 위해서는 경험의 도움이 필요하다. 칸트 자신도 이런 점을 완전히 부정하기는 어려워 때로는 경험적 요소를 인정하기도 하는데, 이것은 도덕법칙과 원리에 경험적 요소를 통합하기 위한 단서가 될 수도 있다. 이에 관해서는 다음과 같은 칸트의 말을 참고할 수 있다.

> 물론 그 선험적인 법칙도 여전히 경험을 통해 날카로워진 판단력을 요구하는데, 한편으로는 어떤 경우에 그 법칙을 적용해야 하는지 결정하기 위해서, 다른 한편으로는 인간의 의지가 그 법칙을 실행하는 데 힘이 되기 위해서이다.[26]

절대적인 필연성을 가진 도덕법칙의 근거를 칸트는 제한 없이 선한 것, 최고선에서 찾는다. 아리스토텔레스의 윤리설이 최고선에서 출발했듯이 칸트의 도덕이론 역시 최고선에서 출발한다. 그러나 아리스토텔레스는 최고선을 행복이라고 보았지만, 칸트는 그렇게 보지 않는 점에서 두 이론은 크게 달라진다.

칸트는 어떠한 제한도 없이 무조건 선하다고 여길 수 있는 것은 오직 선한 의지뿐이라고 말한다. 그리고 이 선한 의지에 대해 이렇게 설명한다.

> 선한 의지는 그것이 실현하거나 성취한 것 때문에 또는 그것이 제시된 어떤 목적들을 제대로 달성할 수 있다는 것 때문에 선한 것이 아니고, 오직 '하려고 한다'는 것 때문에 다시 말해 그 자체로 선하다. 아무리 노력해도 아무것도 달성되지 않고 선한 의지만이(물론 단순한 소망이 아니라 우리의 힘이 닿는 한에서 모든 수단을 강구하는 것으로서) 남는다 하더라도, 선한 의지는 보석처럼 자신의 완전한 가치를 자기 안에 갖고 있기 때문에 그 자체로도 빛날 것이다. 유익함

---

26) 이마누엘 칸트, 이원봉 옮김, 『도덕 형이상학을 위한 기초 놓기』, 18~19쪽.

이나 무익함은 선한 의지의 가치에 어떤 것도 더하거나 뺄 수 없다.[27]

착한 의도에서 어떤 일을 하려고 했다면, 그 착한 의도 즉 선한 의지는 그 결과와 상관없이 무조건 선하다는 것이 설명의 취지이다.

아리스토텔레스에게 최고선은 인생의 궁극적인 목적으로서의 행복이었다. 그 때문에 최고선은 우리가 달성해야 하는 목적과 뗄 수 없는 것이었다. 그러나 칸트는 선의지라는 최고선을 우리가 달성해야 할 목적이나 결과와는 아무런 관계가 없는 것으로 규정한다. 이렇게 해서 칸트는 동기와 결과를 완전히 분리하고 동기만을 중시하는 동기론의 태도를 보인다. 이처럼 동기와 결과를 완전히 분리하려는 것은 매우 극단적인 입장으로서 칸트의 도덕이론에 많은 문제점을 가져다준다.

선한 의도(의지)가 중요하다는 것은 누구나 인정할 수 있다. 어떤 행동이 좋은 결과를 가져왔다 할지라도, 만약 그 행위를 한 사람에게 좋은 뜻이 없었거나, 의도에 선하지 못한 다른 꿍꿍이가 있다면, 우리는 그런 행동을 그렇게 선하다고 여기지 않는다. 그러나 다른 한편 우리가 선하다고 여기는 어떤 것을 행하려고 할 때 그런 목표를 이루는 것과 이루지 못하는 것에는 중대한 차이가 있다. 우리는 의도가 아무리 좋았어도 결과가 좋지 못할 경우, 이를테면 '의도는 좋았지만 참 아쉽다', '의도는 좋았지만 좀 더 여러 가지를 신중하게 고려했어야 했는데'라고 말한다. 이런 생각이야말로 지극히 상식적이며, 칸트가 좋아하는 말로 하자면, '보편화 가능한' 생각이라고 할 수 있을 것이다. 이처럼 동기와 결과는 서로 둘이 아닌 것으로서 불가분한 관계에 있다고 할 수 있다. 위 인용문에서 보면 칸트 자신도 '선한 의지는 단순한 소망이 아니라 힘이 닿는 한 모든

---

27) 이마누엘 칸트, 이원봉 옮김, 『도덕 형이상학을 위한 기초 놓기』, 28~29쪽.

수단을 강구하는 것이라고 함으로써, 의지하는 바를 성취하는 것이 중요하다는 것을 은연중에 인정하고 있는 셈이기도 하다.

서로 분리할 수 없는 의지(동기)와 결과(또는 목적)를 분리하고 의지만을 중시하고 그것을 도덕법칙의 근거로 삼으려는 데서 극복할 수 없는 문제점과 모순이 발생하는데, 그것은 무엇보다도 행복에 대한 칸트의 논의에서 잘 드러난다. 칸트는 『도덕형이상학의 기초』와 『실천이성비판』의 여러 곳에서 행복에 관해 이야기하고 있는데, 그것들은 때로는 선의지 또는 그것의 근원인 이성과 행복의 연관성을 부정하기도 하고, 때로는 인정하기도 하는 모순된 입장을 드러낸다.

예컨대 칸트는 우선 행복이란 것이 이성을 가진 인간에게 자연이 부여한 원래 목적이라면, 자연은 매우 잘못된 준비를 한 것이라고 주장한다. 왜냐하면, 그가 보기에 이성보다 본능이 훨씬 더 행복을 훌륭하게 달성할 수 있도록 해 주기 때문이다. 행복을 위해서라면 이성을 갖도록 할 필요가 없었다는 것이다. 그래서 칸트는 '이성이 존재하는 데에는 행복과 만족으로 이끄는 것보다 훨씬 더 가치 있는 다른 의도가 있다'고 하면서, 이성의 사명은 행복을 위한 수단이 아니라 그 자체로 선한 의지를 만들어 내는 것이라고 주장한다. 이렇게 함으로써 칸트는 선의지와 행복의 연관성을 부정하고 있다.[28] 그러나 이성과 행복의 관계를 부정하면서 이성은 행복을 위한 것이 아니라 다른 목적을 위한 것이라고 주장하는 칸트의 주장은 어떠한 증거도 제시하지 않는 독단적인 선언일 뿐이다. 이성 역시 얼마든지 인간이 자신의 욕구 충족을 더 효율적으로 달성하고 행복을 얻기 위한 노력으로 발전한 것으로 볼 수 있다.

그런데 칸트는 또 다른 여러 곳에서는 선의지와 행복이 밀접한 연관이 있다는 것을 인정하는 이야기를 함으로써, 행복과 무관하게 선의지에만 근거한

---

28) 이마누엘 칸트, 이원봉 옮김, 『도덕 형이상학을 위한 기초 놓기』, 29~31쪽 참조.

도덕법칙을 세우려는 자신의 의도를 스스로 거스르는 모순된 태도를 보인다.

예를 들면, 칸트는 지성이나 판단력, 끈기 같은 인간의 여러 가지 정신적 재능이나 기질이라든가 권력이나 부 또는 건강 등 행운의 선물 같은 것들은 모두 선의지가 없다면 해롭게 될 수도 있다고 주장한다. 그래서 선의지로 그것들이 심성에 미치는 영향과 행위 원칙을 바로잡아 보편적이고 목적에 맞게 만들어야 한다고 주장한다. 그러면서 "선한 의지는, 누군가가 행복을 누릴 만한 자격을 얻기 위해서 반드시 갖추어야 할 조건 자체인 것 같다"[29]고까지 말한다. 여기에는 선의지가 우리에게 이로움을 가져오고 어떤 목적을 달성할 수 있도록 하므로 선하다는 생각과 행복을 최고의 목적으로 간주하는 생각이 포함되어 있다.

선의지와 행복을 분리할 수 없다는 것은 완전선에 대한 칸트의 이야기 속에도 잘 드러나 있다. 칸트는 최고는 최상을 의미하거나 완전을 의미할 수 있다고 하면서, 자체로 무조건적이며 어떠한 것에도 종속되지 않는 선이 최상선이고, 그것이 선의지이며, 선의지에 기초한 의무와 도덕법칙이라고 주장한다. 그러나 칸트는 그것만으로는 아직 완성된 선(완전선)이 아니며, 완성된 선이 되기 위해서는 행복이 추가로 요구된다고 주장한다.[30] 여기에는 선의지를 가지고 있어 아무리 도덕적이고 덕스럽다 해도 행복하지 않다면 완전하지 않다는 생각이 함축되어 있다.

선의지 그리고 도덕법칙으로부터 행복을 분리할 수 없다는 생각은, 칸트가 도덕과 행복의 결합을 보증할 존재로서 '산'을 요청하기까지 하는 데서도 극명하게 드러난다. 칸트는 '윤리성과 비례하는 행복 사이의 필연적 연관'이라는 표현까지 동원하면서 최고선과 행복 사이의 연관은 필연적으로 요청되고, 그것

---

29) 이마누엘 칸트, 이원봉 옮김, 『도덕 형이상학을 위한 기초 놓기』, 27쪽.
30) 이마누엘 칸트, 백종현 옮김, 『실천이성비판』, 203~204쪽 참조.

이 합치할 수 있는 근거로서 신의 존재 역시 필연적으로 요청된다고 주장한다.[31] 우리는 흔히 윤리적이지만 불행하게 보이는 사람과 지극히 비윤리적이지만 행복하게 보이는 사람들과 마주친다. 그때 우리는 뭔가 잘못되었다고 느끼며, 그래서는 안 된다고 느낀다. 만약 그렇다면 윤리라는 것이 의미를 상실한다고도 느낀다. 그래서 우리는 윤리라는 것이 정말 의미가 있으려면, 윤리적으로 사는 사람은 언젠가는 반드시 행복해지고, 비윤리적으로 사는 사람은 반드시 불행해지도록 보증해 주는 존재인 신이 있어야만 한다고 생각하게 된다는 것이다. 여기서 칸트는 이전에 최고선, 순수이성과 절연시켰던 행복을 슬그머니 최고선(완전선)을 추구하는 순수이성의 필수적 요소로 끌어들이고 있다.

칸트는 여러 곳에서 행복이 본성적으로 모든 인간에게 주어져 있는 목적이라는 것을 인정하고 있다. 칸트는 본성상 인간은 행복을 원하며 감성적 존재로서의 인간의 모든 것은 행복에 달려 있다고 인정한다. 또 이성은 감성의 이해 관심사를 보살피고 행복을 지향하여 실천 준칙을 만들어야 한다는 것도 인정한다. 그러나 칸트는 다른 한편으로는 인간은 단순한 감성적 존재자를 넘어선 이성적 존재자로서 감성적인 것에는 전혀 이해 관심이 없이 선하거나 악한 것을 판단해야 하며, 이것을 행복에 관한 고찰과 완전히 구별해야 한다고도 주장한다.[32] 칸트의 주장은 이런 식의 극단적 표현 때문에 문제가 된다. 앞에서는 이성이 행복의 중요성을 인정하고 행복할 수 있도록 관심을 기울여야 한다고 말해 놓고, 금세 이성은 그런 것과는 전혀 관계없이 그것과는 완전히 구별해서 선과 악을 판단해야 한다는 모순된 주장을 하는 것이다. 이런 모순된 주장 가운데 이성과 행복을 분리하는 관점 쪽이 칸트의 뜻으로 받아들여지고 더 많은 영향을 끼쳐 왔다는 것이 문제이다. 그러나 극단적인 그의 주장보다 이성

---

31) 이마누엘 칸트, 백종현 옮김, 『실천이성비판』, 220쪽 참조.
32) 이마누엘 칸트, 백종현 옮김, 『실천이성비판』, 136~137쪽 참조.

이 행복에 관심을 기울이고 그것을 돌보아야 한다는 주장과 같은 것을 잘 살린다면 동기와 결과, 선의지 또는 의무와 행복을 결합할 수 있는 통합적 관점의 실마리가 될 수도 있다.

칸트가 도덕법칙과 행복을 자꾸만 분리하려고 하는 데는 "행복이라는 개념은 너무 불확실"하다는 이유가 있는데, "그 원인은 행복이라는 개념을 이루는 모든 요소는 전부 경험적인 것, 다시 말해 경험에서 빌려 와야만 하기 때문"이다.[33] 그런데 칸트는 모든 인간이 행복을 원한다는 것은 사실이고 그것을 얻기 위해서는 어떤 것이 필요하다고 한다면 그렇게 해야만 한다는 명령은 '분석적인 실천적 명제', 즉 당연한 명령이 될 것이라고 주장한다.[34] 여기에는 어떤 것을 원하고 그것을 얻기 위해서는 어떤 것이 필요하다는 사실에서 그렇다면 그렇게 해야만 한다는 당위가 이끌어져 나올 수 있다는 생각이 들어 있다. 다만 칸트는 행복을 얻기 위해서는 어떤 행동이 필수적인지에 대한 판단이 경험에 따라 달라지는 불확실한 것이기 때문에, 어떤 행동을 해야만 한다는 것이 당위적인지가 의심스럽다고 간주할 뿐이다. 그래서 행복을 도덕법칙의 근거로 삼을 수 없다는 것이다.[35] 그러나 자꾸 '필연적인 것'만을 요구하는 것은 지나친 결벽증

---

33) 이마누엘 칸트, 백종현 옮김, 『실천이성비판』, 66쪽.
34) 이마누엘 칸트, 백종현 옮김, 『실천이성비판』, 67~68쪽 참조.
35) 여기서 우리는 존재와 당위가 분리되지 않고 존재로부터 당위로 나아갈 수 있다는 매킨타이어의 주장을 참고할 수 있다. 그는 『덕의 상실』 5장에서 "존재의 전제로부터는 어떠한 당위의 결론도 도출할 수 없다"는 원리를 비판하고, 존재로부터 당위로 나아갈 수 있음을 주장한다. 이에 대해서는 알래스데어 매킨타이어 지음, 이진우 옮김, 『덕의 상실』(문예출판사, 1997), 95~100쪽 참조. 스테판 뮬홀과 애덤 스위프트는 이에 대한 매킨타이어의 견해를 다음과 같이 요약하였다. "우리가 인간 본성이 어떤 목적을 지닌다고 생각한다면 우리는 마찬가지로 존재로부터 곧장 당위로 나아갈 수 있다. 인간 본성의 최고 혹은 최종적인 상태를 파악하면, 그런 목적이 발전하고 실현되는 데 기여하는 품성이나 행동유형과 그렇지 못한 것들을 구분할 수 있게 되며, 후자를 '나쁜' 것으로 전자를 '좋은' 것으로 간주할 수 있게 되기 때문이다. 그리하여 우리는 도덕판단을 일종의 사실판단으로도 간주할 수 있을 것이다." 스테판 뮬홀·애덤 스위프트 지음, 김해성·조영달 옮김, 『자유주의와 공동체주의』(한울 아카데미,

에서 나오는 요구이다. 그런 것은 경험적인 현실세계에서는 불가능하다. 우리는 경험적 현실세계를 떠나 살 수 없다. 필연적이라고는 할 수 없어도 많은 사람이 공감하는 행복을 위해 필요한 수단, 기초적인 선들에 대해 우리는 알고 있고, 또 필요한 경우에는 논의할 수도 있다. 또 공동체 속에는 그런 것들에 대한 어느 정도 공유된 인식들이 있다. 우리는 그런 것들을 행복을 위해 필요한 수단, 필요한 행위들로 간주하고 그것들을 수행해야 한다고 말할 수 있다.

칸트는 도덕법칙에서 차지하는 선의지와 행복의 위치에 대해 다음과 같이 말한다. "실천 원칙들에서는 윤리의식과 그 윤리의 결과로서 그에 비례하는 행복에 대한 기대 사이의 자연스럽고 필연적인 결합은 적어도 가능하다고 생각된다.(그러나 그렇다고 물론 그것이 인식되거나 통찰될 수 있는 것은 아니다.) 이와 반대로, 행복 추구의 원칙들이 윤리를 만들어 낼 수는 없다. 그러므로 (최고선의 첫째 조건인) 최상선은 윤리성을 형성하고, 반면에 행복은 최고선의 두 번째 요소를 형성하기는 하지만, 그럼에도 행복은 단지 도덕적으로 조건 지어진, 그러면서도 필연적인 윤리성의 결과이다."[36] 여기서 칸트는 선의지가 도덕법칙의 우선적인 근거이고 행복은 이차적이라고 주장하고 있다. 선의지와 행복 중 어느 것을 도덕법칙에서 우선적인 것으로 볼 것이냐는 관점에 따라 얼마든지 달라질 수 있다. 그러므로 선의지를 더 우선으로 보는 칸트의 관점 자체가 문제는 아니다. 문제는 어떤 것이 우선적이라고 해서 나머지 것을 도덕법칙의 설정에서 배제할 수 있느냐 하는 것이다. 여기서 칸트는 선의지라는 윤리의식만 있으면 행복은 필연적으로 그에 따라오기 때문에 행복을 도덕법칙을 규정하는 근거로 생각할 필요가 전혀 없다고 간주하고 있다. 그러나 감성적 현실세계에서 윤리성과 그에 비례하는 행복의 결합이 항상 일어난다고 할 수는 없다. 그

2001), 119~120쪽.
36) 이마누엘 칸트, 백종현 옮김, 『실천이성비판』, 213~214쪽.

둘 사이의 '필연적인 결합은 가능하다'는 칸트의 말은 형용모순에 해당한다. 가능하다는 것은 그럴 수도 있고 그렇지 않을 수도 있다는 것이므로 필연적이라 할 수 없다. 선의지를 갖고 행동한다고 해서 반드시 행복을 가져오는 것은 아니다. 그에 반하는 결과를 가져올 수도 있다. 그런 경우를 염두에 둔다면 우리는 도덕법칙, 도덕원칙, 행위의 준칙 등을 정할 때 행복이라는 목적, 결과를 함께 고려하지 않을 수 없다.

무조건 선한 선의지에 도덕법칙을 세우려고 하는 칸트는 선의지를 의무와 연관 짓는다. 칸트에게 선의지란 어떤 것을 '의무이기 때문'에 하려는 의지이다. 그러므로 우연히 의무에 맞는 행위가 아니라 의무이기 때문에 하는 행위, 선의지에 따르는 행위만이 도덕적인 가치를 가질 수 있다.

그렇다면 무엇이 우리의 의무인가? 의무는 이성이 우리에게 부과하는 명령이라고 할 수 있다. 우리의 의지는 종종 감성적인 주관에 따르는 경향도 있으므로 항상 이성의 객관적 법칙만을 따르지는 않는다. 그래서 이성이 우리가 마땅히 따라야 하는 것으로 파악한 객관적 법칙은 우리의 의지에 '해야만 한다'는 명령으로 주어진다.

그러나 이성이 내리는 모든 명령이 도덕법칙의 자격을 가질 수 있는 것은 아니다. 칸트는 이성의 명령을 가언적 명령(법)과 정언적 명령(법)으로 나눈다. 가언적 명령이란 만약 어떤 목적을 달성하려면 어떻게 해야만 한다는 조건적인 명령을 말한다. 정언적 명령은 다른 목적과 상관없이 그 자체로 반드시 따라야만 하는 무조건적인 명령이다. 칸트는 이 가운데 정언적 명령만이 도덕법칙이 될 수 있다고 주장한다.

우리가 어떤 목적을 세우고 그것을 제대로 달성하려면 따라야만 하는 방법을 지시하는 가언적 명령을 칸트는 '숙달의 명령법' 또는 '숙달의 규칙'이라 부른다. 그런데 칸트는 인간이 성취하려고 하는 목적 가운데서도 행복은 모든 사람이 자연 필연성에 따라(거스를 수 없는 본성에 따라) 가지고 있는 것이라고 간주한다. 그리고 이런 행복을 촉진하는 수단이기 때문에 어떤 행위를 해야만 한다는 가언적 명령은 확연적(실연적)이라고 표현하기도 한다.[37) 또 그는 행복을 얻으려면 어떻게 행위하라고 하는 명령을 '영리함의 충고'라고 부른다. 이처럼 가언적 명령이란 모두 어떤 목적을 추구하느냐는 조건에 따라 달라지는 명령을 말한다.

이런 가언적 명령들과는 달리 어떤 목적과도 상관없이 무조건 주어지는 정언적 명령을 칸트는 '도덕성의 명령(법칙)'이라고 부른다. 칸트는 법칙이라는 것은 "무조건적인 그리고 객관적인, 따라서 보편적으로 적용되는 필연성을 지닌"[38) 것이라고 간주한다. 그 때문에, 일정한 목적의 추구와 우연적인 조건 같은 것을 전제로 하는 가언적 명령은 도덕법칙이 될 수 없고, 오직 정언적 명령만이 도덕법칙의 자격을 갖는다. 칸트의 이런 주장에도 결과와 목적을 도덕의 영역으로부터 철저하게 배제하려는 의도가 분명히 드러난다.

이렇게 해서 칸트는 이성이 우리에게 무조건 따라야 하는 것으로 내리는 정언명령만이 도덕법칙이 될 수 있다고 주장하였다. 칸트는 도덕법칙이 될 수 있는 의무에 관한 정언적 명령법(정언명법)을 여러 가지로 표현한다. 그것을 정리해 보면 다음과 같다.

첫째, "그 준칙을 통해서 네가 그것을 동시에 보편적인 법칙으로 삼으려고 할 수 있는 그런 준칙에 따라 행위하라."[39)

둘째, "마치 네 행위의 준칙이 네 의지에 의해 보편적인 자연법칙이 되어야 할 것처럼 그렇게 행위하라."[40)

---

37) 이마누엘 칸트, 이원봉 옮김, 『도덕 형이상학을 위한 기초 놓기』, 63쪽 참조.
38) 이마누엘 칸트, 이원봉 옮김, 『도덕 형이상학을 위한 기초 놓기』, 64쪽.
39) 이마누엘 칸트, 이원봉 옮김, 『도덕 형이상학을 위한 기초 놓기』, 71쪽.
40) 이마누엘 칸트, 이원봉 옮김, 『도덕 형이상학을 위한 기초 놓기』, 72쪽.

셋째, "네 인격 안의 인간성뿐만 아니라 모든 사람의 인격 안의 인간성까지 결코 단지 수단으로만 사용하지 말고, 언제나 (수단과) 동시에 목적으로도 사용하도록 그렇게 행위하라."[41]

넷째, "의지가 자기의 준칙에 의해 스스로를 동시에 보편적으로 법칙을 주는 것으로 생각(간주)할 수 있도록 행위하라."[42]

다섯째, "이성적인 존재 각자는, 마치 그 자신이 자기의 준칙에 의해 언제나 목적의 보편적 나라에서 '법칙을 주는' 구성원인 것처럼 행위해야만 한다."[43]

칸트 연구자인 페이튼은 이 다섯 가지의 정언적 명령법(정언명법)을 각각 '보편법칙의 정식', '자연법칙의 정식', '목적 자체의 정식', '자율의 정식', '목적의 왕국의 정식이라고 부름으로써 그 성격을 잘 나타내 주고 있다.[44] 이 가운데 첫째와 둘째, 넷째와 다섯째 것은 유사한 것으로 하나로 묶을 수 있다. 실제로 칸트는 자신의 정언적 명령법을 세 가지로 간주하면서 그 "세 가지 방식은 근본적으로 동일한 법칙에 대한 세 가지 표현 양식일 뿐이고, 그중 하나는 나머지 두 가지를 원래 자기 안에 결합하고 있다"[45]고 말하고 있다. 그렇다면 우리는 칸트의 정언명법을 첫 번째인 '보편법칙의 정식', 세 번째인 '목적 자체의 정식', 네 번째인 '자율의 정식'으로 요약할 수 있다. 그런데 칸트는 이 가운데서도 첫 번째 정식을 특히 중시하여 어떤 때는 정언적 명령법은 이것 단 하나뿐이며, 다른 모든 의무에 관한 명령은 이 명령법에서 끌어낼 수 있다고까지 말하기도 하였다.[46]

---

41) 이마누엘 칸트, 이원봉 옮김, 『도덕 형이상학을 위한 기초 놓기』, 83쪽.
42) 이마누엘 칸트, 이원봉 옮김, 『도덕 형이상학을 위한 기초 놓기』, 92쪽.
43) 이마누엘 칸트, 이원봉 옮김, 『도덕 형이상학을 위한 기초 놓기』, 99쪽.
44) H. J. 페이튼, 김성호 역, 『칸트의 도덕철학』(서울: 서광사, 1988), 185~186쪽 참조.
45) 이마누엘 칸트, 이원봉 옮김, 『도덕 형이상학을 위한 기초 놓기』, 95쪽.
46) 이마누엘 칸트, 이원봉 옮김, 『도덕 형이상학을 위한 기초 놓기』, 71쪽 참조.

칸트가 이야기한 순서와는 다르지만, 칸트의 정언적 명령법이 무엇을 의미하는지를 밝히기 위해서는 '의지가 자기의 준칙에 의해 스스로를 동시에 보편적으로 법칙을 주는 것으로 생각(간주)할 수 있도록 행위하라'는 자율의 정식부터 살펴보는 것이 제일 좋다.

자율의 정식은, 인간은 자유로운 이성적 존재이기 때문에 외부에서 주어지는 타율적인 법칙에 따르지 말고 자유로운 주체로서 자율적으로 정한 법칙에 따라 행위해야 한다는 것이다. 이러한 자율의 정식이야말로 모든 사람의 자유와 평등을 인간이 받아들이고 추구해야 하는 가치로 인정하는 근대사회의 원리를 잘 표현하고 있다. 이 점에서 자율의 정식은 근대사회를 이끈 계몽주의의 대표자로서 칸트의 면모를 잘 보여 주고 있다. 칸트는 자유로운 이성적 존재로서의 자율성이야말로 인간 존엄성의 근거라고 간주하였다. 단순히 인과법칙의 지배를 받는다면 인간이 특별히 존엄할 근거가 없다. 그래서 칸트는 단순히 인과법칙의 지배를 받지 않고 자율적으로 판단하고 선택하며 행위할 수 있는 자유를 갖고 있다는 것이 인간 존엄성의 근거라고 간주하였다. 그래서 칸트는 이렇게 말한다. "자율성(스스로 법칙을 주는 것)은 인간 본성과 모든 이성적인 본성의 존엄한 근거이다."[47]

그런데 여기서 인간은 과연 인과성의 지배를 받지 않고 스스로 선택하고 행위할 수 있는 자유를 가지고 있는가 하는 문제가 제기될 수 있다. 칸트는 자유는 결코 경험적 개념이 아니며 그 때문에 현실 속에서 인간의 자유를 증명할 수는 없다고 간주하였다. 그렇지만 인간이 자기의 자유로운 의지에 따라 행동하는 것이 아니라 자연적인 기계적이고 필연적인 인과성에 따라 행동하는 것에 불과하다면 인간의 도덕성이라는 것은 아무런 의미도 없을 것이며, 인간에

---

47) 이마누엘 칸트, 이원봉 옮김, 『도덕 형이상학을 위한 기초 놓기』, 95쪽.

게는 아무런 존엄성도 없을 것이다. 도덕성이라는 것은 우리가 이성에 따라 어떤 것을 선하다거나 악하다는 등의 도덕적 판단을 내리고 그에 따라 우리의 행위를 선택할 수 있을 때만 의미가 있다. 인간은 누구나 자신을 이런 이성적인 도덕의 주체로서 생각하고 행위해 나간다. 이렇게 하는 이상 우리는 인간으로서 우리가 자유로운 존재, 자율적인 존재라는 것을 전제로 하지 않을 수 없다. 즉, 자유가 우리에게 실제로 존재하는가와 상관없이 우리는 도덕적 주체로서 우리 자신의 존재 의미가 있기 위해서 자유의 존재를 요청하지 않을 수 없다. 그래서 칸트는 자유를 경험 개념이 아니라 이성의 이념이라고 주장하며 우리는 그러한 이념을 전제하고 요청할 수밖에 없다고 주장한다.

> 자유는 하나의 단순한 이념, 자연법칙에 의해서는 어떻게 해서도 그것의 객관적인 실재성을 제시할 수 없고, 따라서 어떤 가능한 경험으로도 제시할 수 없는 이념일 뿐이다.[48]

> 이 자유의 이념을 우리 자신 안에서도, 인간 본성 안에서도 현실적인 어떤 것으로 증명할 수 없었다. 다만 우리가 스스로를 행위에서의 자기의 인과성을 의식하는 이성적인 존재로, 즉 의지를 갖춘 존재로 생각하려 한다면 자유를 전제할 수밖에 없다.[49]

이성적 존재인 인간을 누구나 자유로운 존재로 인정하고 대우하는 것은 결코 폐기할 수 없는 근대적 원리이다. 그런 점에서 칸트는 근대 이후 누구도 부정할 수 없게 된 인간의 자유라는 자유주의적 가치를 확고하게 만든 공헌자라 할 수 있다. 불합리한 신분과 계급구조 그리고 전통으로부터의 해방을 쟁취한

---

48) 이마누엘 칸트, 이원봉 옮김, 『도덕 형이상학을 위한 기초 놓기』, 134쪽.
49) 이마누엘 칸트, 이원봉 옮김, 『도덕 형이상학을 위한 기초 놓기』, 117쪽.

근대 시민의 관점에서 기존의 그런 구조하에서 인간에게 요구되고 강요되었던 목적과 기능을 거부하는 자유롭고 자율적인 인간, 자율적인 자아라는 개념은 어떤 의미에서는 당연하고 또 진보적인 내용도 가진 것이었다. 자유로운 인간 이라는 이런 칸트의 이념은 이후 자유에 기초한 보편적인 인권의 확립을 위한 토대를 제공하였다.

그런데 칸트는 인간의 자유와 자율에 관해 이야기하면서 줄곧 인과법칙의 지배를 벗어난 예지적 존재로서의 이성의 자유에 대해서만 강조할 뿐, 신분과 계급, 불합리한 전통 등의 속박으로부터의 자유에 대해서는 언급을 거의 하지 않는다. 사실 인간의 삶에서 보자면 인간의 자유를 부당하게 구속하는 현실적 억압과 차별이 문제였지, 인간이 인과법칙으로부터 자유로운가 아닌가가 문제 되는 것은 아니었다. 그러므로 자유의지에 대한 지루한 형이상학적 논쟁을 벌이는 것은 현실적, 실천적으로는 그다지 중요하지 않을 수 있다. 우리는 자유 의지를 가지고 있든 없든 어느 쪽이든 여전히 우리가 좋아하며 합리적이라고 생각하는 행동을 선택하고 해 나갈 것이기 때문이다. 중요한 것은 인간은 누구 나가 자유로운 존재라는 점에서 평등하다는 것을 분명히 하는 것이다.

자유로운 존재로서 인간은 누구나 불합리한 사회적 차별과 구속을 당하지 않아야 한다는 점을 강조하는 것이 아니라 자꾸만 자연적 인과법칙의 지배를 벗어난 존재라는 점만을 강조하게 되면 여러 가지 문제가 발생한다.

예컨대 이 세상의 다른 존재들과 달리 이성적 존재로서 인간만이 자유로운 존재이고 그 때문에 인간만이 존엄한 존재라고 여기게 되면 인간중심주의의 위험이 발생할 수 있다. 인간은 이성을 가지고 있고, 그 덕분에 판단하고 선택하 는 데 있어서 자유의 폭이 동물을 비롯한 다른 존재들에 비해 상대적으로 넓다 는 것은 충분히 인정할 수 있다. 그러나 그것은 정도의 차이에 불과한 것일 수 있다. 생물학, 심리학 등의 발달과 더불어 우리는 점차 동물들에게도 상당히 지적이고 의지적인 능력이 있다는 것과 인간의 마음 역시 여러 가지 요인들의 인과적 영향을 받는다는 것을 이전보다 더 많이 인식하게 된다. 인간은 다른 생명체들과 서로 구별되면서도 연속적인 진화의 선 위에 있는 한 존재이며, 다른 모든 존재와 총체적인 연관성 속에서 서로 의존하며 살아가는 존재이다. 인간만이 자유로운 존재이며 존엄한 존재라는 것만을 강조하게 되면 다른 존재들을 무시하고 오직 인간들의 관점에서 그것들을 수단으로 다루고 그 위에 군림하려는 잘못된 태도를 보일 위험이 다분히 있다.

　인간 이외의 다른 존재들까지 고려하지 않는다고 해도, 개인을 외적인 요인들의 인과적 영향으로부터 완전히 자유로운 존재라고 간주하는 것은 모든 행위의 책임을 개인 탓으로 돌리는 고립적인 개인주의에 빠질 위험이 있다. 인간이 어떠한 인과적 영향도 받지 않고 완전히 자유롭다면 개인의 모든 행위에 대한 책임은 개인에게 있기 때문이다. 이것은 모든 사회 역사적 관계로부터 단절된 개인의 자유만 강조함으로써 '추상적이고 유령적인 성격'[50]의 원자론적 자아 개념을 낳을 수 있다. 계몽주의적인 근대의 인간관은 신분이나 계급, 전통 등에 의해 고정되어 있고 결정되어 있는 것으로 간주하던 인간을 자유로운 자율적 인간으로 파악하게 되었다는 장점이 있다. 그러나 반면에 인간의 정체성을 일체의 사회적 영향과 관계로부터 자유로운 것으로 규정함으로써 사회 공동체와 분리 불가능한 자아의 사회적 성격을 부정하는 것은 반대의 극으로 기울어진 것이라고 할 수 있다. 모든 인과적 영향으로부터 자유로운 개인을 강조하는 칸트에게는 이런 위험이 내재해 있으며, 나중에 칸트를 계승한 자유주의자들에게서 이런 위험은 실제로 현저히 드러나게 된다. 이처럼 개인을 완전히 자유로운 존재로 간주하는 관점이 앞에서 말했던 일체의 목적과 결과도 고려하지

---

50) 알래스데어 매킨타이어 지음, 이진우 옮김, 『덕의 상실』, 62쪽.

말아야 한다는 견해와 결합하게 되면, 인간의 모든 행동과 행동의 원칙은 개인의 선택일 뿐이며, 거기에는 아무런 객관적인 기준도 없게 된다. 그리고 이것은 결국 극단적인 주관주의나 상대주의, 회의주의나 허무주의와 통하게 된다.[51]

앞에서 지적한 여러 가지 문제점을 포함하고 있기는 하지만, 자유롭고 자율적인 인간은 자신의 행위 원칙, 도덕법칙을 스스로 세워 나가야 한다는 것이야말로 인간들 사이의 도덕적 관계를 설정하기 위한 칸트의 출발점이라고 할 수 있다. 다시 한 번 강조하지만, 여기서 중요한 것은 모든 사람이 이성을 가진 자유로운 존재라는 점에서 평등하다는 점이다. 그렇다면 이렇게 평등하게 자유로운 인간들은 서로 어떠한 도덕적 관계를 맺어야만 하는가? 이에 대한 대답을 제공하는 것이 바로 칸트가 말하는 '보편법칙의 정식'이라는 첫 번째 정언적 명령법이다.

보편법칙의 정식이라는 칸트의 정언적 명령법은 어떤 행동을 하려 할 때 그 행동의 원칙(준칙)을 과연 누구나가 언제든지 채택해도 좋은(또는 해야 하는) 보편적 법칙으로 삼을 수 있는가를 숙고해서 만약 그렇다면 그렇게 하라는 것이다. '나는 지금 이러이러한 원칙에 따라 행동하려고 하는데, 누구라도 언제든지 이렇게 행동해도 좋은가'라는 질문을 던지고, 그렇다고 대답할 수 있다면, 그렇게 행동하라는 것이다. 이것은 이처럼 보편화 가능한 것만이 도덕법칙이 될 수 있다는 것이다. 칸트는 이런 '보편화 가능성'이야말로 도덕법칙의 유일한 기준이라고 간주하여, 모든 의무를 이 하나의 명령법에서 끌어낼 수 있다고까지 주장하였다.

타인과 관계할 때 이런 보편화 가능성이라는 원칙에 따라서 행위하라는

---

51) 고립적인 원자론적 개인주의가 갖고 있는 이러한 문제점은 인간을 독립적인 고독한 단독자라는 근본 개념에서 출발하는 실존주의에서도 뚜렷이 드러난다. 이에 대해서는 이찬훈, 『둘이 아닌 세상』, '1부 실존과 인생' 부분을 참조.

것은 사실 동서양을 막론하고 이전부터 많은 위대한 사상가들이 이야기한 것이다. 예를 들자면 동양에서는 일찍이 공자가 자기가 원하지 않는 일을 남에게 하지 말고, 자기가 원하는 대로 남을 대하라고 하였다. "자기가 원하지 않는 일을 남에게 하지 말라."[52] "어진 사람이란 자기가 서고자 하면 남을 세워 주고, 자기가 뜻을 이루고자 하면 남부터 뜻을 이루게 하는 것이다."[53] 서양에서는 예수가 "무엇이든지 남에게 대접을 받고자 하는 대로 너희도 남을 대접하라"[54]고 한 바 있다. 다만 문제는 근대 이전의 계급사회에서는 신분과 계급에 따른 차별 때문에 보편화 원칙이 제대로 지켜지지 않았으며 지켜질 수도 없었다는 것이다.

예컨대 주인과 노예의 관계를 생각해 보라. 나는 주인이고 네가 노예라면, 나는 너에게 이러이러한 명령을 내릴 수 있지만, 너는 나에게 똑같은 명령을 내릴 수 없다. 나는 너에게 이렇게 하려고 하지만, 너는 나에게 이렇게 해서는 안 된다. 인간이 마땅히 따라야 하는 명령(도리)은 그가 차지하고 있는 신분과 계급에 따라 달라진다. 그러므로 보편적 법칙으로서의 도덕적 명령은 인간의 평등을 전제로 해서만 성립할 수 있다. 모든 사람이 자유로운 존재로서 평등하다는 것을 확고한 전제로 삼고 그 바탕 위에서 보편화의 원칙을 적용해야 한다. 칸트의 보편법칙의 정식이라는 정언적 명령법은 이 점을 분명히 했다는 점에서 큰 의미가 있다.

그렇다면 우리는 어떤 것을 보편화 가능한 원칙이라고 간주할 수 있을까? 어떤 원칙은 왜 보편화 가능하며 어떤 원칙은 그렇지 못하다고 판단할 수 있는 근거는 무엇일까? 이에 대한 나름의 답을 제공하는 것이 바로 '목적 자체의

---

52) 『論語』, 「衛靈公」, "己所不欲, 勿施於人."
53) 『論語』, 「雍也」, "夫仁者, 己欲立而立人, 己欲達而達人."
54) 마태복음 7-12.

정식이라고 부르는 정언적 명령법이라고 할 수 있다. 그것은 우리가 어떤 행동을 하려고 할 때 거기에 들어 있는 원칙이 인간을 결코 단순한 수단으로만 사용하려 하는 것이 아니라, 언제나 동시에 최고의 목적으로서도 대우하려는 것이어야 한다는 것이다. 간단히 말해 언제나 인간을 한낱 수단으로 사용하지 말고 최고의 목적으로 대우하라는 것이다. 이런 기준에 합치하는 행동의 원칙은 도덕법칙으로 보편화할 수 있는 것이라 할 수 있다는 것이다.

그런데 칸트는 우리가 이 입장을 채택해야만 하는 합당한 이유를 제시하지는 않는다. 모든 사람을 수단으로 대하지 말고 항상 목적으로 대우하라는 것을 우리는 어째서 따라야 하는가? 왜 그것이 보편화 가능한 것이며 그것과 어긋나는 것은 보편화할 수 있지 않은 것인가? 인간이 최고의 목적이기 때문이라는 대답은, 인간이야말로 인간 행위의 최고의 목적이기 때문에 최고의 목적이라는 동어반복에 불과한 것으로 진정한 대답이 될 수 없다. 사실 인간을 목적으로 대우해야만 하는 이유가 무엇이냐에 대한 합당한 대답은 그렇게 하지 않으면 우리가 서로를 수단으로 이용하기 위해 싸움으로써 모두 불행해지기 때문이라는 이유밖에 없을 것이다. 그런데 이것은 칸트가 도덕법칙을 정립하면서 배제하려고 했던 행복, 공리라는 잣대를 가져올 수밖에 없다는 것을 말해 준다.

칸트는 정언적 명령법으로부터 끌어낼 수 있는 모든 의무가 무조건적이라는 점을 매우 강조한다. 그것은 어떠한 목적, 조건, 상황 등에 따라서만 성립하거나 달라질 수 있는 조건적인 의무가 아니라는 것이다. 그런데 문제는 이런 '무조건성'에 대한 요구는 우리의 도덕적 의무를 매우 추상적이고 공허한 것에 그치도록 만든다는 점이다. 칸트는 보편화 원칙인 첫 번째 정언적 명령법에 대해서 다음과 같은 말을 하고 있다.

이제 의무에 관한 모든 명령법이, 의무에 관한 원칙인 이 하나의 명령법에서 이끌어 내질 수 있다면, 사람들이 의무라고 부르는 것이 전부 공허한 개념이 아닌지에 대해서는 확정하지 않는다 할지라도, 최소한 우리가 의무라는 개념을 통해 무엇을 생각하는지, 그리고 이 개념이 무엇을 말하려 하는지 보여줄 수는 있다.[55]

여기에 나타나듯이 칸트는 정언적 명령법에서 끌어낼 수 있는 의무가 공허한 개념인지 아닌지에 대해 따지지 않는다. 그러나 문제의 핵심은 바로 이것이다. 우리는 우리의 행위의 원칙이 보편화 가능한 것이어야 한다는 칸트의 정언적 명령법에 얼마든지 동의할 수 있다. 그러나 문제는 구체적으로 어떤 의무(명령)가 과연 보편화 가능한 의무(명령)이냐 하는 것이다. 구체적인 어떤 행위의 원칙을 놓고 그것이 보편화 가능한 의무에 해당하느냐 아니냐를 판정하기 위해서는 우리가 추구하는 목적, 우리가 놓여 있는 상황과 조건 등을 고려하지 않을 수 없다. 이것은 칸트가 직접 보편화 가능한 무조건적인 의무로 들었던 여러 가지 의무들을 검토해 봄으로써 분명히 드러난다. 이 예들을 검토해 봄으로써 우리는 칸트의 의도와 달리 구체적인 의무들은 모두 조건적일 수밖에 없다는 것을 알 수 있다.

칸트가 정언적 명령법에서 끌어낼 수 있는 무조건적인 의무라고 하는 것으로는 대표적으로 다음과 같은 네 가지 경우에서 이야기하고 있는 의무를 들 수 있다.

첫째는 절망에 빠질 정도로 나쁜 일이 계속되어 삶에 염증을 느낀 사람이 자살할까 하는 경우이다.

둘째는 돈이 궁하다고 여겨지면 결코 돈을 갚을 수 없다는 것을 안다 해도 갚겠다고 약속을 하면서 돈을 빌리는 것과 같이 지키지 않을 약속으로 어려움을

---

55) 이마누엘 칸트, 이원봉 옮김, 『도덕 형이상학을 위한 기초 놓기』, 71쪽.

빠져나오려는 경우이다.

셋째는 재능을 가진 사람이 자신의 소질을 개선하는 데 힘쓰기보다는 즐거움만을 좇으려 하는 경우이다.

넷째는 자신은 일이 잘 풀리고 있음에도 다른 사람의 어려움을 외면하려는 경우이다.

이것들을 하나씩 차례대로 살펴보기로 하자. 첫 번째 예에서 칸트는 절망에 빠질 정도로 상황이 어려울 때 자살하려는 것을 자신을 사랑하기 때문에 목숨을 끊으려는 '자기애의 원칙'이라고 부르며, 감각은 삶을 촉진하도록 밀어주는 것인데 그 감각 때문에 삶 자체를 파괴하는 것을 법칙으로 하는 것은 모순된다고 주장한다.[56] 그래서 아무리 절망적 상황이라도 자살해서는 안 된다는 것이 의무라는 것이다. 그러나 여기에 나타나는 칸트의 이야기는 매우 어색하고 애매하며 설득력을 가지고 있지 못하다.

적극적인 안락사의 경우를 생각해 보자. 만약 '고통이 극심하고 치유할 수 없다고 여겨지는 경우 자살을 해도 좋다'라는 것을 보편화 가능한 법칙으로 삼을 수 있는가 하고 묻는다면, 많은 사람이 그렇다고 답할 수 있다. 물론 다른 많은 사람은 그렇게 해서는 안 된다고 답할 수 있지만, 그것이 모순적이어서 불가능하다고 할 수는 없다. 단지 의견이 다를 뿐이다. 칸트는 감각의 역할이 살아가기 위한 것이라고 주장한다. 그러나 인간이 살아가려고 한다면 그렇겠지만, 문제는 지금의 경우 더는 살아가기를 원하지 않는다는 것이다. 생명체는 무조건 살아가기를 원하기만 하는 존재라고 가정하면, 애초에 문제가 발생하지도 않는다. 인간은 어떤 경우에는 살아가기를 원하지 않을 수도 있는 존재이기 때문에 자살이 문제 되는 것이다. 인간은 생명체로서 살기를 원하고, 행복하게

---

56) 이마누엘 칸트, 이원봉 옮김, 『도덕 형이상학을 위한 기초 놓기』, 72쪽 참조.

살기를 원하는 존재라는 전제하에서라면 쉽게 자살을 택해서는 안 된다고 할 수 있다. 그러나 더는 행복하게 살기가 어렵고 오히려 심한 고통만을 당할 수밖에 없다고 여겨지는 조건에서라면, 그래서 더는 살기를 원하지 않는 경우라면, 자살을 택해도 좋다고 할 수도 있다. 이것은 물론 일정한 조건 아래서 이야기하는 가언적 명령이다. 그러나 반대로 '자살하지 말라'는 것이 무조건적인 의무라는 근거도 없다. 자살하지 말아야 한다는 것도 인간은 살기를 원하며, 행복하게 살기를 원한다는 조건 아래에서만 성립할 수 있는 가언적 명령이다.

두 번째로, '거짓 약속'에 관한 칸트의 예는 '준칙의 보편화 가능성'이라는 것이 매우 복잡하고 미묘한 것임을 깨닫게 해 준다. 칸트는 '어려움에서 빠져나오려면 거짓 약속을 하라' 또는 '어려움에서 빠져나오려고 할 때는 거짓 약속을 해도 좋다'는 준칙은 보편화할 수 없는 것이라고 주장한다. 그러한 준칙의 보편화가 불가능하다는 이유는 그것을 보편화하는 순간 사람들 사이의 신뢰가 성립하지 않게 되어 약속 자체가 불가능하다는 것과 설령 다른 사람이 믿어 주었다 해도 뒤에 다시 앙갚음을 당한다는 것이다.[57]

그러나 그 준칙이 보편화하면 약속 자체가 성립할 수 없다는 주장은 이해하기 어렵다. '어려움에서 빠져나오려면' 또는 '어려움에서 빠져나오려고 할 경우'가 아니라면 사람들은 여전히 거짓 약속을 하지 않고 정직할 수 있다. 그래서 일반적으로는 서로를 믿을 수 있다. 다만 어떤 사람이 어려움에 부닥쳐 거기에서 벗어나기 위해서 거짓 약속을 해서 신뢰를 저버릴 수도 있을 것이다. 그런 경우 사람들은 거짓 약속을 한 사람을 비난할 수도 있고, 또 그와는 다르게 그 사람의 어려운 처지를 동정하면서 이해해 줄 수도 있다. 그러므로 어떤 경우에 조건적으로 거짓말을 해도 좋다는 것이 아예 성립 불가능하다고 할

---

57) 이마누엘 칸트, 이원봉 옮김, 『도덕 형이상학을 위한 기초 놓기』, 40~42쪽 참조.

수는 없다. 다만 그렇게 한다면 때에 따라 상대방도 나를 속일 수 있고 사회적 신뢰가 손상되어 서로 손해가 되고 공동체에도 해가 될 수 있으므로 그렇게 해서는 안 된다고 할 수는 있다.

그런데 이와는 다르게 어떤 조건에서는 거짓말을 해도 좋다는 것을 보편화할 수 있을 것 같은 예도 생각해 볼 수 있다. 예를 들어 회복 불가능한 치명적인 질병에 걸린 것으로 판정된 말기 환자, 그것도 마음이 매우 여린 환자에게 의사가 거짓말을 해 불필요한 고통을 주지 않으려고 하는 경우를 생각해 보라. 그럴 경우라면 거짓말을 해도 좋다는 것을 보편화할 수 있는가? 이 질문에 대해 우리는 얼마든지 그렇다고 대답할 수 있다. 물론 이에 대한 답은 사람마다 다를 수 있다. 이것은 어떤 준칙의 보편화 가능성에 관한 생각이 사람마다 다를 수 있음을 나타내는 것이다. 그리고 이것은 결국 어떤 준칙의 보편화 가능성 유무는 주어지는 조건에 따라 달라질 수 있음을 나타내는 것이다. 이렇게 본다면 '거짓 약속을 하지 말라' 또는 '거짓말을 하지 말라'는 준칙이 언제 어디서건 누구에게나 보편화할 수 있는 도덕법칙이라고 말할 수는 없다. 어떤 조건에서는 그것을 우리가 당연히 따라야만 하는 의무로 간주하지 않을 수도 있다.

세 번째 예에서 칸트는 이성적인 존재는 자기가 가진 모든 능력이 펼쳐지기를 바라는 존재이므로, 타고난 재질을 묵혀 두고 향락에 삶을 소비하는 것을 바랄 수는 없다는 주장을 한다. 그러나 이것은 사실상 동어반복의 이용에 지나지 않는다. 이성적 존재로서의 인간은 누구나 언제나 자기가 가진 모든 능력이 펼쳐지기를 바라는 존재라고 규정하면, 그것을 바라지 않는다는 것은 절로 모순이 되어 버리기 때문이다. 이것이 동어반복에 그치지 않으려면, 인간이 자신의 능력을 모두 발휘하기를 바란다는 경험적 사실을 인정하고 만약 그것을 원한다면 인생을 향락에 낭비해서는 안 된다는 가언명령으로 이것을 해석해야만 한다. 그러므로 여기에서 이야기하는 의무 역시 무조건적인 의무라고 할 수는 없다.

네 번째 예에서 칸트는 '다른 사람의 커다란 어려움을 보고 외면해도 좋다'는 원칙이 보편적으로 적용되어야 한다고 바라는 일은 불가능하다고 주장한다. 그리고 그 이유는 이렇게 하려고 하면 다른 사람의 사랑과 동정심을 바라면서도 자기가 소망하는 모든 희망과 도움 자체를 빼앗기는 경우가 많을 것이기 때문이라고 한다.[58] 그런데 이것을 잘 따져보면, '다른 사람의 커다란 어려움을 보면 외면하지 말라'는 의무는 결국 '다른 사람의 사랑과 동정을 원한다면, 그리고 자신도 희망의 성취를 위해 다른 사람의 도움을 얻으려면, 다른 사람의 커다란 어려움을 외면하지 말라'는 가언적 명령이 되는 것이다. 이것은 인간이 다른 사람의 사랑과 동정 그리고 도움을 바란다는 것을 전제로 한다.

앞의 네 가지 예를 통해서 칸트는 오직 보편화 가능성이라는 도덕의 유일한 원칙으로부터 무조건적인 의무가 도출된다고 주장하였다. 예컨대 그것은 다음과 같이 정식화할 수 있을 것이다. '아무리 괴로워도 자살을 해서는 안 된다.' '아무리 어려워도 거짓 약속을 해서는 안 된다.' '향락에 빠지지 말고 자기를 계발해야 한다.' '커다란 어려움에 빠진 사람을 보면 도와야 한다.' 그러나 앞에서 지적했듯이 그러한 의무는 일정한 전제와 조건 아래에서만 성립하는 의무라고 할 수 있다. 결국, 이런 예들을 통해 우리는 칸트의 의도와는 반대로 정언적 명령법으로부터 어떤 구체적인 의무를 끌어내기 위해서는 인간의 본성이나 욕구, 목적 등의 경험적 요소를 반영하지 않을 수 없다는 것을 알 수 있다.

칸트는 인간을 한낱 수단으로 사용하지 말고 동시에 최고의 목적으로서도 대우하라는 정언명법과 관련해서도 다시 한 번 앞에서 들었던 예와 거기에서 도출한 의무들을 이야기한다. 그런데 그 이야기들도 자세히 검토해 보면 도덕

---

58) 이마누엘 칸트, 이원봉 옮김, 『도덕 형이상학을 위한 기초 놓기』, 75쪽 참조.

법칙으로부터 인간의 경험과 목적을 배제하려 했던 칸트의 의도와는 달리 오히려 구체적인 도덕적 의무를 정하기 위해서는 그것들이 필수적임을 잘 드러내 준다.

먼저 칸트는 "상대적인 목적들은 모두 가언적 명령법의 근거일 뿐"[59]이지만 "절대적인 가치를 지니는 목적 그 자체이기 때문에 법칙의 근거가 될 수 있는 어떤 것"[60]이 있다고 하면서, 그것은 다름 아닌 이성적 존재인 인간이라고 이야기한다. 여기서 칸트는 행위를 통해 얻으려는 모든 목적은 상대적이라고 주장하면서 절대적 목적을 제시해 그것에다 정언명법의 근거를 두려 하고 있다. 이렇게 함으로써 칸트는 슬그머니 그가 부정했던 목적론을 끌어들이고 있다.

칸트는 자살을 기도하는 사람의 예를 들면서, 그가 힘든 상태를 벗어나기 위해 자신을 파괴한다면, 그것은 인격을 죽을 때까지 고통스럽지 않게 지내기 위한 하나의 수단으로서만 이용하는 것이라고 주장한다.[61] 그러나 이것은 반드시 그렇다고 할 수 없다. 예컨대 존엄적 안락사를 주장하는 사람들이라면 치유 불가능한 말기의 힘든 상태를 벗어나기 위한 존엄사는 오히려 생존이라는 목적을 위해 존엄한 인격을 사용하지 않으려는 것이라고 주장할 수 있다. 이것은 결국 인간을 항상 동시에 목적으로서도 대우하라는 정언명법에서 끌어낼 수 있는 의무라는 것이 인간이 처한 상황이나 욕구, 목적 등을 고려한 것일 수밖에 없음을 드러낸다.

커다란 어려움에 부닥친 사람을 외면하는 사람의 예를 사용하면서, 칸트는 모든 사람의 본성적 목적은 행복이고, 그러므로 나 자신의 행복뿐 아니라 타인의 행복 역시 목적으로 간주하여 적극적으로 향상하게 하려고 노력해야 한다고

---

59) 이마누엘 칸트, 이원봉 옮김, 『도덕 형이상학을 위한 기초 놓기』, 81쪽.
60) 이마누엘 칸트, 이원봉 옮김, 『도덕 형이상학을 위한 기초 놓기』, 81쪽.
61) 이마누엘 칸트, 이원봉 옮김, 『도덕 형이상학을 위한 기초 놓기』, 83쪽 참조.

주장한다. 칸트는 이성적 존재의 본성이 이성적인 존재를 목적 자체로 특징짓기 때문에 이성적 존재인 인간의 인격이 최고의 목적이라고 간주하고 있다. 이와 똑같은 논리로 말한다면 모든 인간의 본성이 행복을 추구하는 것이라면 행복이야말로 최고의 목적이라고 할 수 있다. 또 인간의 본성이 공동체적 삶을 요구하는 것이라면 그것 역시 최고의 목적이라고 할 수 있다. 그러므로 어려움에 부닥친 사람을 도와야 한다는 칸트의 주장은 인간의 행복과 서로 돕고 공생하는 공동체적 삶이라는 목적을 은연중에 받아들이고 있는 것이고, 도덕법칙에서 이런 목적을 배제할 수 없다는 것을 보여 주고 있다고 볼 수 있다.

　우리는 칸트가 정언적 명령법이라 부르는 '의무에 관한 원칙'에 대해서는 동의할 수 있다. 그리고 그것은 우리가 마땅히 하거나 하지 말아야 할 의무들을 생각할 때 중요한 지침으로 작용할 수 있다. 보편화 가능성이라든가 인간을 목적으로 대우하라는 원칙은 많은 차별적이고 원칙 없는 주먹구구식의 판단과 선택을 막아 주는 중요한 지침 역할을 할 수 있다. 그러나 칸트가 무조건적인 명령으로 정식화한 정언명법들은 매우 추상적인 것들이다. 그것들은 너무나 추상적이어서 구체적으로 어떻게 하는 것이 우리가 따라야 하는 명령인가를 알려 주지 못한다. 극히 추상적인 정언적 명령법은 무조건적 명령(의무)이라 할 수도 있다. 그러나 그런 추상적인 원칙 말고 현실에서 따를 수 있는 것으로서 과연 무조건적 의무가 있을 수 있는가는 의문이다.

　현실 속에서 우리가 따라야 하는 구체적인 의무는 무조건일 수 없다. 예를 들면 아무런 조건 없이 '거짓말하지 말라', '살인하지 말라'는 명령이 우리의 의무가 될 수 있는가? 그렇다면 어째서 그것은 우리의 의무인가? 그것이 우리가 마땅히 따라야 할 것이기 때문에 우리의 의무라고 한다면, 그것은 동어반복에 지나지 않는다. 어떤 경우, 예컨대 정당방위라든가 많은 사람의 생명을 구하기 위할 때에는 살인을 용납할 수 있다고 생각할 수도 있다. 결국, 의무라는 것은 어떤 상황, 어떤 조건에 따라 보편화할 수 있는 의무라고 할 수도 있고, 그렇지 않다고 할 수도 있다. 그 구체적인 판단과 선택을 위해서는 그를 통해 이루려고 하는 목적, 그것이 초래할 결과 등을 고려하지 않을 수 없다.

이상에서 우리는 칸트의 의무론적 도덕이론에 대해 살펴보았다. 칸트는 인간의 평등한 자유라는 가치를 출발점으로 삼아 도덕이론을 전개함으로써 근대사회의 원리를 누구보다도 잘 표현하였다. 그리하여 그는 이후 무엇보다도 인간의 자유를 소중히 여기는 서구 자유주의의 확고한 기초를 놓았다고 할 수 있다. 또 이를 통해 자유에 기초한 보편적인 인권을 확립하기 위한 토대 역시 제공했다고 할 수 있다. 칸트의 의무론은 모두가 자유롭고 평등한 인간들이 서로 어떻게 대하고 관계를 맺어야 하는가에 관한 매우 훌륭한 원칙을 제공하였다. 그것은 어떠한 차별도 없이 모든 사람에게 평등하게 적용할 수 있는 보편화 가능성에 따라 행위하라는 것과 인간을 결코 단순한 수단으로 삼지 말고 최고의 목적으로 대우하라는 것이었다. 칸트가 정언적 명령법이라고 부르는 이러한 원칙은 우리 행위의 도덕성 여부를 판단하기 위해 우리가 반드시 고려해야 할 원칙이라고 할 수 있다. 우리는 우리가 마땅히 하거나 하지 말아야 할 의무들을 생각할 때 그것을 판단의 중요한 기준으로 삼아야 한다. 이 점에서 분명 칸트는 우리에게 결코 회피할 수 없는 중요한 도덕적 판단의 기준을 제공했다고 할 수 있다.

칸트의 의무론적 도덕이론은 정의 문제와도 밀접한 연관성을 갖고 있다. 앞에서 본 것처럼 서구에서 전통적으로 정의라는 것은 사람들 각자에게 알맞은 몫을 주는 것이었다. 그것은 각자에게 알맞은 대우를 해 주는 것이라고 바꾸어 말할 수 있다. 칸트의 도덕이론에 따라 말한다면 그것은 자유를 본질로 하는 모든 인간의 자유를 침해하지 않고 자유로운 존재로 대우하는 것이며, 존엄한 모든 인간을 한갓 수단으로 취급하지 말고 최고의 목적으로 대우하라는 것이다.

이것은 또한 모든 인간이 가진 권리들을 침해하지 말고 보장하라는 것이다. 또 칸트의 이론은 인간이 모두 평등한 존재인데도 때에 따라 누구는 이렇게 취급하고 누구는 다르게 취급하지 말고 보편적 원칙에 따라 동등하고 공평하게 대우하라는 것이기도 하다. 비록 칸트가 분배 문제와 같은 정의의 문제를 직접 다루지는 않았지만, 이렇게 칸트의 도덕이론은 정의 문제와 밀접한 연관성을 갖고 있어 이후 현대 서구의 정의론에 지대한 영향을 미쳤다. 특히 그 이후 서구 자유주의의 정의론은 이러한 칸트의 이론을 출발점으로 삼고 있다고 할 수 있다.

그런데 이미 보았듯이 칸트의 의무론적 도덕이론에는 많은 문제점도 존재한다. 그것은 대부분 칸트가 '순수하게 예외 없이 무조건적이고 절대적인 도덕법칙'을 정립하고 그에 따라야 한다는 강박관념을 갖고 매우 극단적인 선언을 남발하는 데서 유래하는 것이다. 그런 강박관념에서 칸트는 이성과 경험, 동기와 결과, 의무와 목적(행복), 자유와 인과성, 개인과 사회처럼 서로 분리할 수 없는 관계에 놓여 있는 것들을 분리하고 한쪽만을 중시함으로써 심각한 문제를 불러일으킨다. 윤리와 도덕의 문제, 그리고 정의의 문제를 올바로 해결하기 위해서는 불가분의 관계에 놓여 있는 그런 것들을 통합해서 구체적인 행위의 원칙들을 정할 필요가 있다. 사실 칸트의 극단적인 선언들을 제외하면 칸트 자신의 논술 속에도 인간의 경험, 욕구, 목적, 행복 등의 요소를 수용하는 언급들이 적지 않게 들어 있다. 필자는 그런 것들을 서로 완전히 다르지도 않고 완전히 같지도 않으면서 불가분하게 연관되어 있다는 불이적 관점에서 통합해야 한다고 생각한다.

앞에서 지적했듯이, 이성과 경험을 분리하고 경험을 배제한 채 이성에만 따라서 도덕법칙을 끌어내려는 시도는 실패할 수밖에 없다. 추상적인 정언적 명령에만 머물지 않고 구체적인 의무를 정하기 위해서는 인간의 본성이나 욕구,

목적, 상황, 조건 등의 경험적 요소들을 참고로 하지 않을 수 없다. 경험을 완전히 배제하고 이성의 직관에만 의존하면 개인마다 다를 수 있는 독단론에 빠지게 된다. 그러므로 우리는 이성과 경험을 둘 다 고려하는 불이적인 통합적 입장을 견지해야만 한다.

동기와 결과, 의무와 목적(행복)의 관계 역시 마찬가지다. 앞에서 이미 상세히 밝힌 것처럼, 우리의 행동에서 행복이라는 인간의 최고의 목적, 그리고 그와 연관된 결과를 도외시할 수는 없다. 인간으로서 우리가 모두 추구하는 행복과 우리의 의무는 밀접하게 연관되어 있다. 또 구체적인 의무 간에 충돌이 일어날 때 어떤 원칙에 따를 것인가를 결정하기 위해서도 우리는 행복과 같은 결과를 따져보지 않을 수 없다.

개인과 사회(공동체), 또는 더 나아가 개인과 다른 모든 존재의 관계 역시 마찬가지다. 모든 개인은 공동체 속에서 더 크게는 만물 속에서 서로 영향을 주고받는 관계 속에서만 존재한다. 개인을 모든 인과적 관계로부터 자유로운 단독자로 보아서는 안 된다. 개인과 사회, 개체와 만물은 서로 불이적 존재이다. 이 전제 위에서 도덕과 의무의 문제, 정의 문제에 대한 해답을 찾아 나가야 한다.

칸트의 도덕이론이 안고 있는 문제점들은 그를 계승한 현대 서구의 정의론들에도 영향을 미쳤고 특히 자유주의 정의론 같은 곳에서는 다분히 비슷한 문제점들이 재생산되는 경향이 있다. 그러므로 불이적인 통합적 관점에서 칸트 도덕이론의 문제점을 해결해 나가야 한다는 관점은 이후의 정의에 대한 논의에도 그대로 견지되어야만 한다.

3. 다수의 이익: 공리주의 정의론

앞에서 우리는 서구의 현대 정의론의 출발점 중 하나라 할 수 있는 칸트의 도덕이론을 살펴보았다. 이제부터는 여러 가지 면에서 칸트의 의무론과 일반적인 도덕이론에서나 정의론에서 대조를 이루며 서구의 현대 정의론에 절대적인 영향을 끼친 공리주의 정의론에 대해 살펴보기로 한다. 여기서 공리주의의 도덕이론과 정의론에 대해서는 고전적 공리주의의 대표자인 제러미 벤담(Jeremy Bentham), 존 스튜어트 밀(John Stuart Mill), 헨리 시지윅(Henry Sidgwick)의 이론을 중심으로 고찰해 보기로 한다. 여기서 공리주의 정의론을 검토하기 위해 참고로 한 책은 벤담의 『도덕과 입법의 원리에 관한 서설』(Introduction to the Principles of Morals and Legislation), 밀의 『공리주의』(Utilitarianism), 시지윅의 『윤리학의 방법』(The Methods of Ethics)이다.

공리주의의 원리를 처음으로 고안해 낸 것은 아니지만, "공리성의 원리를 도덕과 입법의 기본 원리로서 명시적으로 그리고 보편적으로 천명하고 적용"[62] 한 사람은 벤담이다. 벤담은 공리성의 원리를 『도덕과 입법의 원리에 관한 서설』이라는 자신의 책의 토대로 삼는다. 그에게 공리성의 원리란 이익이 걸려 있는 당사자의 행복을 증진해 주거나 감소시키는 것으로 보이는 경향에 따라서 어떤 행위를 승인하거나 부인하는 원리이다. 간단히 말해, 공리성의 원리란 어떤 행위가 행복을 증진해 준다면 옳은 것으로 승인하고 행복을 감소시킨다면 부인하는 것이다. 벤담은 이 원리를 행위에 관한 단 하나의 정당한 근거라고 주장한다. 그러므로 우리는 공리성의 원리에 부합하느냐의 여부에 따라 행위의 옳고 그름을 판단할 수 있다.

---

62) 제러미 벤담 지음, 고정식 옮김, 『도덕과 입법의 원리에 관한 서설』(나남, 2011), 옮긴이 해제 부분, 486쪽.

이 공리주의 원리에 대한 설명은 벤담을 계승한 밀이나 시지윅 역시 대동소이하다. 밀은 공리주의를 '효용과 최대 행복 원리를 도덕의 기초로 삼고 있는' 이론이라고 하면서, 이것은 '어떤 행동이든 행복을 증진할수록 옳은 것이 되고, 행복과 반대되는 것을 낳을수록 옳지 못한 것이 된다는 주장'이라고 설명하고 있다.[63] 밀은 공리주의 이론이 행복만을 하나의 목적으로서 바람직한 유일한 것이라고 간주하고 나머지 다른 모든 것은 그 목적을 달성하는 데 도움이 되는 수단으로서만 바람직하다고 보는 것이라고 규정한다.[64] 그리고 도덕 문제에서는 이러한 공리주의에 입각한 논의만이 옳은 것(필수적인 것)이라고 주장한다.[65]

시지윅 역시 그들과 유사하게 공리주의는 "어떤 주어진 상황에서든 객관적으로 옳은 행위는 전체적으로, 즉 그 행위로 그들의 행복에 영향을 받는 모든 사람을 고려하여, 최대량의 행복을 산출할 행위라고 말하는 윤리적 이론"[66]이라고 규정하고 있다.

그런데 공리주의자들은 행위의 옳고 그름을 판단하는 기준이 되는 행복이라는 것을 곧 쾌락과 동일시한다. 이것은 공리성의 의미를 밝히고 있는 벤담의 다음과 같은 말에 잘 드러나 있다. "공리성이란 이익 당사자에게 이익·이득·쾌락·선·행복(현재의 사례에서 이 모든 것은 동일한 것이다.)을 낳거나 손해·해악·고통·악·불행이 발생하는 일을 막는 경향을 지닌, 어떤 대상에 들어 있는 성질을 뜻한다."[67] 벤담은 "자연은 인류를 고통과 쾌락이라는 두 주인에게서 지배받도록 만들었다"고 하면서, 우리가 추구해야 할 것이 곧 쾌락이라는 것을 주장한다.

---

63) 존 스튜어트 밀 지음, 서병훈 옮김, 『공리주의』(책세상, 2019년 2판 3쇄), 27쪽.
64) 존 스튜어트 밀 지음, 서병훈 옮김, 『공리주의』, 83~84쪽 참조.
65) 존 스튜어트 밀 지음, 서병훈 옮김, 『공리주의』, 17쪽 참조.
66) 헨리 시지윅, 강준호 옮김, 『윤리학의 방법』(아카넷, 2018), 735쪽.
67) 제러미 벤담 지음, 고정식 옮김, 『도덕과 입법의 원리에 관한 서설』, 29쪽.

이처럼 행복을 쾌락과 동일시하고 쾌락만이 행위의 목적이라고 간주하는 벤담에게 행위를 선택할 때 유일하게 문제가 되는 것은 그것이 가져다 줄 쾌락의 총량이다. 그래서 벤담은 어떤 행위를 할 것인가를 결정할 때에는 일곱 가지 여건을 고려하여 쾌락의 최대량을 가져올 행위를 선택하라고 주장한다. 그 일곱 가지 여건은 다음과 같다. "(1) 쾌락이나 고통의 강도, (2) 그것의 지속성, (3) 그것의 확실성 또는 불확실성, (4) 그것의 근접성 또는 소원성, (5) 그것의 생산성, (6) 그것의 순수성, (7) 그것의 범위, 즉 그것이 적용될 또는 (달리 말하면) 그것에 영향받을 개인들의 수."[68]

쾌락이나 고통의 강도는 어떤 행위를 했을 때 얻는 쾌락이나 고통이 얼마나 강한가를 말한다. 지속성은 쾌락이나 고통이 얼마나 오랫동안 지속하는가를 말한다. 확실성 또는 불확실성은 어떤 행위를 했을 때 얻을 수 있는 쾌락이나 고통이 얼마나 확실한가를 말한다. 근접성 또는 소원성은 어떤 행위가 가져오는 쾌락이나 고통이 얼마나 가까운 시일 내에 일어나는가를 말한다. 생산성이란 어떤 행위가 가져오는 쾌락이나 고통이 그에 부차적인 쾌락이나 고통을 얼마나 더 초래하는가를 말한다. 순수성이란 어떤 행동이 가져오는 쾌락이 고통을 수반하지 않는 것을 말한다. 범위는 어떤 행동이 초래하는 쾌락이나 고통으로부터 영향을 받는 사람들의 수를 말한다. 이 모든 것을 고려할 때 최대의 쾌락과 최소의 고통을 가져올 수 있는 행위를 선택하라는 것이 벤담의 이야기이다. 과연 이런 기준에 따라 어떤 행동이 초래할 쾌락과 고통의 양을 정확히 계산할 수 있느냐는 의문도 있을 수 있고, 어떤 때는 일곱 가지 기준들 가운데 어떤 것들이 서로 모순을 일으키지 않느냐는 의문도 있을 수 있다. 그러나 벤담은 어쨌거나 사람들이 여러 가지 대안 중에 어떤 행동을 선택할지를

---

68) 제러미 벤담 지음, 고정식 옮김, 『도덕과 입법의 원리에 관한 서설』, 68~69쪽.

고민할 때에는 대체로 이런 기준들을 고려하기 마련이며, 그렇게 하는 것이 합당하다고 간주하고 있다.

밀도 행복과 쾌락을 동일하다고 이야기한다. 그는 "행복이란 쾌락, 그리고 고통이 없는 것을 뜻한다"고 하면서, "고통으로부터의 자유와 쾌락이야말로 목적으로서 바람직한 유일한 것"이라고 주장한다.[69] 시지윅 또한 행복이라는 것을 벤담식으로 쾌락의 동의어로 사용하는 것이 가장 편하다고 하면서,[70] "최대 행복을 고통에 대한 쾌락의 최대 잔여를 의미한다고 이해"[71]한다고 이야기하고 있다.

이처럼 행복을 쾌락과 곧바로 동일시하는 공리주의자들의 생각은 아리스토텔레스의 생각과는 상당히 다르다. 앞에서 보았듯이 아리스토텔레스는 인간의 행복은 인간이 가진 기능을 제대로 발휘하는 것이라고 보았다. 그는 쾌락이라고 해서 모두 다 좋고 추구할 만한 것이 아니라, 인간이 제 기능을 잘 발휘하며 잘 사는 데 도움이 되는 쾌락만이 좋은 것이라고 간주하였다. 쾌락 중에는 인간이 제 기능을 잘 발휘하며 살아가는 데 방해가 되는 쾌락들도 있을 수 있고, 그런 것을 좋다고 할 수는 없기 때문이다. 이렇게 행복과 쾌락을 구별하는 아리스토텔레스의 관점에서는 행복을 기준으로 쾌락의 질을 평가하고 구분할 수 있다. 사실 모든 쾌락이 똑같이 가치 있는 것이 아니라 쾌락에도 좋고 나쁨이 있을 수 있다는 생각은 상식과 합치하는 보편적인 것이라고 할 수 있다. 이렇게 본다면, 행복을 쾌락과 동일시하는 공리주의보다는 아리스토텔레스 쪽이 더 옳다고 할 수 있다.

인간을 포함한 모든 생명체가 고통을 회피하려고 한다는 것은 분명하다.

---

69) 두 인용구 모두 존 스튜어트 밀 지음, 서병훈 옮김, 『공리주의』, 27쪽.
70) 헨리 시지윅, 강준호 옮김, 『윤리학의 방법』, 218쪽 참조.
71) 헨리 시지윅, 강준호 옮김, 『윤리학의 방법』, 739쪽.

그러나 고통을 회피하기를 바란다는 것을 곧 쾌락을 추구하는 것과 동일시하는 것은 잘못이다. 인간과 생명체들은 쾌락을 추구한다기보다는 오히려 고통을 피하며 생명을 보존하고 자신의 기능을 잘 발휘하며 살아나가기를 추구한다고 보는 것이 더 적합한 생각이다. 시지윅은 영국의 사상가 홉스가 옳은 행위의 궁극적 기준을 쾌락보다는 보존이거나 쾌락과 보존의 타협이라고 보았다는 것을 소개하고 있는데,[72] 이런 홉스의 견해가 쾌락을 행위의 유일한 목적으로 보는 견해보다는 더 타당한 것이라고 할 수 있다.

공리주의자들도 모든 쾌락이 똑같이 가치 있는 것은 아니라는 상식적이고 보편적인 생각을 완전히 떨쳐버릴 수는 없었다. 그래서 공리주의자들 중에서도 일부는 쾌락의 질적 차이를 인정하고 구분하려 하였다. 흔히 '질적 쾌락주의자'라고 부르는 밀이 그 대표자이다. 밀은 쾌락의 질을 구분할 필요에 대해 이렇게 말하고 있다. "어떤 종류의 쾌락이 다른 것보다 더 바람직하고 가치 있다는 사실을 인정한다고 해서 공리주의 원리와 어긋나는 것은 결코 아니다. 다른 것을 평가할 때는 양뿐 아니라 질도 고려하면서, 쾌락에 대해 평가할 때는 오직 양만 따져 보아야 한다고 말한다면 전혀 설득력이 없다."[73]

그렇다면 문제는 쾌락의 질적 차이를 무엇에 따라 구분할 수 있느냐 하는 것이다. 밀은 쾌락의 질적 차이를 구분하는 기준으로 적합한 개념을 '인간으로서의 품위'라고 주장한다. 이런 개념에 따라 질적 쾌락주의를 대표하는 말로 알려진 다음과 같은 유명한 말이 나온다. "결국 만족하는 돼지보다 불만족스러워하는 인간이 되는 것이 더 낫다. 만족하는 바보보다 불만을 느끼는 소크라테스가 더 나은 것이다."[74] 그렇다면 두 종류의 쾌락 가운데서 어느 것이 더

---

72) 헨리 시지윅, 강준호 옮김, 『윤리학의 방법』, 213쪽 참조.
73) 존 스튜어트 밀 지음, 서병훈 옮김, 『공리주의』, 29쪽.
74) 존 스튜어트 밀 지음, 서병훈 옮김, 『공리주의』, 32쪽.

인간으로서의 품위에 합치하며 더 가치가 있는지를 어떻게 판단할 수 있는가? 밀은 이에 대해 결국 다수의 판단에 따를 수밖에 없다고 주장한다.[75]

그러나 밀의 주장들 속에는 극복할 수 없는 모순과 난점이 들어 있다. 밀은 처음부터 행복을 증진하는 것만이 유일하게 옳고 가치 있는 것이며 행복과 반대되는 것을 낳을수록 그렇지 못한 것이라고 하면서, 행복을 쾌락과 동일시하였다. 그렇게 되면 쾌락이 유일하게 옳고 가치 있는 것이 된다. 그러나 그후 다시 쾌락의 질을 구분하려 하는 데서 문제가 발생한다. 쾌락을 유일하게 옳고 가치 있는 것이라고 했으면 차이는 양적인 데서만 찾을 수 있다. 그런데 쾌락에 질적인 차이를 둘 기준을 찾는다는 것은 쾌락 이외에 또 다른 가치 기준을 인정하는 것이다. 그러므로 그것은 자기의 주장을 스스로 부정하는 모순에 빠지지 않을 수 없다. 또 쾌락의 가치판단은 다수의 판단에 따를 수밖에 없다는 주장은 결국 더 많은 사람에게 더 많은 쾌락을 주고 더 적은 고통을 주는 쾌락이 더 낫다는 주장과 같다. 그러나 이것은 쾌락의 질적 판단을 양적 판단에 맡기는 것에 불과하다.

쾌락을 행복과 동일시하고 쾌락만을 유일한 가치의 기준이라고 하면서도 모든 쾌락을 무조건 긍정하기만 할 수는 없어서 쾌락들 사이에 어떤 구분을 두려고 한 공리주의자들이 처한 곤경은 시지윅에게도 나타난다. 시지윅은 쾌락의 정의에 대해 이렇게 이야기한다. "나는 쾌락을 지적 존재에 의하여 경험될 때 적어도 암묵적으로 바람직하다고 감지되거나 선호할 만하다고 감지되는 감정이라고 정의한다."[76] 그런데 이렇게 쾌락을 정의하는 것은 쾌락이라는 감정에 교묘하게 다른 가치와 기준을 끼워 넣은 것이다. 즉 여기에는 '바람직한 것'과 '선호할 만한 것'이라는 또 다른 가치와 기준이 들어가 있으며, 그것은

---

75) 존 스튜어트 밀 지음, 서병훈 옮김, 『공리주의』, 34쪽 참조.
76) 헨리 시지윅, 강준호 옮김, 『윤리학의 방법』, 274쪽.

쾌락과 관계없이 따로 제시되어야만 한다. 즉, 이렇게 되면 쾌락을 바람직하거나 선호할 만하게 만드는 가치라는 것이 무엇인가를 제시해야만 하며, 이것은 애초에 쾌락만이 가치의 기준이라고 했던 자신의 주장을 뒤집는 꼴이 되는 것이다.

결국, 쾌락의 질적 차이를 인정하는 질적 쾌락주의의 주장에 발생하는 이런 모순과 문제점은 행복과 쾌락을 동일시하고 그것을 인간 행위의 최고의 목적이자 유일한 가치판단의 기준으로 삼은 데서 발생하는 것이다. 그러므로 행복은 모든 인간이 추구하는 목적이라는 것, 그리고 쾌락에도 좋고 나쁜 것이 있다는 것, 이 두 가지 상식적이고 보편적인 견해를 받아들이면서도 모순에 빠지지 않을 방법은 행복과 쾌락을 처음부터 동일시하지 않는 것뿐이다. 이렇게 본다면 공리주의가 모순을 벗어나기 위해서는 공리주의를 '보편적 쾌락주의'라고 보아서는 안 되고, '보편적 행복주의'로 규정해야만 한다. 그렇게 되면, 공리주의는 모든 인간이 피하고자 하는 고통을 최대한 줄이고 행복을 최대한으로 달성할 것을 추구하는 것이지만, 무조건 쾌락의 양을 최대화하려는 것은 아니라고 할 수 있다.

행복을 쾌락과 동일하다고 할 수 있느냐는 문제와 더불어, 공리주의 원리와 관련이 있는 또 하나의 중요한 문제는 우리가 어째서 개인의 행복이 아니라 최대 다수의 행복(공리, 공익)을 추구해야 하는가이다. 모든 인간에게는 자신의 행복(또는 쾌락)을 추구하는 경향이 있다는 것을 인정한다 해도 어째서 자신만의 행복이 아니라 다수의 행복을 최대화하도록 행위해야 하는가 하는 문제는 공리주의 원리의 타당성을 위해 반드시 해결해야만 한다.

이에 대해 공리주의자들이 제시한 대답은 크게 두 가지 정도라 할 수 있다. 우선 그중 하나는 시지윅에게서 분명하게 나타난다. 그것은 행복(또는 쾌락)이 좋음(선)이라면 개인의 행복만이 아니라 타인의 행복도 똑같이 좋은 것이기 때문에 우리가 좋음의 특수한 부분인 나의 행복이 아니라 좋음 일반 즉 다수의 행복을 추구해야 한다는 주장이다.[77] 그는 우리가 단순하게 타자의 행복(쾌락)을 무시하면 문제가 발생하여 결국은 자신에게 손해가 발생하리라 주장하는 것은 보편주의적 행복(쾌락), 즉 공리를 궁극적 목적이 아니라 수단적으로 만들어 버릴 뿐이므로 올바르지 않다고 주장한다. 그래서 그는 행복(쾌락)이 보편적으로 좋은 것이기 때문에 보편주의적 쾌락주의, 즉 공리주의를 택해야 한다고 주장해야 옳다고 말한다.[78]

그러나 과연 이것만으로 이기주의적 쾌락주의가 아니라 공리주의를 택해야 할 완전히 합당한 이유를 제공해 줄 수 있는지는 의문이다. 쾌락이나 행복은 보편적으로 그것을 느끼는 사람에게 좋은 것이라는 것을 인정할 수 있다. 내가 느끼는 쾌락이나 행복은 나에게 좋고, 남이 느끼는 쾌락이나 행복은 그에게 좋다. 남이 느끼는 쾌락이 나에게도 반드시 쾌락이 되리라는 보장은 없다. 그러므로 내가 나의 쾌락이나 행복보다 타인의 쾌락이나 행복을 위해 행동해야 할 이유는 없다. 그 때문에 나의 쾌락이 아니라 다수의 쾌락을 추구해야 할 이유에 대해서는 좀 더 설득력 있는 근거가 필요하다.

공리주의자들이 개인의 행복이 아니라 최대 다수의 행복을 추구해야 한다는 또 하나의 근거로 제시한 것은 사회적 감정이다. 이것은 먼저 벤담에게서 나타난다. 벤담은 우리가 타인의 행복을 고려하는 동기는 어떤 사회적 동기라고 간주한다. 그에 의하면, 모든 사람은 공감이나 자비심이라는 순전한 사회적 동기를 지니고 있고, 또한 대부분 친교에 대한 갈망과 평판에 대한 갈망이라는 반쯤 사회적인 동기도 가지고 있다. 이런 사회적 동기로 인해 사람들은 자신만의 행복을 위해 행동하지 않고 타인의 행복을 위해서도 행동하게 된다는 것이

---

77) 헨리 시지윅, 강준호 옮김, 『윤리학의 방법』, 689~690쪽 참조.
78) 헨리 시지윅, 강준호 옮김, 『윤리학의 방법』, 748~749쪽 참조.

다. 그러면서 벤담은 자신의 행복을 추구하는 것을 '자기 자신에 대한 의무'라고 하고, 타인의 행복도 함께 추구하는 것을 '타인에 대한 의무' 또는 '이웃에 대한 의무'라고 말하고 있다.[79]

이처럼 공리주의가 인간의 사회적 감정에 기초하고 있다는 생각은 밀 또한 비슷하다. 밀은 공리주의 도덕을 위한 강력한 자연적 감정의 기초가 분명히 존재하며, 인간이 지닌 사회적 감정이 바로 이런 굳건한 기초가 된다고 한다. 이때 사회적 감정이란 주변의 다른 사람들과 하나가 되고자 하는 열망인데, 이것은 이미 인간의 본성 속에서 강력한 원리로 작동하고 있으며, 다행스럽게도 문명이 발전하면서 그에 비례해서 점점 강해진다고 주장한다.[80]

인간 대부분에게는 벤담과 밀이 말하는 것처럼 사회적인 감정들이 존재하며 그것들이 자연적으로 오직 나의 행복만을 추구하지 않고 타인의 행복도 함께 고려하도록 이끈다는 것은 사실이다. 그 때문에 이런 사회적인 감정이 공리주의의 자연스러운 기초가 될 수 있다는 것은 어느 정도 받아들일 수 있다. 그러나 단순히 그런 사회적 감정의 존재가 최대 다수의 행복을 추구해야 한다는 당위 또는 의무의 근거로 충분하다고 보기는 어렵다. 인간에게는 자신의 욕망을 충족하고 행복을 성취하려는 개인적인 성향과 사회적 감정이 모두 있을 수 있다. 또 그것 가운데 어떤 것이 얼마나 강한가에는 얼마든지 개인적인 편차들이 있을 수 있다. 어떤 개인에게는 사회적 감정이라는 것이 거의 없거나 현저히 약할 수도 있다. 그럴 경우, 순전히 개인에게 존재하는 사회적 감정이 근거라고 한다면 공리주의의 원리를 추구해야 할 근거는 매우 빈약한 것이 될 수 있다.

---

79) 이상과 같은 사회적 동기와 의무에 대한 벤담의 주장에 대해서는 제러미 벤담 지음, 고정식 옮김, 『도덕과 입법의 원리에 관한 서설』, 445~447쪽 참조.
80) 이상과 같은 밀의 주장에 대해서는 존 스튜어트 밀 지음, 서병훈 옮김, 『공리주의』, 74쪽 참조.

그러므로 인간이 자신만의 행복이 아니라 타인의 행복도 함께 고려하는 공리주의의 원리에 따라야 하는 진정한 근거는 단순한 감정이 아니라 보다 근원적인 인간의 존재론적 진리로부터 나온다고 보는 것이 더 적합하다. 개체 생명체로서 인간이 자기 개인의 생명을 유지해 나가고 욕망을 충족시키고 자신의 행복을 추구해 나가는 것은 당연하다. 그러나 인간은 존재론적으로 타자, 공동체, 나아가 이 세계 전체와 둘이 아닌 관계로 맺어져 있는 존재이다. 이 세상의 어떤 인간, 어떤 존재도 다른 존재들 전체와 떨어져 존재할 수 없다는 것이야말로 존재론적 진리이다. 그러므로 오로지 자기 개체만의 목적을 추구하는 것은 이러한 존재적 진리에 어긋난다. 그것은 크게 보면 자신의 일부를 부정하는 것이며, 조화로운 관계의 파탄을 초래하고 결국은 자신의 목적 추구 자체를 좌절시키는 결과를 초래할 것이다. 이 때문에 우리는 공동체 전체의 행복도 고려하지 않을 수 없다. 그러나 그렇다고 오직 전체의 행복만을 고려하고 개체로서의 자기 자신의 목적과 행복을 도외시할 수도 없다. 그러므로 우리는 결국 자신의 행복과 모두의 행복을 함께 고려하면서 양자를 가장 잘 조화시킬 수 있는 중도적 선택을 해 나갈 수밖에 없다.[81]

공리주의자들은 상식적인 도덕규칙들이 대부분 공리성의 원리와 합치한다고 간주한다. 그래서 시지윅은 상식적인 도덕은 대체로 최대 행복의 산출에 적합한 규칙과 습관과 감정을 조직한 것이라고 주장한다.[82] 밀은 인간의 유일

---

81) 공리주의의 원리가 진정으로 기초해야 하는 것은 인간의 이런 존재론적 진리라는 생각은 부분적으로나마 밀에게도 포함되어 있다. 밀은 "사회 상태는 인간에게 처음부터 너무나 자연스럽고 필요하며", "누구든지 자신을 사회의 한 구성원으로 인식하지 않을 수 없다"고 이야기한다. 또한 "사회 상태의 유지에 없어서는 안 될 조건은 무엇이든지 모든 사람의 존재 상황에 대한 인식에 불가결한 요소가 되고, 인간의 운명을 구성하는 큰 인자가 된다"고도 이야기한다. 이런 이야기들 속에서 우리는 사회와의 불가분한 관계 속에서만 존재할 수 있는 인간의 존재론적 진리와 그에 기초한 공리주의의 원리라는 함의를 읽어 낼 수 있다. 이에 대해서는 존 스튜어트 밀 지음, 서병훈 옮김, 『공리주의』, 75쪽 참조.

한 목적은 행복이며 도덕에서 말하는 덕이나 도덕규칙 같은 것들은 본래는 행복을 얻기 위한 수단이었다고 간주한다. 처음에는 쾌락을 얻고 고통을 벗어나게 하는 데 도움이 되므로 갈망하거나 추구해야 할 것으로 여겨지던 것이 덕이며, 그렇게 형성된 관계 때문에 나중에는 그것 자체를 좋은 것(선한 것)으로 여기게 되었다는 것이다.[83]

그런데 일부 이론가들은 도덕규칙을 절대적인 법칙으로 여기면서 행복과 상관없이 무조건 따라야만 하는 것이라 주장한다. 이를테면 앞에서 우리가 고찰했던 칸트 같은 경우가 대표적이다. 공리주의자들은 경험과 상관없는 직관에 기초한 절대적인 도덕법칙의 정립 가능성에 대해 의심하고, 또한 그러한 도덕법칙이라는 것은 너무나 추상적이어서 무조건 보편적으로 적용하는 것이 불가능하다고 간주한다.

예컨대 시지윅은 모든 의무규칙을 보편화 정식이라는 정언적 명령법으로부터 연역할 수 있다고 하는 칸트에 대해, 그것은 형식논리학이 진리의 완전한 기준을 제공한다고 가정하는 것과 유사한 오류라고 비판한다. 시지윅이 보기에는 무엇보다도 어떤 의무규칙이 보편적으로 채택할 수 있는 것인가에 대한 직관은 각자의 양심에 따라 다르다.[84] 칸트가 말하는 정언적 명령법과 같은 절대적인 실천적 원칙이라는 것은 "본질적으로 너무 추상적이고 너무 광범위해서, 우리는 그것을 직접 적용하여 어떤 특수한 경우에 우리가 무엇을 해야 하는지를 확인할 수 없다."[85] 그러므로 그것은 최대 다수의 행복을 고려하는 공리성의 원리에 따라 결정되어야만 한다. 시지윅은 칸트가 이야기하는 약속 준수를 비롯한 여러 가지 의무들이 무조건적인 것이 아니라 여러 가지 조건과

---

82) 헨리 시지윅, 강준호 옮김, 『윤리학의 방법』, 835쪽 참조.
83) 존 스튜어트 밀 지음, 서병훈 옮김, 『공리주의』, 87~89쪽 참조.
84) 헨리 시지윅, 강준호 옮김, 『윤리학의 방법』, 403쪽 참조.
85) 헨리 시지윅, 강준호 옮김, 『윤리학의 방법』, 685쪽.

공리를 고려하여 결정할 수밖에 없는 조건적인 것이라는 지적을 한다.[86] 시지윅은 또한 소위 자연권이라 부르는 자유의 권리나 소유권을 보장해야 한다는 원칙 같은 것들도 절대적인 것이 아니라 공리의 원칙에 따라 제한할 수도 있는 것이라고 주장하고,[87] 공리주의적 방법이 여러 가지 구체적인 의무들에 대한 근거가 될 뿐 아니라 "일반적으로 동등하다고 생각되는 규칙들이 충돌할 경우에"[88] 그것들을 중재할 수 있는 근거가 되기도 한다고 주장한다. 이러한 공리주의자들의 견해는 앞에서 필자가 칸트의 도덕이론의 문제점들에 대해 가했던 비판적 관점과 합치하는 것이다.

공리주의자들은 공리성의 원리를 일반적인 도덕규칙뿐 아니라 정의 문제에 관해서도 똑같이 적용해야 한다고 주장한다. 공리주의자들도 대부분과 마찬가지로 정의란 '각자에게 알맞은 몫(응당한 몫, 응분)을 주는 것'이라는 개념을 받아들인다. 그러나 구체적으로 그것이 의미하는 바에 대해서는 다양한 의견이 있다. 밀은 누구에게 어느 만큼의 처벌을 하거나 보수를 지급하고, 또 어느 만큼의 세금을 매길까 하는 것 등을 예로 들면서 그러한 것들에 대해 의견이 다양함을 지적한다. 그리고 그 의견들 가운데는 공적에 의한 분배를 정의라고 보거나 필요에 의한 분배를 정의라고 보는 것과 유사한 의견도 들어 있다. 밀은 이러한 혼란 극복을 위해서는 공리주의에 의존하는 수밖에 없다고 주장한다. 결국, 정의라는 도덕적 의무는 효용 또는 최대 행복의 원리에 기초를 두어야 한다는 것이다.[89]

시지윅 역시 정의란 응분의 보상을 하는 것이라고 간주하며, 여기에서 기준이 되는 것은 최대 행복의 추구라는 점을 인정한다. 그러나 그는 더 구체적인

---

86) 헨리 시지윅, 강준호 옮김, 『윤리학의 방법』, 568~571쪽 및 575~578쪽 참조.
87) 헨리 시지윅, 강준호 옮김, 『윤리학의 방법』, 510~515쪽 참조.
88) 헨리 시지윅, 강준호 옮김, 『윤리학의 방법』, 757쪽.
89) 존 스튜어트 밀 지음, 서병훈 옮김, 『공리주의』, 131~135쪽 참조.

정의롭고 올바른 분배의 원칙을 보충할 필요성에 관해 이야기한다.[90] 그런데 여기에는 그 '응분'을 '공과'로 볼 것인가 아니면 '적합성'으로 볼 것인가 하는 어려운 문제가 있다. 또 '응분', 즉 '공과'를 결정하는 것 역시 매우 어려운 일이다. 예컨대 그것을 거기에 들인 노력으로 볼 것인지, 아니면 획득된 결과로 보아야 할 것인지와 같은 문제는 결정하기 매우 어렵다. 또 상이한 봉사의 상대적 가치를 합리적으로 평가하는 일 또한 매우 어려운 일이다.

결국, 공리주의자들은 구체적인 상황에서 어떻게 분배 몫을 정해야 하느냐에 대해서는 공적(공과)이나 필요 등의 잣대를 동원해서 판단해야만 한다고 간주하지만, 어떤 잣대를 어떻게 적용할 것인가를 결정하는 최종적인 기준은 역시 공리성의 원리가 되어야 한다고 주장하는 셈이다. 물론 공리주의자들이 분배 몫을 정하기 위한 구체적인 잣대와 그 적용에 대해서까지 상세하게 논하고 있는 것은 아니다. 그러므로 그것을 언제 어떻게 적용해야 하는가는 이후의 정의론에서 계속되는 논쟁 주제의 하나로 남겨져 있다.

이상에서 우리는 일반적인 도덕이론으로서의 공리주의와 그것이 함축하고 있는 정의론에 대해 살펴보았다. 우리는 공리주의가 행복을 곧바로 쾌락과 동일시하는 데서 발생하는 난점 등이 없지 않지만, 일반적으로 대단히 합리적이고 설득력 있는 도덕이론임을 보았다. 그것은 또한 정의 문제 해결을 위해서도 가장 포괄적인 일차적 기준을 제공한다고 할 수 있다.

그러나 공리주의에는 여러 가지 문제점도 존재한다. 예를 들자면, 우선 그것은 결과만을 중시하고 동기를 무시하는 경향을 보인다. 그러나 이것은 과연 결과만 좋으면 동기나 수단은 아무래도 좋으냐 하는 의문을 불러일으킨다. 칸트의 생각처럼, 동기가 상당히 불순한데도 우연히 그 결과가 좋았다고 해서

---

90) 헨리 시지윅, 강준호 옮김, 『윤리학의 방법』, 744쪽 참조.

그것을 진정으로 도덕적으로 좋다고 여기기는 어렵다.

예컨대 인격적 가치를 침해하고, 인간을 수단으로 삼는 것과 같은 방법을 사용하여 공리를 도모한다면, 그런 것조차 올바르다고 여기기는 어렵다. 물론 공리주의가 실제로 공리를 도모하기 위해 인격과 인권을 경시하고 침해하기 쉽다고 할 수는 없다. 다수의 이익과 행복을 위해 누군가의 인권을 침해하는 것을 용납한다면, 그러한 일은 언제든지 반복될 수 있을 것이다. 그러나 그렇게 되면 그것은 결국 다수의 이익과 행복을 해치는 결과를 초래하게 될 것이다. 그 때문에 공리주의 입장에서도 그런 일을 용납하기는 어렵다. 더구나 앞에서 지적한 것처럼, 행복을 단순히 쾌락과 같은 것으로 보지 않고 인간의 기능을 잘 발휘하면서 인간답게 사는 것이라고 본다면, 공리를 위한다는 명분으로 소수의 권리와 가치를 침해하는 일을 용납하기는 더욱 어려울 것이다. 그런 일은 인간의 행복을 증진하는 것과 거리가 멀기 때문이다. 그러나 오직 결과만을 중시하고 동기를 완전히 무시한다면 올바르지 못한 수단의 사용도 원칙적으로 불가능하지는 않다는 문제점을 공리주의가 안고 있다는 것은 사실이다.

이러한 문제는 행복의 총합만을 중시하지 그것의 구체적인 분배 문제에 대해서는 상대적으로 소홀한 공리주의의 경향과도 관련이 있다. 행복의 최대 총량만을 중시하다 보면, 개인의 권리라든가, 공과 등을 적절히 고려하기 어렵다. 또 더 많은 것을 필요로 하는 사회적 약자들에 대한 배려 같은 문제도 제대로 해결하기 어려울 수 있다. 결국, 근시안적으로 얻을 수 있는 결과와 행복의 총량만을 중시하면 여러 가지 문제가 발생할 수밖에 없다. 이런 문제를 해결하기 위해서는 칸트가 말한 바와 같이 행위 규칙이 보편화 가능한 것이며 인간을 최고의 목적으로 대우하는 것이냐를 따지는 의무론적 원리로 보완할 필요가 있다. 그러므로 우리는 도덕법칙이라 부르는 것들의 불완전함과 충돌 가능성 문제를 해결하기 위해서는 공리주의의 원칙을, 결과론과 총량주의에 따른 문제를 해결하기 위해서는 칸트적 의무론의 원리를 가지고 서로를 보완하고 통합할 필요가 있다.

4. 공정으로서의 정의: 롤스의 자유주의 정의론

앞에서 우리는 칸트의 도덕이론과 그것이 함축하고 있는 정의론에 대한 검토를 통해 여러 가지 교훈을 얻었다. 그것은 이성과 경험, 동기와 결과, 의무와 목적(행복), 개인과 사회(또는 개체와 만물)를 분리하여 한쪽만을 고집하고 다른 쪽을 배제해서는 안 된다는 것이었다. 즉 그것은 이들 양자를 서로 분리할 수 없는 불이적 관계로 바라보는 통합적 관점에 서야 한다는 것이었다.

공리주의의 도덕이론과 정의론에 대한 검토를 통해서도 우리는 여러 가지 교훈을 얻었다. 그 가운데 하나는 우선 행복과 쾌락을 동일시해서는 곤란하므로 공리주의를 '보편적 쾌락주의'가 아니라 '보편적 행복주의'로 봐야 한다는 것이었다. 또 그 교훈에는 어떤 개인(개체)도 다른 존재들 전체와 떨어져 존재할 수 없다는 존재론적 진리에 기초해야만 자신의 행복과 모두의 행복을 함께 고려하는 공리주의가 가능해진다는 것도 있었다. 또 우리는 공리주의가 결과와 행복의 총합만을 중시하면 올바르지 못한 수단을 쓸 가능성도 있고, 개인의 권리와 공과라든가 약자들에 대한 적절한 관심과 배려가 어려울 수 있다는 것도 보았다.

이러한 교훈들과 더불어 우리는 도덕과 정의의 여러 가지 문제들을 해결하기 위해서는 결국 의무론적 이론과 목적론적 이론의 대표라 할 수 있는 칸트주의와 공리주의의 원리를 통합해야만 한다는 결론을 얻을 수 있었다. 그것은 도덕법칙이라 부르는 것들의 불완전함과 충돌 가능성 문제를 해결하기 위해서는 공리주의의 원칙을, 결과론과 총량주의에 따른 문제를 해결하기 위해서는 칸트적 의무론의 원리를 가지고 서로를 보완하고 통합할 필요가 있다는 것이었다.

현대 서구의 정의론은 대부분 칸트와 공리주의를 출발점으로 삼고 있으므로, 여기에서 제기되는 문제 대부분도 앞서 우리가 두 이론을 검토하면서 살펴본 문제들과 깊게 연관되어 있다. 따라서 이런 문제들을 올바로 해결해 나가기 위해서는 앞서 우리가 제시한 불이적인 통합적 관점을 확고히 견지하면서 검토하고 논의할 필요가 있다.

공리주의가 등장한 이래 그것은 오랫동안 서구 자유민주주의 사회를 지배하는 정치 사회적 원리로서, 그리고 정의에 관한 지배적인 원칙으로서 주도적인 영향력을 행사하였다. 그런데 이런 공리주의의 지배에 반기를 들고 그것을 비판하면서 개인의 자유와 권리를 우선시하는 정의론을 강력히 제기함으로써 현대 서구 사회의 정의론 논의를 선도한 사람이 존 롤스(John Rawls)[91]이다. 롤스는 1958년 「공정으로서의 정의」(Justice as Fairness)라는 논문을 발표하고 그 이후 정의 문제를 지속해서 탐구하여 1971년 『정의론』(A Theory of Justice)을 세상에 내놓았다. 그 이후 『정의론』은 현대 도덕철학과 정치철학에서, 그리고 특히 사회 정의와 관련된 논의에서 논쟁의 중심점이 되었다. 그러므로 현대 서양의 정의론 논쟁을 검토하기 위해서는 먼저 롤스의 『정의론』을 살펴볼 필요가 있다.

롤스는 우선 공리주의가 자유민주주의 사회에서 무엇보다 중요한 개인의 기본권과 자유를 제대로 보호해 주지 못한다고 다음과 같이 비판한다.

---

91) 존 롤스(John Rawls)의 이름은 존 롤즈로 번역되기도 하지만, 이 글에서는 외래어표기법에 따라 존 롤스로 통일해서 사용한다. 단 번역서의 저자 이름 표기는 번역서의 표기에 따랐다.

공리주의는 민주적인 제도들을 해명하는 데 있어서 최우선적으로 중요한 요구 사항인 자유롭고 평등한 인격체로서의 시민들의 기본적 권리와 자유에 대해 만족스러운 해명을 제공하지 못한다.[92]

롤스가 보기에는 정의야말로 사회 제도의 제1덕목이다. 이때 "정의는 타인들이 갖게 될 보다 큰 선을 위하여 소수의 자유를 뺏는 것이 정당화될 수 없다고 본다. 다수가 누릴 보다 큰 이득을 위해 소수에게 희생을 강요해도 좋다는 것을 정의는 용납할 수 없다."[93] 그런데 공리주의는 다수의 이익을 위해 소수의 희생을 강요할 수도 있으므로 올바른 정의론을 제공할 수 없다. 그래서 롤스는 공리주의에 대한 '합당하면서도 체계적인 대안을 제시하는 정의관'을 제시하려고 한다.

롤스가 보기에 사회정의의 문제란 권리와 의무 같은 공적 가치를 공정하게 배분하는 문제이다. 이것을 롤스는 "정의의 일차적인 주제는 사회의 기본 구조, 보다 더 정확히 말하면 사회의 주요 제도가 권리와 의무를 배분하고 사회 협동체로부터 생긴 이익의 분배를 정하는 방식"[94]이라고 표현한다. 그런데 공리주의는 최대의 만족이라는 총량만 계산할 뿐 각 개인에게 공적인 가치가 어떻게 배분되어야 하는가에 대해서는 제대로 답하지 못한다. 그래서 롤스는 개인의 자유와 그에 기초한 권리와 의무를 존중하는 칸트의 전통을 계승하며 정의의 원칙을 정립하려 한다. 다만 칸트의 도덕이론은 보편화 가능한 이성의 무조건적인 의무라는 다분히 추상적인 의무론에 머무르고 있어서 문제가 있다. 그래서 롤스는 사회계약론의 전통에 따라 공적 가치의 분배라는 사회정의의 문제를 보다 구체적으로 다루고자 한다. 이를 위해 롤스는 자유롭고 평등한 개인들을

---

92) 존 롤즈 지음, 황경식 옮김, 『정의론』(이학사, 2003), 16쪽.
93) 존 롤즈 지음, 황경식 옮김, 『정의론』, 36쪽.
94) 존 롤즈 지음, 황경식 옮김, 『정의론』, 40쪽.

계약당사자로 삼아 그들이 공정한 절차에 따라 서로 합의할 수 있는 분배 정의의 원칙을 제시하고자 한다. 이러한 정의를 롤스는 '공정으로서의 정의'라고 부른다.

사회계약론의 전통에 따라 공정한 사회정의의 원칙을 정하기 위한 롤스의 출발점은 "평등한 원초적 입장"(또는 평등한 원초적 상황)이라는 것인데, 그것은 "전통적인 사회계약론에 있어서의 자연상태"[95]에 해당한다. 원초적 상황이란 정의의 원칙을 정하기 위한 계약의 당사자들이 원초적으로 처해 있다고 가정하는 상황이다. 거기서 그들은 아무도 자신의 사회적 지위나 계층상의 위치, 소질이나 능력, 가치관이나 심리적 성향 등을 모른다고 가정된다. 이것을 가리켜 원초적 상황의 계약당사자들은 "무지의 베일"(무지의 장막—필자)[96] 속에 있다고 한다.

무지의 베일이라는 원초적 상황을 전제로 하는 것은 계약당사자들이 합의한 어떤 원칙도 정의로운 것이 되게 하는 공정한 절차를 설정하기 위한 것이다. 즉 그 목적은 순수한 절차적 정의를 수립하기 위한 것이다. 만약 계약당사자들이 자신과 타인에 대한 정보들을 알고 있으면 그것을 이용하여 자신에게 유리하도록 분배 정의의 원칙을 정하려 할 수 있다. 예컨대 나와 남의 성별이나 나이, 재산이나 지위나 학벌 등을 알고 있다면 나에게 유리하게 분배가 정해질 수 있는 분배의 원칙을 주장할 수 있다. 그러므로 그러한 것을 방지하기 위해서 무지의 베일이라는 장치가 요청된다. 무지의 베일이 공정성을 보장한다는 것이다.

롤스는 원초적 상황 속에 있는 계약당사자들이라면, 서로에 대해 무관심하고 무지한 상태에서 오직 손해를 보지 않으려는 합리적 계산에서 분배의 원칙을

---

95) 두 글귀 모두 존 롤즈 지음, 황경식 옮김, 『정의론』, 46쪽.
96) 존 롤즈 지음, 황경식 옮김, 『정의론』, 46쪽.

정하려고 할 것이라고 간주한다. 무지의 베일 상태에서는 아무도 자신에게 유리한 원칙을 구상할 수 없으므로, 거기서 사람들이 합의해서 정한 정의의 원칙들은 공정하다고 할 수 있다. 그러므로 롤스는 이런 상태에서 사람들이 합의하는 것만이 정당화될 수 있는 보편적인 정의의 원칙이 된다고 간주한다.

그렇다면 원초적 상황에서 계약당사자들이 채택하게 될 정의의 원칙은 어떤 것일까? 우선 롤스는 계약당사자들이 합리적이면서 서로에 대해 아는 것이 전혀 없어 위험 부담을 최소화하려고 할 것이라고 가정한다. 그래서 그들은 여러 가지 대안 중 최악의 경우에 가장 나은 대안을 선택할 것이라 주장한다. 즉, 사람들은 최고 좋은 경우에 자신에게 최대의 이익을 가져올 선택지보다는 최고 좋지 않은 경우에라도 최소의 손해를 가져올 선택지를 선택할 것이라고 보는 것이다. 이것을 그는 '최소 극대화의 원칙'이라고 부른다. 이 원칙에 따라 위험 부담을 최소화하려는 전략으로 계약에 임하는 사람들이 정하는 정의의 원칙을 롤스는 '정의의 두 원칙'이라 이야기하는데, 그것은 크게 보면 두 가지이고 나누어 보면 세 가지라 할 수 있다.

롤스는 정의의 두 원칙을 먼저 잠정적으로 정의했다가 나중에 조금 수정하기도 하는데, 이후 가장 널리 받아들여지고 있는 것으로 정리해 보면 다음과 같다.

첫째, 각자는 다른 사람들의 유사한 자유의 체계와 양립할 수 있는 평등한 기본적 자유의 가장 광범위한 체계에 대하여 평등한 권리를 가져야 한다.[97]

둘째, 사회적 · 경제적 불평등은 다음과 같은 두 조건을 만족시키도록, 즉 (a) 최소수혜자에게 최대의 이익이 되고, (b) 공정한 기회균등의 조건 아래 모든 사람들에게 개방된 직책과 직위가 결부되게끔 편성되어야 한다.[98]

---

97) 존 롤즈 지음, 황경식 옮김, 『정의론』, 105쪽.
98) 존 롤즈 지음, 황경식 옮김, 『정의론』, 132쪽.

정의의 원칙 가운데 첫 번째 원칙은 '평등한 자유의 원칙', 두 번째 중 (b)의 원칙은 '기회균등의 원칙', 두 번째 중 (a)의 원칙은 '차등의 원칙'이라 한다. 롤스는 정의의 원칙들은 이런 순서로 더 우선적이라고 주장하고 있다.

롤스는 제1원칙이 제2원칙보다 우선한다고 하면서, 제1원칙인 평등한 자유의 원칙은 자유시장경제를 전제로 하고 형식적 기회균등을 요구하는 자연스러운 자유 체제에 부합하는 원칙이라고 한다. 롤스는 무엇보다도 평등한 자유의 원칙이 표현하는 자유에 대한 요구가 제일 먼저 충족되어야 한다고 주장한다. 자유는 자유 그 자체만을 위해서 제한될 수 있을 뿐 다른 모든 것에 우선한다.[99] 이처럼 자유를 무엇보다도 우선시한다는 점에서 롤스는 분명히 자유주의자라 할 수 있다.

그런데 평등한 자유의 원칙만으로는 불평등한 사회적 여건을 평등하고 유사하게 만들 수 없다. 이것만으로는 정의의 원칙이 불완전하다. 그래서 필요하게 되는 것이 기회균등의 원칙이다. 이것은 여러 사람이 원하는 직위 같은 것들이 단지 형식적으로만 개방되어서는 안 되고, 모든 사람이 그것을 획득할 공정한 기회를 가질 수 있도록, 사회적 우연성의 영향을 감소시켜야 한다는 원칙이다.[100] 단순히 형식적인 기회균등을 넘어 어느 정도의 실질적인 기회균등이 이루어질 수 있도록 노력해야 한다는 것이다.

그런데 롤스가 볼 때 기회균등을 주장하는 이 자유주의적 입장은 아직도 능력과 재능의 천부적 배분에 의해 부나 소득이 결정되는 점이라든가, 가족제도가 그에 영향을 미치는 점과 같은 것들은 고려하지 못하는 문제가 있다. 그러므로 그러한 영향력을 완화하기 위한 원칙이 필요한데, 그것이 바로 사회적인 약자(최소수혜자)들을 우선 배려하자는 차등의 원칙이다. 롤스는 공정한 기회

---

99) 존 롤즈 지음, 황경식 옮김, 『정의론』, 329쪽 참조.
100) 존 롤즈 지음, 황경식 옮김, 『정의론』, 106쪽 및 120쪽 참조.

균등의 원칙과 차등의 원칙을 결합하는 것을 '민주주의적 평등'의 입장이라고 간주한다. 최소수혜자들은 사회에서 불우한 사람들을 말하는데, 롤스는 가족 및 계급적 기원이나, 천부적 재능, 운수나 행운 등으로 인해 불리한 처지에 빠진 사람들을 최소수혜자로 이야기한다. 차등의 원칙은 최소수혜자들에게 불리하게 작용한 불평등을 보상하기 위한 정의의 원칙이다. 이 중에서 특히 눈에 띄는 점은 롤스가 개개인이 가진 천부적 재능이나 자질도 공동의 자산으로 생각하고 그것이 주는 혜택을 최소수혜자의 선을 위해서 작용할 수 있도록 재분배해야 한다고 주장하는 점이다.[101] 그리고 롤스는 최소수혜자들을 우선 배려하는 이런 차등의 원칙이 민주주의 사회에서 자유와 평등에 비해 상대적으로 홀대를 받아온 박애라는 관념에 부합한다는 점에도 의미를 부여하고 있다.

롤스는 원초적 상황에서 계약당사자들이 채택하게 되는 정의의 원칙을 칸트가 말한 정언명령과 유사한 것으로 간주한다. 그것은 당사자들이 지향하고 있는 특정한 목적이나 그들이 처한 상황 등과 전혀 관계없이 오직 어떻게 하는 것이 옳은가 만을 고려하여 얻은 것이고 그런 것들과 상관없이 적용되어야 한다는 의미에서 정언명령과 유사하다는 것이다.[102] 이런 점에서 롤스는 공리주의처럼 좋음(선)을 우선시하는 목적론이 아니라 옳음을 좋음보다 우선시하는 의무론을 강력히 옹호하고 있다.[103]

모든 사람이 존엄한 인간으로서 평등하게 가진 자유를 우선 최대한 존중하라. 그러나 자유시장경제와 같이 모든 것을 개인들 간의 자유에만 맡겨 두면 평등에 심각한 문제가 발생할 수 있으므로, 실제로 모두가 공정한 기회를 균등하게 가질 수 있도록 노력해야만 한다. 그런데 아무리 기회를 균등하게 주어도

---

101) 존 롤즈 지음, 황경식 옮김, 『정의론』, 106쪽 및 152~153쪽 참조.
102) 존 롤즈 지음, 황경식 옮김, 『정의론』, 106쪽 및 340~341쪽 참조.
103) 존 롤즈 지음, 황경식 옮김, 『정의론』, 106쪽 및 69~70쪽 참조.

개인들이 가진 여러 가지 차이들 때문에 불평등이 일어나는 것은 불가피하다. 그렇다면 그런 상황에서 불리한 처지에 빠져 있는 사회적 약자들을 최대한 배려하도록 하라. 이것이 롤스의 정의 원칙이 말하고자 하는 바였다. 롤스가 정식화한 정의의 원칙들은 자유민주주의 사회에서 소중히 여기는 자유, 평등, 박애의 이념을 담고 있어 큰 호소력을 가지고 있다. 롤스도 자기가 정식화한 정의의 원칙들이 자유, 평등, 박애의 관념과 밀접하게 연관되어 있다고 다음과 같이 자부하고 있다. "자유는 제1원칙에, 평등은 제1원칙과 더불어 공정한 기회 균등에 있어서의 평등의 관념에, 박애는 차등의 원칙에 연결된다."[104] 자유주의자이면서도 극단적으로 자유만을 내세우지 않고 평등의 요소를 도입하려고 한 점, 그리고 특히 사회적 약자들에 관한 관심과 배려를 강조한 점은 매우 소중하고 높이 평가할 만한 견해라고 할 수 있다.

그러나 이런 장점에도 불구하고 롤스의 정의론은 그 전개 과정에 적지 않은 문제점과 모순점을 안고 있어서 자신이 표방하고 있는 것처럼 자유, 평등, 박애라는 자유민주주의의 이념을 제대로 뒷받침하고 있다고 하기는 어렵다.

우선 정의의 원칙에 대한 합의를 끌어내기 위해 롤스가 설정한 원초적 입장(원초적 상황)과 연관된 여러 가지 문제가 있다. 롤스는 계약당사자들이 서로에 대해 어떤 정보나 관심이 있으면 불편부당하게(공정하게) 원칙을 정하기 어렵다는 이유로 계약당사자들을 서로에 대해 완전히 무지하고 아무런 관심도 가지고 있지 않은 존재들로 설정하였다. 그런 사람들이 분배와 연관된 정의의 원칙을 정하려 할 때 고려하는 유일한 요소는 나의 손해를 최소화하려는 것뿐이다. 그것이 바로 "최소 극대화의 원칙"이었다. 타인에 대해 아무런 관심도 없고 아는 것도 없는 사람이 가질 수 있는 유일한 관심은 자신의 이익을 최대화하고

---

104) 존 롤즈 지음, 황경식 옮김, 『정의론』, 158쪽.

손해를 최소화하는 것뿐이다. 롤스는 정보를 모르는 상태에서 사람들은 최대한 이득을 보려고 하기보다는 손해를 최소화하는 안전한 쪽을 선택할 것이라 가정하였다. 정의의 원칙은 이런 생각에서 사람들이 합의할 것이라 여겨지는 것이었다. 그러므로 결국 자유를 무엇보다 존중하는 것, 기회를 균등하게 부여하는 것, 불우한 처지에 있는 사람을 배려하는 것, 이 모두는 자신의 손해 가능성을 최소한으로 줄이려는 전략에서 나온 원칙일 뿐이다.

　롤스는 언제 어디서든 누구에게나 통용될 수 있는 보편적인 정의의 원칙을 확립하기 위해 원초적 입장이라는 개념을 가지고 개인을 타인과 주변의 모든 상황으로부터 완전히 절연시켰다. 그는 모든 실질적인 상황과 경험적 요소들을 제외하고 순수하게 정당한 절차에 따르기만 하면 저절로 정의가 달성되리라는 절차적 정의관을 밀고 나갔다. 이것은 인간의 본성이나 욕구, 목적, 상황, 조건 등의 경험적 요소들을 완전히 배제하고, 모든 사회적 관계(를 포함한 인과적 관계)로부터 단절된 개인의 직관에 의존해 무조건적이고 절대적인 도덕법칙을 정립하려 했던 칸트의 시도와 비슷하다. 그 때문에 이 점에서 롤스가 포함하고 있는 문제 역시 칸트의 문제와 유사하다. 어떻게 하는 것이 자유를 보장하는 것인가, 어떻게 하는 것이 정말로 기회를 균등하게 보장하는 것인가, 어떻게 해야 최소 수혜자에게 최대의 이익이 되도록 할 수 있는가, 이런 것들을 알려면 사람들이 처해 있는 상황을 잘 알아야 한다. 무엇이 어떻게 자유를 침해하고 있고 또 침해할 수 있는가, 무엇이 기회균등을 가로막고 있는가, 약자들을 불우한 처지에 빠지게 만든 요인은 구체적으로 무엇인가, 먼저 이런 점들을 알아야만 한다. 그렇지 못하다면, 롤스가 말하는 정의의 원칙이라는 것은 공허하기 짝이 없는 추상적 원칙일 뿐이다. 그것만으로는 공적인 가치를 구체적으로 어떻게 배분해야 하는가를 결코 알 수 없다.

　타인에 대해 아무런 관심도 없는 상태에서 오직 자신의 손해를 최소화하기 위한 전략에서 나온 차등의 원칙이 진정으로 약자를 배려하는 박애의 원칙이 될 수 있으리라는 생각은 너무도 우스운 생각이다. 타인에 대해 배려하는 박애는 타인의 처지에 대해 알고 공감하는 데서 출발한다. 타인에 대한 앎과 관심 어느 것도 가지고 있지 않은 개인이 약자를 우선 배려한다는 것은 믿기 어렵다. 롤스의 생각은 모두가 자신의 이익만을 위해 움직이지만 자유시장에 맡겨 두면 보이지 않는 손에 의해 결국은 모두에게 이득이 될 것이라고 믿는 순진한 자유 시장경제론과 비슷하다. 오직 자신의 손해를 최소화하기 위해 노력하는 개인들에게 맡겨 두면 저절로 최소수혜자들에게 최대의 혜택이 돌아가게 될 것이라는 이야기이다.

타인에 대해 무지하고 무관심한, 타인과 완전히 절연된 개인을 출발점으로 삼는 순간 타인에 대한 진정한 배려는 애초부터 불가능해진다. 반면에 그런 개인이 자신의 손해를 최소화하려는 전략과는 전혀 다른 전략을 선택하는 것은 얼마든지 가능하다. 합리성이라는 것을 '자신의 손해를 최소한으로 하려는 것'이라고 정의한다면, 인간이 합리적이기 때문에 최소 극대화 전략을 택할 것이라는 말은 동어반복에 지나지 않게 된다. 인간은 이기적인 계산이라는 합리성에만 따르지 않고 다른 욕망이나 감정, 이를테면 투기적 심리, 동정이나 연민 등의 감정, 그리고 다양한 가치판단에 따를 수도 있다. 또 합리적이라는 것, 합리적 선택이라는 것을 얼마든지 다르게 해석할 수도 있다. 서로의 정보를 아무것도 모르는 상태에서 개인은 얼마든지 다소 위험하더라도 자신의 이익을 최대화하는 쪽으로 배분의 원칙을 정하려 할 수 있다. 소위 얼마든지 '가늘고 길게 살기보다 '굵고 짧게 살기를 선택할 수 있고 그쪽이 오히려 더 합리적이라고 생각할 수 있는 것이다. 타인에 대해 무지하고 무관심한 개인이 최소 극대화의 원칙을 택하리라는 보장도 없고, 또 그것이 반드시 가장 합리적이라고 할 근거도 없는 것이다.

롤스는 공리주의자들의 정의관은 동정심과 이타심이 널리 개발되지 않으면 불안정하게 될 것이기 때문에 그들이 도덕적 덕목 가운데서 이타심을 강조한다고 한다. 그러나 그것은 현실적이지 않기 때문에, 자신은 원초적 입장에서 사회 질서를 상호 이익이 되는 원칙 위에 세우는 더 현실성 있는 이념을 선택하는 것이라고 주장한다.[105] 사람들 대부분이 동정심과 이타심을 가지고 있다는 것을 가정하기보다는 서로 무관심한 개인에 기초해 정의의 원칙을 세우는 것이 결국 상호 이익이 된다는 것이다. 그러나 개인을 타자로부터 절연된 고립된 존재로 규정하는 한, 개인의 이익과 행복이 아니라 공리를 추구해야 할 이유나 사회적 약자를 배려해야 할 이유는 없게 된다. 인간을 고립된 개인으로 간주하게 되면, 민주적 평등주의에 대해 사회적 약자들을 배려하는 재분배 정책 같은 것은 개인의 자유를 침해하는 것이라고 하는 자유지상주의의 반박을 이겨 낼 수가 없다.[106] 공리주의에 관한 부분에서 이미 지적했듯이, 이 세상의 어떤 인간, 어떤 존재도 다른 존재들 전체와 떨어져 존재할 수 없다는 존재론적 진리에 근거해야만 개인의 행복만이 아니라 타인의 행복도 함께 고려하는 것이 정당화될 수 있다. 마찬가지로 이런 존재론적 진리에서 출발해야만 모든 사람의 평등과 사회적 약자에 대한 진정한 배려도 가능해진다. 개인의 천부적 재능을 사회의 공동자산으로 생각해야 한다고 한 롤스 자신의 이야기 속에도 이런 관점이 부분적으로는 들어 있다. 다만 그런 관점은 원초적 입장에서 전제하고 있고 자유의 최고 우선성이 포함하고 있는 고립적 개인이라는 주된 관점과 모순을 불러일으킨다는 점이 문제가 된다.

　　롤스는 기본적으로 칸트의 의무론적 관점을 계승하고 공리주의를 비판하면

---

105) 존 롤즈 지음, 황경식 옮김, 『정의론』, 246~247쪽 참조.
106) 마이클 샌델 지음, 안규남 옮김, 『민주주의의 불만—무엇이 민주주의를 뒤흔들고 있는가』(도서출판 동녘, 2012), 33쪽 참조.

서 좋음(선)에 대한 옳음의 우선성을 강조하고, 공리의 요소를 정의 문제에서 완전히 배제하고 있다. 그 결과로 그는 정의 원칙 간에 우선권이나 상호 충돌 문제가 발생할 때 그것을 해결할 방도를 제시할 수가 없게 된다. 그는 단지 자유, 기회균등, 최소수혜자 배려라는 엄격한 우선순위를 선언할 뿐이다. 롤스 자신도 이런 문제의식을 느끼고 이에 대한 무력감을 다음과 같이 고백하기도 하였다.

> 의무들이 서로 간에 혹은 책무들과 상충할 경우 그리고 의무 이상의 행위들에 의해 성취될 수 있는 선과 상치할 경우 그 의무들을 조정하는 방식에 문제가 있다. 이러한 문제를 해결하기 위한 분명한 규칙은 없다.…… 사태를 수습하기 위해 공리주의적 원칙에 호소할 수만도 없다.…… 이는 정당성에 대한 일관성 없는 입장을 가져오므로 배제된다. 나는 이 문제를 해결할 방식을 알지 못하며 더욱이 현실성 있는 쓸 만한 규칙을 정식화해 줄 체계적인 해결책이 가능한지 어떤지도 알지 못한다.[107]

앞에서 우리는 칸트와 관련하여 도덕법칙이라 부르는 것들의 불완전함과 충돌 가능성 문제를 해결하기 위해서는 공리주의의 원칙을 함께 고려해야 한다고 지적한 바 있다. 이것은 롤스가 말하는 정의의 원칙에 대해서도 똑같다고 말할 수 있다. 때로는 개인의 자유 보장과 사회적 약자 보호 원칙 같은 것이 서로 상충할 수 있는데, 그때 무조건 개인의 자유만을 우선시하는 것에는 많은 문제가 있을 수 있다. 그 경우에 필요한 것은 어떻게 하는 것이 공리에 더 도움이 될 것인가를 충분히 고려하는 것이라고 할 수 있다.

이 밖에 분배의 정의를 논할 때 개개인의 응분(공적)을 어떻게 반영할 것인가

---

107) 존 롤즈 지음, 황경식 옮김, 『정의론』, 445쪽.

하는 문제라든가, 목적과 성격이 서로 다른 재화의 분배를 어떻게 다루어야
하는가 하는 문제 등을 제대로 다루지 못했다는 것도 롤스의 정의론의 약점으로
지적되고 있다.108)

5. 연대와 박애: 공동체주의 정의론

앞에서 살펴본 것처럼 롤스의 정의론은 무엇보다도 개인의 자유 그리고
그에 기초한 권리와 의무를 존중하는 자유주의 전통에 입각한 정의론으로서,
자유주의적이면서도 극단적으로 자유만을 내세우지 않고 평등의 요소를 도입
하려고 한 점, 그리고 특히 사회적 약자들에 대한 관심과 배려를 강조한 점은
매우 소중하고 높이 평가할 만한 것이었다. 그러나 그것은 또한 적지 않은
모순과 문제점도 가지고 있었다.

그 때문에 롤스의 『정의론』이 발표된 이후 그의 정의론을 중심으로 여러
가지 논쟁이 벌어졌다. 거기에서 특히 중심적 역할을 한 것은 흔히 공동체주의자
들이라 부르는 일련의 사상가들이다. 그 대표자들로는 매킨타이어(A. Macintyre),
샌델(M. Sandel), 테일러(C. Taylor), 왈쩌(M. Walzer) 등을 들 수 있다.109) 이러한
공동체주의자들이 롤스의 자유주의 정의론에 대해 여러 가지 비판을 가하였고,
그 후 롤스 자신과 드워킨(R. Dworkin), 네이글(T. Nagel), 스캔론(T. M. Scanlon) 등의
자유주의 이론가들이 공동체주의자들에 대해 반박을 하면서 정의론 논쟁이

---

108) 이런 부분에 대해서는 롤스의 정의론에 대한 공동체주의자들의 비판적 논의를 다루
    는 다음 절에서 좀 더 자세히 살펴보도록 한다.
109) 스테판 뮬홀·애덤 스위프트는 이 네 사람을 공동체주의자의 대표로 들고 자유주의
    정의론에 대한 그들의 비판을 다루고 있다. 스테판 뮬홀·애덤 스위프트 지음, 김해
    성·조영달 옮김, 『자유주의와 공동체주의』 참조.

활발하게 벌어졌다.

　논쟁에는 수많은 사람이 참여했으므로 여기서 참여자 개개인의 견해와 그들 간의 차이를 모두 상세하게 다루기는 어렵다. 그러므로 여기서는 개개인에 대한 체계적인 분석과 비판은 하지 않고, 롤스의 자유주의 정의론에 대해 제기된 공동체주의자들의 핵심적 주장, 그리고 공동체주의자들의 주장에 대한 자유주의자들의 반박의 주된 내용만을 살펴보고자 한다. 그리고 그러한 논쟁을 통해서 우리가 얻을 수 있는 올바른 정의론은, 앞서 칸트와 공리주의에 대한 비판적 검토를 통해 밝힌 것과 마찬가지로, 극단적으로 어느 한쪽으로 치우치지 않는 불이적인 통합적 관점의 정의론이라는 점을 밝히고자 한다.

　자유주의 정의론에 대한 공동체주의자들의 비판 밑에 있는 기본적인 생각의 줄거리는 비교적 간단하다. 공동체주의자들이 보기에 사람들은 삶에서 여러 가지 좋음(선)을 추구한다. 그것들이 삶의 목적이다. 그리고 정의는 그 가운데 하나가 될 수 있을 뿐이다. 그런데 사람들이 어떤 좋음(선)을 추구하느냐는 대체로 막강한 공동체의 틀과 영향력 아래서 정해진다. 그것은 개인의 자아 정체성 자체가 공동체에 의해 규정되기 때문이다. 그러므로 공동체적인 가치에 의해 그 공동체 속의 개인들이 추구하는 선이 정해지고 정의의 원칙, 분배 정의도 그에 따라 달라질 수 있다. 이런 기본적인 관점으로부터 자유주의 정의론에 대한 공동체주의의 여러 가지 비판들이 나온다.

　'자유주의'라는 이름이 말해 주듯이 자유주의 정의론의 출발점은 자유로운 인간(개인)이라는 이념이다. 이성을 가지고 자유롭게 선택할 수 있는 자율적인 개인이야말로 인간 간의 모든 도덕적, 사회적 관계를 논의하기 위한 출발점이 되어야 한다. 앞에서 보았듯이, 이런 인간관과 그에 기초한 도덕의 체계를 명확하게 제시한 것은 칸트였다. 롤스를 비롯한 현대의 많은 자유주의 정의론자들은 이런 칸트의 이념을 그대로 이어받았다. 칸트는 사회적 요인을 비롯한 모든 인과적 영향으로부터 자유로운 초월적 주체를 전제로 하였다. 롤스가 말하는 원초적 입장의 계약당사자들도 마찬가지다. 정의의 원칙을 정하려고 하는 당사자들은 타인에 대해 아무것도 모르고 아무런 관심도 가지고 있지 않기 때문에 모든 사회적 관계로부터 완전히 독립적인 주체이다. 그것은 소위 "무속박적 자아"110)(무연고적 자아)이다. 앞에서 우리는 모든 사회 역사적 관계로부터 단절된 독립적 개인으로부터 출발하는 칸트의 의무론은 추상적이고 형식적이며 공허한 정언명령만 제시하고, 객관적인 기준이 모자란 극단적인 주관주의를 초래할 위험이 다분하다는 점을 보았다. 롤스의 자유주의 정의론은 칸트의 인간관을 그대로 계승하고 있기 때문에 그 역시 이런 난점에서 벗어나지 못한다. 그래서 롤스가 말하는 정의의 원칙은 구체적인 어떠한 사회적 관계나 상황도 반영하지 못한 채 매우 추상적인 정식의 선언에만 머무르지 않을 수 없다.

모든 외적인 상황과 사회적 관계로부터 자유로운 독립적 개인에게는 어떠한 객관적인 목적, 좋음(선)도 있을 수 없다. 그 때문에 모든 것은 그가 옳다고 여기는 것의 선택에 달려 있다. 이런 점에서 자유주의 정의론은 옳음을 좋음보다 우선시하는 의무론적 정의론이라고 할 수 있다. 이 점에서도 자유주의 정의론은 모든 경험적 목적을 벗어나 자유로운 이성적 주체가 옳다고 여기는 의무만을 중시했던 칸트를 그대로 계승하고 있다. 테일러는 칸트 이래 널리 퍼진 이런 생각을 "도덕을 아주 협소화시키는 동시대 철학의 경향"111)이라고 부르며 비판한다. 이런 경향에 따르면 도덕이론의 과제는 선한 삶의 본질보다는 의무의 내용을 정의하는 것으로 인식되며, 선과 선한 삶이라는 개념을 위한 자리는 존재하지 않는다.112) 자유로운 개인은 어떠한 사회적 관계의 속박도 받지 않고,

---

110) 마이클 샌델 지음, 안규남 옮김, 『민주주의의 불만』, 29쪽.
111) 찰스 테일러 지음, 권기돈·하주영 옮김, 『자아의 원천들』(새물결 출판사, 2015), 169쪽.
112) 찰스 테일러 지음, 권기돈·하주영 옮김, 『자아의 원천들』, 169쪽 참조.

사회(공동체) 속에서 주어지는 객관적인 목적이나 선 관념에도 얽매이지 않고, 자기가 옳다고 여기는 것을 자기 마음대로 선택할 수 있다. 문제는 여기서 개인이 옳다고 여기는 것의 합당성을 판정할 수 있는 객관적인 기준이 아무것도 없다는 것이다. 개인을 모든 객관적인 외적 요인 또는 상황이나 사회적 관계로부터 절연시키는 순간, 개인의 선택을 판정할 수 있는 객관적 기준 자체는 원천 봉쇄되지 않을 수 없다.

우리는 앞서 칸트에 대해 분석하면서, 개인을 완전히 자유로운 존재로 간주하는 관점과 어떠한 목적과 결과도 고려하지 말아야 한다는 관점이 결합하면, 극단적인 주관주의나 상대주의, 회의주의나 허무주의로 귀결될 위험이 있다는 것을 지적한 바 있다. 이런 지적은 자유주의 정의론에 대해서도 똑같이 적용할 수 있다. 매킨타이어도 이와 똑같은 지적을 하고 있다. 예컨대 매킨타이어는 자신의 바깥에 있는 어떠한 기준이나 내용도 사용하지 않고 순전히 개인 주체의 실천이성 속에서 도덕법칙을 정초하려고 했던 칸트의 노력은 실패로 돌아갔다고 간주한다. 그리고 그 이후 키에르케고르에서 사르트르에 이르는 실존주의 철학자들은 아예 도덕법칙과 같은 것을 세우려는 것 자체를 거부하고 모든 가치판단을 개인의 주체적인 선호와 선택으로 만들어 버렸다고 주장한다.[113]

---

113) 알래스데어 매킨타이어 지음, 이진우 옮김, 『덕의 상실』, 60~61쪽 및 77~82쪽 참조. 필자는 『둘이 아닌 세상』이라는 저서를 통해 니체와 키에르케고르에서 시작해 사르트르에 이르는 실존주의가 어떻게 극단적인 상대주의와 허무주의로 귀결되는가를 밝힌 바 있다. 니체는 자유로운 인간의 주체성과 자립적이고 능동적이며 적극적인 인간의 삶을 한없이 찬양하고 고무한다. 키에르케고르는 주체성이 진리라는 표어 아래, 주체적 결단으로 선택하는 것만이 진리요 가치 있는 것이라고 주장한다. 그들을 계승하는 사르트르는 어떠한 본질도 없이 실존하는 단독자로서의 개인인 인간은 절대적인 기준과 근거가 없는 자유로운 상황에 부닥쳐 있고, 모든 선택은 동등한 자격을 갖는다고 주장한다. 그리고 이 모든 주장은 결국 극단적인 상대주의와 허무주의로 통하게 된다. 이에 대해서는 이찬훈, 『둘이 아닌 세상』, '1부 실존과 인생' 부분을 참조.

모든 사회적 관계로부터 자유로운 독립적 개인을 설정하고 그가 선택하는 옳음이 어떠한 목적이나 좋음보다도 우선이라는 이런 자유주의적 관점은 인간이 결코 고립된 단독자가 아니라는 명백한 사실을 무시하고 있다. 이 점에서 자유주의 정의론은 그 출발점에서부터 상당히 잘못된 방향을 설정하고 있다고 하지 않을 수 없다. 모든 인간은 사회적 관계가 모여 이루어진 존재이다. 인간을 길러 내고 계속해서 인간 삶에 영향을 행사하고 있는 사회적 관계들이 어떠하냐에 따라서 인간의 모습, 인간의 인생은 달라질 수밖에 없다. 정의의 문제역시 이러한 사회적 관계를 떠나서는 결코 풀어 나갈 수 없다. 이런 맥락에서 공동체주의자들은 정의 문제를 포함한 도덕적 문제들의 해결을 위해서는 자유주의적 관점과는 다르게 인간(인간의 자아)을 파악해야 한다고 주장한다. 즉 그들은 공통으로 모두 인간을 반드시 공동체와의 연관성 속에서 파악해야만 한다고 주장한다.

그 가운데 매킨타이어는 '서사적 인간' 개념을 이야기한다. 그는 그 핵심적인 명제를 "인간은 자신의 행위와 실천에 있어서도 본질적으로 하나의 이야기를 말하는 동물이다"[114]라고 이야기한다. 이것은 인간이 어떤 이야기 속에서 자신이 누구이며, 무엇을 어떻게 해야 하는가를 이해하는 존재라는 뜻이다. 우리의 인생 자체가 하나의 이야기이며, 그 이야기를 떠나서는 우리 자신을 이해할 수 없다. 흔히 우리는 부모님으로부터 어떤 태몽에 의해 점지 받고나서 우리를 낳았다는 이야기를 듣는다. 우리의 탄생 자체가 이미 이런 이야기 속에서 이해되는 것이다. 그 후로도 우리의 삶은 연속되는 이야기 속에서 이해된다. 우리는 어떤 가정 속에서 태어나 어떤 상황 속에서 자라나고 생활해서 현재에 이르게 되었다. 이런 이야기를 떠나서는 내가 누구인지를 알 수도 없고 설명할

---

114) 알래스데어 매킨타이어 지음, 이진우 옮김, 『덕의 상실』, 318쪽.

수도 없다. 우리는 우리 각자의 삶을 공동체 속에서 이루어지는 하나의 이야기로만 이해할 수 있다. 그러므로 우리는 이야기의 공동체적 맥락을 통해서만 우리가 어떤 상황에 놓여 있는가를 알고 그에 기초해 무엇을 해야 하는가를 결정할 수 있다. 이것을 매킨타이어는 이렇게 표현한다.

> 우리 모두가 우리의 상황들을 하나의 특수한 사회적 정체성의 담지자로서 파악한다는 것이 중요하다. 나는 누군가의 아들 또는 딸이고, 누군가의 사촌 또는 삼촌이다. 나는 이 도시 또는 저 도시의 시민이며, 이 동업조합 또는 저 직업 집단의 구성원이다. 나는 이 씨족에 속하고, 저 부족에 속하며, 이 민족에 속한다. 그렇기 때문에 나에게 좋은 것은 이러한 역할들을 담당하는 누구에게나 좋아야 한다. 이러한 역할의 담지자로서, 나는 나의 가족, 나의 도시, 나의 부족, 나의 민족으로부터 다양한 부채와 유산, 정당한 기대와 책무들을 물려받는다. 그것들은 나의 삶의 주어진 사실과 나의 도덕적 출발점을 구성한다. 이것은 나의 삶에 그 나름의 도덕적 특수성을 부분적으로 제공한다.[115]

테일러의 자아 개념 역시 매킨타이어와 유사하다. 테일러는 우리가 "삶을 서사로 이해한다"고 하면서, "우리가 누구인가에 대한 의식을 갖기 위해서는 우리가 어떻게 지금의 우리로 되어 왔는가, 우리는 어디로 가고 있는가에 대한 관념을 가져야 한다"[116]고 말한다. 테일러는 우리의 자아가 서사를 구성하는 '대화의 망, 언어공동체 속에서만 존재할 수 있다고 간주한다. 그것은 곧 자아는 오직 다른 자아들 가운데서만 존재한다는 것, 즉 공동체 속에서만 존재한다는 것이다. 그리고 이러한 자아 정체성에 따라 우리는 "무엇이 선하고 귀중한

---

115) 알래스데어 매킨타이어 지음, 이진우 옮김, 『덕의 상실』, 324쪽.
116) 두 글귀 모두 찰스 테일러 지음, 권기돈·하주영 옮김, 『자아의 원천들』, 106쪽.

것인가, 무엇을 행해야 하는가, 무엇을 찬성하고 반대할 것인가를 결정"[117]할
수 있다.

샌델 역시 공동체주의적인 인간관을 가지고 자유주의적 정의론의 문제점을
비판한다. 샌델은 롤스와는 달리 '상호 주관적 자아', '간주관적 자아'라는 개념
을 이야기하는데, 이것은 인간의 자아는 수많은 인간 사이에서 서로 영향을
주고받으면서 형성된다는 것이다. 이것은 공동체 개념, 유기적 전체로서의 사
회 개념을 전제로 하는 것이며, 이런 자아 개념이 올바른 자아 개념이라고
주장한다.[118]

샌델은 타고난 재능의 분배를 공동자산으로 간주하고 이 분배 혜택을 공유
하려는 롤스의 차등 원칙도 그 속에 상호 주관적 자아 개념을 포함하고 있는
것이라고 간주한다. 다만 그는 전반적으로 공동체와 무관하게 자유로운 개인의
관점에 서 있어서 이것들이 서로 모순을 불러일으킨다고 비판한다.[119]

이러한 상호 주관적 자아, 간주관적 자아 개념은 자아를 구성한다는 의미에
서 공동체를 인정하는 것이다. 이에 따르면 공동체는 자아가 추구할 만한 목표
를 제시하고 권장할 뿐만 아니라 자아 정체성 자체의 본질 요소와 구성 요소가
되기도 한다. 샌델은 인간을 공동체 속에서만 존재할 수 있는 상호 주관적
자아로 이해해야만 타인들에 대한 우리의 많은 의무를 인정할 수 있게 된다고
주장한다. 만약 인간을 자유로운 독립적 개인으로만 이해해서는 우리들의 많은
시민적 의무들과 도덕적·정치적 유대들을 설명하기 어렵다는 것이다. 그런
의무들에 대해 샌델은 이렇게 말한다.

---

117) 찰스 테일러 지음, 권기돈·하주영 옮김, 『자아의 원천들』, 65쪽.
118) 마이클 샌델 지음, 이양수 옮김, 『정의의 한계』(멜론, 2012), 165~166쪽 참조.
119) 마이클 샌델 지음, 이양수 옮김, 『정의의 한계』, 182쪽 참조.

내가 사는 특정한 공동체에서 생겨나는 특별한 책임 중에는 연대의 의무처럼 동료 구성원들에 대한 의무도 있을 수 있다. 또 유대인들에 대한 독일인들의 도덕적 채무나 미국의 흑인들에 대한 미국 백인들의 도덕적 채무 혹은 과거 식민지들에 대한 영국과 프랑스의 도덕적 채무처럼, 내가 속한 공동체와 역사적으로 도덕적 관련이 있는 공동체의 구성원들에 대한 의무도 있을 수 있다. 공동체 내부든 외부든 간에, 구성원들의 의무는 우리에게 선택에 우선하는 도덕적 유대 능력이 있다고 전제한다.[120]

공동체주의적 인간관에 따르면, 인간의 자아를 규정하는 공동체 속에서 개인은 무엇이 좋은 것(선)이고 무엇을 목표로 삼아야 하며 무엇을 가치 있는 것으로 추구해야 하는가를 배운다. 물론 인간이 속해 있는 공동체는 하나가 아니며, 또 공동체가 지향하는 좋음과 가치 역시 하나가 아니다. 그러므로 개인은 그가 속한 여러 공동체의 영향을 받으며 여러 가지 좋음과 가치 가운데서 자기 나름의 선택을 하고 그에 따라 행위를 해 나갈 수 있다. 그렇지만 그것은 어디까지나 공동체적인 틀과 영향 속에서 이루어지는 것이고 그것에 비추어 평가할 수 있지 순전히 개인의 자유로운 선택에만 맡겨져 있는 것은 아니다. 분배적 정의 문제에서도 마찬가지다. 우리가 어떤 것을 사람들 사이에 배분하려고 할 때 어떻게 하는 것이 정의로운 것인가는 그 경우에 우리가 무엇을 가치 있는 것으로 여길 것인가, 무엇을 기준으로 삼을 것인가에 달려 있다. 그리고 그것은 그 배분을 문제 삼고 있는 공동체의 가치관에 의해 규정된다.

어떤 재화나 가치(예를 들면, 부, 명예, 자격, 권리, 권력, 직위, 책임, 부담 등)를 분배할

---

120) 마이클 샌델 지음, 안규남 옮김, 『민주주의의 불만―무엇이 민주주의를 뒤흔들고 있는가』, 30쪽. 여기서 '도덕적 유대 능력'이라는 표현은 매우 어색하다. 우리가 어떤 능력을 가지고 있다고 해서 거기로부터 의무가 나온다고 보기에는 무리가 있기 때문이다. 그보다는 개인이 공동체와 둘이 아니라는 사실이 존재론적인 진리이며, 거기로부터 나와 불가분한 타인에 대한 의무와 책임이 존재한다는 보는 편이 더 합당하다고 여겨진다.

때 그 분배의 기준은 공동체의 가치관에 의해 정해진다. 그리고 서로 다른 경우에는 적용되는 기준 역시 달라질 수밖에 없다. 공동체주의자 가운데 한 사람으로 꼽히는 왈쩌는 이런 점을 특히 강조하였다. 왈쩌는 "상이한 사회적 가치(재화―필자)들은 상이한 근거들에 따라 상이한 절차에 맞게 상이한 주체에 의해 분배되어야 한다"[121]고 주장한다. 그러므로 분배의 원칙은 일률적으로 적용할 수 있는 한 가지일 수가 없다. 분배 원칙은 분배하려는 해당 재화의 특성에 따라 달라지게 마련인데, 왈쩌는 그런 원칙들 가운데서 대표적인 것들로 자유교환, 응분의 몫, 필요 등을 들고 있다. 그 세 가지 기준은 모두 나름의 힘을 갖고 있지만 분배 영역 전체를 지배할 수 있는 힘을 가지고 있지는 못하다. 예컨대 우리는 수많은 상품을 누가 어느 만큼 가져갈 것인가 하는 문제에 대해서는 대체로 자유 교환이라는 원칙에 맡겨 둔다. 그러나 투표권과 같은 정치적 권리를 자유 교환에 맡길 수는 없다. 서로 다른 분배의 영역에는 서로 다른 분배의 원칙 또는 기준을 적용해야지 하나의 기준을 적합하지 않은 다른 영역에까지 부당하게 확대 적용해서는 안 된다.

각 분배 영역의 특성을 존중해서 분배의 기준을 달리 적용하는 것이 올바른 분배의 정의이다. 이것을 왈쩌는 '다원적 평등'이라 부른다.[122] 그러나 어떤 재화의 분배가 걸려 있는 하나의 영역이라고 해서 반드시 하나의 기준만 적용되는 것은 아니다. 예컨대 대학 입학 자격을 배분하는 문제를 생각해 보라. 그 경우 우리는 우선 개인의 학업 실력을 기준으로 삼을 것이다. 그러나 우리는 일정한 인원을 사회적 약자들을 위해 배정한다거나 그런 사람들에게 가산점을

---

121) 마이클 왈쩌 지음, 정원섭 외 옮김, 『정의와 다원적 평등―정의의 영역들』, 32쪽.
122) 이것을 왈쩌는 이렇게 말한다. "다원적 평등이란 한 영역 안에서 혹은 다른 사회적 가치와 관련하여 시민이 지닌 어떠한 위치도 어떤 다른 영역 혹은 다른 가치와 관련된 그의 지위 때문에 침해당할 수 없다는 것을 의미한다." 마이클 왈쩌 지음, 정원섭 외 옮김, 『정의와 다원적 평등―정의의 영역들』, 56쪽.

주거나 할 수도 있다. 이것은 실력과는 다른 ('필요', '배려', '연대' 등) 기준도 고려하는 것이다. 하나의 분배 영역이라도 이처럼 여러 가지 기준이 적용될 수 있으므로 어떤 기준을 우선 적용할 것이며, 각 기준을 어느 정도로 반영할 것인가를 둘러싸고 수많은 이견과 갈등이 발생할 수 있다. 이런 상황 속에서 구체적으로 어떤 것을 분배의 정의로 볼 것인가는 공동체의 공유된 이해에 달려 있다. 왈쩌는 어떤 재화의 분배 원칙과 기준을 둘러싼 의견의 불일치가 있는 경우, 그것을 활발하게 표현하고 토론하여 적정한 기준을 정하고 대안을 마련하기 위한 통로가 필요하고 중요하다고 간주한다.[123]

위에서 이야기한 바와 같은 공동체주의의 관점에서 보면, 분배와 같은 정의의 문제를 해결하기 위해서는 공동체의 가치, 공유된 이해 등을 확인하고 또 이견이 있는 경우에는 반드시 서로 토론하고 합의를 만들어 나가는 과정이 필요하다. 그런데 자유주의의 관점은 그런 것과 상당히 배치된다. 공동체의 가치, 공유된 이해 등을 기초로 정의의 원칙을 정하는 것은 개인의 자유를 부당하게 제한하는 것이기 때문이다. 그래서 롤스의 자유주의적 정의론도 개개인의 가치와 선 개념, 그리고 그에 따른 행위의 선택에 대해 간섭하지 않는 중립적 태도를 보인다. 그래서 그가 이야기하는 공정으로서의 정의는 어떤 구체적인 내용에는 전혀 상관하지 않는 순수한 절차적 정의이다. 롤스는 원초적 입장에서 출발하는 공정한 절차만 따른다면 어떠한 내용에도 상관없이 그 결과 역시 바르고 공정한 것이라고 주장한다.[124]

공동체주의자들은 롤스를 비롯한 자유주의자들의 이런 관점이 국가는 좋은 삶, 바람직한 목적과 가치 등이 관련된 문제에 대해서는 개인에게 맡겨 놓고

---

123) 마이클 왈쩌 지음, 정원섭 외 옮김, 『정의와 다원적 평등─정의의 영역들』, 151쪽 및 473쪽 참조.
124) 존 롤즈 지음, 황경식 옮김, 『정의론』, 136쪽 참조.

간섭하지 않아야 한다는 국가의 중립성이라는 입장으로 귀결되며 그것이 여러 가지 문제를 낳는다고 보고 있다. 이에 관해서는 샌델이 누구보다도 강하게 비판적으로 논하고 있다. 샌델은 국가의 중립성을 주장하며 공정한 절차만을 강조하는 정치철학을 "절차적 공화정"[125]이라고 부른다. 절차적 공화정에서는 공적 영역에서 도덕적·종교적 논의를 추방함으로써 정치와 법을 실질적인 도덕적 논쟁으로부터 분리한다. 도덕이나 종교, 공적인 가치와 관련된 문제를 철저하게 배제하는 절차적 공화정의 정치는 사람들의 관심을 사소하고 시시한 사적인 문제들로 돌려버린다.[126] 이러한 국가 중립성, 절차적 공화정이라는 관념이 정치에 지배적 영향력을 행사하고 있으므로, 오늘날 자유민주주의 국가에서는 진정한 자치가 상실되고 공동체가 현저히 약화하여 있다. 이것이 오늘날 민주주의의 핵심적인 불만이다.[127] 샌델은 국가가 중립을 지키며 개인의 자유를 침해하지 않는 소극적인 자유주의의 입장에 머물러서는 안 되며, 동료 시민들이 함께 공익에 관해 숙고하고 정치 공동체의 운명을 만들어 갈 수 있도록 시민들을 적극적으로 이끄는 공화주의적 정치를 해야 한다고 주장한다. 그것은 시민들 속에 자치와 공익을 추구하는 데 필요한 덕과 자질을 형성하도록 노력하는 공동선의 정치를 해야 한다는 것이다.

이상으로 자유주의와 자유주의 정의론에 대한 공동체주의자들의 비판에 대해 살펴보았다. 이런 공동체주의자들의 견해에 대해 자유주의적 입장으로부터 다시 여러 가지 반박이 제기되었고, 이러한 양 진영 사이의 논쟁은 때로는

---

125) 마이클 샌델 지음, 안규남 옮김, 『민주주의의 불만—무엇이 민주주의를 뒤흔들고 있는가』, 17쪽.
126) 마이클 샌델 지음, 안규남 옮김, 『민주주의의 불만—무엇이 민주주의를 뒤흔들고 있는가』, 428쪽 참조.
127) 마이클 샌델 지음, 안규남 옮김, 『민주주의의 불만—무엇이 민주주의를 뒤흔들고 있는가』, 16쪽 참조.

대립하고 또 때로는 서로 조금씩 수렴하기도 하면서 지금도 계속되고 있다.

우선 문제가 되는 것은 인간관 또는 자아관이다. 자유주의 정의론에 대한 공동체주의자들의 비판에 가장 중요한 것은 자유주의자들이 개인을 일체의 사회적 관계로부터 독립적인 존재로 설정하고 그가 선택하는 옳음이 어떠한 목적이나 좋음보다 우선이라고 보았다는 점이었다. 자유주의자들은 우선 이러한 공동체주의자들의 공격이 자유주의적 자아관을 오해하고 과장하는 데서 나오는 잘못된 것이라고 반박한다. 자유주의가 개인을 그처럼 일체의 사회적 관계나 사회적 가치관으로부터 완전히 자유로운 존재로 보는 것은 아니라는 것이다.

이런 반박 중 하나는 롤스의 주장이다. 롤스는 자신의 『정의론』에 대한 공동체주의자들의 비판 이후에 발표한 『정치적 자유주의』에서 정의의 원칙을 정하기 위해 설정한 원초적 입장의 개인은 사회의 기본 구조를 다루는 정치적 정의 영역에만 적용되는 것이라고 주장한다. 자신은 공정한 정의의 원칙을 정하기 위해서 일체의 사회적 관계에 대한 정보와 관심으로부터 독립적인 자아를 설정한 것일 뿐, 그런 자아관을 다른 사회적 영역에까지 적용할 생각은 없다는 것이다.[128] 자신은 다른 영역에서는 사회적 관계 속에서 형성되고 그로부터 유래한 여러 가지 목적이나 가치 개념을 가지고 그에 따라 행위 하는 인간을 부정하지 않는다는 것이다.

자신이 설정한 자아관을 정치적 영역에만 한정하는 이러한 롤스의 전략은 공동체주의자들의 자아관을 어느 정도 수용하면서도 자신이 제시했던 공정으로서의 정의의 원칙은 고수하려는 것이다. 그러나 롤스의 이런 대응도 그의 정의론이 포함하고 있는 문제들을 해결하지는 못한다. 앞에서 정치적 영역으로

---

128) John Rawls 저, 장동진 역, 『정치적 자유주의』(동명사, 1998년 초판·1999년 재판), 12~13쪽 참조.

한정한다 해도 우리가 그의 원초적 입장을 전제하고 전개하는 정의의 원칙이 포함하고 있는 문제들로 지적한 부분은 여전히 남아 있다.

또 다른 반박은 킴리카와 마세도 같은 자유주의자들의 주장으로, 자유주의자들은 개인이 공동체로부터 벗어나 모든 목적을 자유롭게 선택할 수 있다고 주장하는 것이 아니라 어떤 특정한 목적과 사회적 역할에 대해서 언제나 비판적 숙고와 선택을 할 수 있다는 것을 주장할 뿐이라는 것이다.[129]

이런 반박들은 공동체주의자들이 자유주의를 오해하고 있다는 주장이라면, 공동체주의가 안고 있는 문제와 위험성에 대한 지적도 있다. 그것은 무엇보다도 우선 인간의 자아정체성과 삶의 목적, 좋음을 비롯한 여러 가치에 대한 개념이 공동체에 의해 정해진다고 보는 공동체주의의 관점이 개인의 자유 또는 자율성과 권리 같은 것을 침해하거나 과도하게 위축시킬 수 있다는 것이다.[130] 또 이와 연관하여 자유주의에서 주장하는, 국가의 중립성을 비판하면서 국가의 적극적인 간여 정책을 옹호하는 공동체주의는 자칫 독재주의, 전체주의, 권위주의의 횡포라는 위험성을 지니고 있다는 지적도 있다.[131] 공화주의적 이상을 내세우는 샌델 자신도 이런 지적이 있음을 인정한다. 즉 그는 공화주의적 정치 이론은 배타적이고 억압적이라는 우려가 있고, 현대 세계의 규모와 복잡성

---

129) 자유주의적 자아에 대한 공동체주의자들의 비판에 대한 킴리카와 마세도의 이런 주장과 앞서 말한 롤스의 대응에 대해서는 박정순, 「자유주의의 건재」, 『자유주의와 공동체주의』(철학연구회 99 춘계 학술대회 발표논문집, 1999년 5월 29일), 27~28쪽을 참조.

130) 이에 관해서는 이충한이 소개하고 있는 바와 같이, "샌델이 추구하는 공동선의 정치가 도덕적 다수라는 명분으로 개인의 권리를 침해할 수 있고 결국 자유주의가 우려하는 불관용에 문을 열어주는 셈이 될 것이라고 그 위험을 지적"하고 있는 거트만의 견해를 참고할 수 있다. 이충한, 「마이클 샌델의 정치철학에 대한 연구―롤즈의 자유주의에 대한 비판을 중심으로―」(전북대학교대학원 철학과 박사학위논문, 2013), 172쪽 참조.

131) 박정순, 「자유주의의 건재」, 54쪽 참조.

등을 고려할 때 공화주의적 이상이 실현 가능한가에 대한 의문이 존재한다는 것을 이야기하고 있다.[132]

공동체주의는 각 공동체에서 공통으로 통용되고 있는 목적과 가치 관념을 그대로 수용하기 때문에 보수주의적이고 상대주의적일 수밖에 없다는 비판도 있다. 예를 들면 재화나 가치 분배의 기준이 각 공동체의 가치관에 의해 정해진 다고 보는 왈쩌의 관점에 대해 상대주의라는 문제 제기 같은 것이 그러하다.[133] 실제로 어떤 공동체에 통용되는 가치에 관한 사회적 의미에 대해 "그것을 대체 할 외적 원칙이나 보편적 원칙이란 전혀 존재하지 않는다"[134]라고 하는 왈쩌의 주장 속에는 그런 위험의 소지가 있는 것으로 보인다.

그런데 공동체주의자들의 주장 속에는 이상과 같은 자유주의자들의 반박에 대한 재반박의 성격을 지닌 것들도 포함되어 있다. 예를 들면 앞에서 언급했던 바와 같이 왈쩌는 재화의 분배 원칙과 기준을 둘러싼 불일치가 있을 수 있음을 인정하고, 그런 경우 그것을 활발하게 표현하고 토론하여 적정한 기준을 정하고 대안을 마련하기 위한 통로가 필요하다고 주장하고 있다. 이것은 공동체의 가치가 개인들에게 일률적이고 일방적으로 부과되는 것으로 보지 않고 개인의 자율적 판단과 그들의 소통의 중요성을 인정하고 있는 것이라 할 수 있다. 또 매킨타이어는 인간의 자아 정체성과 선 관념 등이 공동체 속에서 사회 역사 적으로 형성되지만, 인간이 그것들을 무조건 받아들여야 하는 것은 아니며, 인간은 거기서 출발하면서도 선과 보편적인 것에 관한 탐구를 계속해 나갈 수 있다고 주장한다.[135] 이처럼 공동체주의자들은 자유주의자들의 반박에 대

132) 마이클 샌델 지음, 안규남 옮김, 『민주주의의 불만―무엇이 민주주의를 뒤흔들고 있 는가』, 421~422쪽 참조.
133) 스테판 뮬홀 · 애덤 스위프트 지음, 김해성 · 조영달 옮김, 『자유주의와 공동체주의』, 190쪽 참조.
134) 마이클 왈쩌 지음, 정원섭 외 옮김, 『정의와 다원적 평등―정의의 영역들』, 475쪽.

해 공동체주의가 개인의 자율성을 부정하고 상대주의와 보수주의에 빠지는 것이 아니라고 항변한다.

롤스의 『정의론』을 계기로 활발하게 전개된 자유주의와 공동체주의 간의 논쟁은 한편으로는 서로 상대가 포함하고 있는 약점과 문제점을 드러냈지만, 다른 한편으로는 서로 간에 존재하는 오해를 해명하고 서로 수렴하고 종합할 수 있는 계기들도 제공하였다. 지금부터는 어떻게 자유주의와 공동체주의의 관점을 종합해 나가야 할 것인가를 살펴보기로 한다.

사실 자유주의와 공동체주의를 종합할 수 있는 길은 간단하다. 그것은 자신의 주장만을 절대적인 것으로 고집하여 상대방을 부정하지 않고 서로의 중요성과 가치를 인정하는 것이다. 자유주의는 개인과 개인의 자유를 중시하고 공동체주의는 공동체와 공동체적 가치(공리, 공익, 공동선)를 중시한다. 종합의 길은 어느 한쪽만 중요한 것이 아니라 개인도 중요하고 공동체도 중요하다는 것을 기꺼이 인정하는 데 있다. 이것은 사실 자유주의가 말하는 개인이 완전한 독립적 개인이 아니라는 자유주의자들의 주장과 공동체주의가 말하는 인간은 사회역사적 공동체에서 출발하면서도 보편적인 것에 대한 탐구를 해 나갈 수 있다는 공동체주의자들의 주장 속에도 포함되어 있는 관점이다.

우리 국내에서도 많은 논자들이 이와 유사한 생각을 이미 밝힌 바 있다. 예컨대 황경식은 개인권이라는 가치와 공동선이라는 가치를 놓고 "우리의 과제는 우리가 공유하고 있는 이 두 가지 직관 내지 신념을 정합적으로 통합시키는 방도를 찾는 일"[136]이라고 말하고 있다. 이진우는 개인과 공동체, 개인의 권리와 공동선이라는 두 핵심적 요소들이 균형 관계를 이루어야 하며, 자유주의와

---

135) 알래스데어 매킨타이어 지음, 이진우 옮김, 『덕의 상실』, 325~326쪽 참조.
136) 황경식, 「왜 자유주의와 공동체주의인가?─개인권과 공동선의 갈등과 결합」, 『자유주의와 공동체주의』(철학연구회 99 춘계 학술대회 발표논문집, 1999년 5월 29일), 11쪽.

공동체주의를 대립시키는 것은 불필요하다고 이야기하고 있다.[137]

모든 인간은 공동체 속에서 태어나고 자라며 수많은 사회적 관계 속에서 살아간다. 개인의 존재 자체가 공동체를 떠나 성립할 수 없다. 개인이 가진 수많은 생각과 가치 개념들 역시 공동체 속에서 형성된 것이다. 개인은 존재론적, 인식론적, 가치론적으로 공동체와 결코 분리될 수 없다. 그러나 개인의 삶, 개인이 추구하는 바와 실천이 공동체에 의해 완전히 결정되는 것은 물론 아니다. 개인에게 영향을 미치는 사회적 요인들과 가치들에는 수많은 것들이 있다. 개개인들에게 미치는 사회적 영향은 일률적이지 않고 매우 복합적이다. 그 때문에 개인에게는 수많은 선택지가 있으며 이 때문에 개인에게는 상당한 자유와 자율성의 영역이 열려 있다. 이렇게 볼 때 개인과 공동체는 완전히 다른 것도 아니고 완전히 같은 것도 아니다. 이것은 너무나도 분명한 사실이다. 이 분명한 사실을 잊거나 무시하지 않는 것이 중요하다. 문제는 대부분 어느 한쪽을 절대화하는 데서 발생한다. 공동체만을 절대시하는 것은 개인들의 서로 같지 않은 측면, 개인들이 가지고 있는 자유와 개성을 무시하고 하찮은 것으로 여기는 잘못으로, 전체주의라는 잘못을 저지르는 것이라 할 수 있다. 반면에 개인들이 서로 다르다는 것과 자율성만을 절대시하는 것은 개인들의 서로 다르지 않은 측면, 서로 분리될 수 없는 연관 관계를 무시하는 잘못으로, 개체주의라는 잘못을 저지르는 것이다.[138]

개인과 공동체 가운데 어느 쪽도 절대시하거나 소홀히 해서는 안 된다는 이 원칙을 항상 분명히 고수한다면, 원리적 차원에서의 갈등과 대립은 해소될

---

137) 이진우, 「자유의 한계 그리고 공동체주의」, 『자유주의와 공동체주의』(철학연구회 99 춘계 학술대회 발표논문집, 1999년 5월 29일), 87쪽.
138) 필자는 만물의 불이적 관계와 이것을 보지 못하거나 무시하는 데서 생겨나는 이런 전체주의와 개체주의의 오류에 대해서 상세히 논한 바 있다. 이찬훈, 『둘이 아닌 세상』, 180쪽 참조.

수 있다. 자신만 옳다고 하면서 죽자고 싸우는 태도만 바꿔도 많은 갈등과 대립이 완화될 수 있다. 이 원칙을 어기는 견해는 극단적인 것으로 배제하면 하면 된다. 예컨대 공동체에 대한 고려와 배려라고는 눈을 씻고 찾아보려고 해도 찾을 수 없고 오직 개인의 자유와 사유재산권의 중요성만을 절대시하고 모든 것을 자유시장에만 맡겨 놓아야 한다고 주장하는 로버트 노직의 견해와 같은 것이 그렇다. 이런 극단적 견해는 앞에서 말한 원칙에 비추어 볼 때, 얼마나 어리석은 것인가를 실증하는 예로서만 들 가치가 있을 뿐 진지하게 논할 가치조차 없다. 그럼에도 불구하고 오늘날 횡행하고 있는 신자유주의는 다분히 이런 논리를 계승하고 있고, 수많은 사람이 이런 견해를 받아들이고 있다. 이런 점을 볼 때, 개인과 공동체 어느 쪽도 절대시하거나 소홀히 해서는 안 된다는 원칙은 자명하고 간단한 것이면서도 이것을 잊지 않고 지키기는 쉽지 않다는 것을 알 수 있다.

개인과 공동체의 가치와 중요성을 원리적인 차원에서 대립시키는 것을 그만둔다면, 남는 문제는 구체적인 상황들 속에서 양 요소를 어떻게 종합하여 판단을 내릴 것인가 하는 것이다. 예컨대 우리는 어떤 재화(부, 명예, 자격, 권리, 권력, 직위, 책임, 부담 등)의 분배 몫을 정할 때 개인과 공동체라는 양 요소를 모두 고려해서 결정을 내려야만 한다. 이와 비슷한 생각을 드워킨은 "분배 정의의 문제는 두 개의 방정식을 동시에 풀도록 요구한다"고 하면서, "우리는 평등한 배려와 개인의 책임이라는 지배적 원리를 모두 존중하는 해답을 찾기 위해 노력해야 한다"[139]고 표현하고 있다.

'각자에게 마땅히 받아야 할 것을 주는 것이 분배 정의'라는 생각은 정의론에서 보편적으로 받아들여지고 있다. 그런데 각자가 마땅히 받아야 할 것을

---

139) 로널드 드워킨 지음, 박경신 옮김, 『정의론』(민음사, 2015), 30~31쪽.

정할 때 무엇을 기준으로 해야 하느냐에 대해서도 가장 큰 영향을 끼치는 것이 자유주의에서 중시하는 개인적 요소와 공동체주의에서 중시하는 공동체적 요소이다.

자유주의자들은 어떤 개인의 몫의 결정을 좌우하는 가장 중요한 요소는 그 개인의 능력과 공적(노력과 업적)이라고 간주한다. 그가 얼마나 능력이 있으며 그동안 그가 기울인 노력과 그 결과로 성취한 업적이 얼마나 되는가에 따라 그에 합당한 몫을 배정해 주어야 한다는 것이다. 예를 들어 대학 입학 자격을 정하려고 한다면, 개인이 얼마만큼의 학습 능력을 갖추고 있는가, 그동안 학업 성적이나 입학시험 성적이 어떠했는가를 따져 정해야 한다. 또 직장에서의 급여를 결정할 때에도 그가 이룩한 성과에 따라야 한다.

자율성을 가진 개인이 자신의 행위에 책임을 지는 것은 마땅하다. 그런 의미에서 개인의 선택과 노력 여하에 따라 그 몫을 정해야 한다는 것은 지극히 당연한 일이다. 그러나 개인의 능력과 공적을 순전히 개인의 덕 또는 개인의 탓이라고 여기는 순간, 이것은 다시 개인을 절대화시키는 오류에 떨어진다. 내가 가진 몫은 내가 이룬 것이니 오로지 내 것이고, 다른 사람은 전혀 간섭할 권리가 없다고 하는 순간, 그리고 너의 몫이 적은 것은 오로지 네 탓이라고 하는 순간, 배타적 개체주의(개인주의)의 오류에 빠진다. 개인이 가지고 있는 능력 자체가 사회적 관계 속에서 획득된 것이고, 어떤 능력이 어느 만큼의 평가를 받느냐는 것도 다분히 사회적 관계에 달려 있다. 개인이 이룩한 모든 성과 역시 다른 수많은 사람의 덕과 협력이 작용한 결과일 뿐이다. 배타적 개체주의와 그에 기초한 공적주의의 잘못을 벗어나는 길은 앞에서 지적한 것처럼 모든 개인이 오직 공동체 속에서 떨어질 수 없이 서로 연관되고 서로 의존하면서 존재한다는 것을 철저히 새기는 것이다.

이것이 간단하면서도 쉽지 않은 일임은 자유주의의 공적주의에 대한 샌델의 비판에서도 살펴볼 수 있다. 샌델은 성공을 개인의 재능 또는 능력에 의한 것이라고 간주하는 능력주의와 공적주의를 비판한다. 그는 개인이 어떤 재능을 가진 것 자체가 우연적이고 그에 의한 성공 역시 수많은 우연 덕이므로 그 대가를 개인이 당연히 차지할 만한 것으로 여겨서는 안 되고 공동체와 나누어야 한다고 주장한다. 재능을 포함한 성공 또는 실패를 결정하는 많은 요인이 우연 적이기 때문에 성공한 사람은 겸손해야 하고 자신에게 우연히 돌아온 큰 몫을 타인들과 함께 나누어야 한다는 것이다.[140]

그러나 이것은 우리가 어째서 몫을 재능과 공적, 그리고 성공 여부에 의해 주어진 대로 받아들이지 않고 서로 나누어야 하는가에 대한 근거로는 빈약하기 짝이 없다. 우연히 얻은 것이라고 해서 반드시 다른 사람과 나누어야 할 이유가 어디 있는가? 그런 소극적 입장에 머무는 정도가 아니라 인간은 본래부터 공동 체와 둘이 아닌 존재이며, 개인의 재능과 노력이 성과를 거두는 데에도 공동체 모두의 도움과 기여가 있기 때문이라는 것을 적극적으로 인정해야 한다. 실패 한 사람, 불우한 처지에 빠진 사람에 대해서도 그것이 그만의 책임이 아니라 사회적 관계 속에서 여러 요인이 복합적으로 작용한 결과라는 점을 인정해야만 한다. 거기에는 특히 구조적 불평등과 차별 같은 사회 구조적 요인들의 영향이 지대하다는 점을 분명히 인식해야만 한다.[141] 자유주의의 능력주의와 공적주 의에 대한 샌델의 비판이 보여 주고 있는 한계점은 그가 개인들의, 그리고 개인과 공동체의 존재론적인 불이적 상호관계를 철저히 자각하지 못하고 있다

---

140) 마이클 샌델 지음, 함규진 옮김, 『공정하다는 착각』(미래엔, 2020), 353쪽 참조.
141) 김정희원은 능력주의에 대한 비판을 오직 재능이 행운이라는 관점에서 행하고 있는 샌델은 구조적 불평등과 차별 같은 사회적 요인들을 제대로 다루지 못하고 있으며, 인간들의 사회적 관계와 상호의존성에 대해 철저하게 인식하지 못하고 있다고 예리 하게 잘 지적하고 있다. 이에 대해서는 프레시안(2021년 3월 9일)에 실린 김정희원의 글 「마이클 샌델이 진보라는 착각―능력주의의 핵심은 불평등과 차별」을 참조.

는 점을 보여 준다. 샌델을 비롯한 공동체주의자들은 개인의 자아정체성이나 가치관 등이 공동체 속에서 만들어진다는 것만을 강조하는 다분히 인식론적인 편향을 가지고 있다. 그러나 그보다 더 중요한 것은 개인의 삶 자체가 타인들과의 관계, 공동체와의 관계를 떠나 성립할 수 없다는 존재론적 진리이다. 나와 타자는 뗄 수 없는 관계로 연결되어 있는 불이적 존재라는 존재론적 진리만이 우리가 좁은 의미의 나와 내 것을 넘어서야 할 확고한 근거를 제공해 줄 수 있다.

자유주의자들과 달리 공동체주의자들은 개인의 몫을 결정하는 데 중요한 요소는 공동체가 추구하는 목적과 가치, 공동선과 같은 것들이라고 간주한다. 그런 것의 달성을 우선 염두에 두고 개인의 몫을 결정해야 한다는 것이다. 예를 들어 대학 입학 자격을 정하려고 할 때, 그것을 통해 우리가 달성하려고 하는 공동체의 목적, 공동선을 먼저 생각해야 한다. 우리는 대학 입학 자격 심사를 통해 학업 능력이 뛰어난 인재를 선발하려고 할 수 있다. 그러나 우리는 그것만을 목표로 하지 않고, 되도록 다양한 계층과 집단의 젊은이들을 받아들여 교육함으로써 대학 교육이 더 평등하고 공동체적인 사회를 형성하는 데 이바지하도록 하는 것도 목표로 삼을 수 있다. 그래서 이런 것을 고려하여 사회적 약자들에게 일정한 비율의 입학 자격을 배정하거나 평가에서 어느 정도의 가중치를 부여할 수도 있다. 이것은 능력이나 공적에 따라서만 몫을 결정하는 것이 아니라 필요도 고려하여 개인의 몫을 결정하는 것이라고 할 수 있다. 그러나 이것 역시 절대화하는 순간 오류에 빠지게 된다. 전체 공동체의 관점에서 필요하니 모두 이만큼의 몫을 받아들여야만 한다고 하는 것은 개인의 노력과 책임을 무시하는 잘못에 빠질 수 있다.

그런데 능력과 공적에 따라서가 아니라 필요에 따라서 분배 몫을 결정해야 한다는 주장은 때로는 능력주의나 공적주의라는 자유주의와 대립하지만, 반드시 공동체주의에서 나오는 것은 아니며, 어떤 경우에는 오히려 공리와 공익, 공동선을 강조하는 공동체주의와 대립하기도 한다. 이를테면 개인이 필요로 하는 어떤 몫을 개인이 받아야 하는 것은 그 개인이 당연히 가지고 있는 권리라고 보는 경우가 그러하다. 이것은 개인의 권리만을 앞세우며 공리나 공동선 같은 공동체의 입장을 경시하는 관점을 취하기 쉽다.

자유주의와 공동체주의는 자칫 원리적 차원에서 대립할 수도 있고, 원리적 차원에서는 개인과 공동체를 모두 고려해야 한다고 해 놓고도 구체적인 분배 정의를 논할 때 각자의 입장만을 절대시함으로써 다시 등장할 수도 있다. 이때에도 다시 필요한 것은 공동체를 고려해서 개인의 몫을 어느 정도 조정해야 할 필요성을 인정하고, 또 개인의 기여나 책임도 고려해서 개인의 몫을 정해야 한다는 것을 동시에 인정하는 일이다. 물론 그 양자를 모두 고려해서 어느 정도로 개인의 몫을 할당해야 하는가는 경우마다 다를 수밖에 없다. 모든 경우에 공정하고 합당한 분배 정의를 결정해 줄 도깨비방망이는 아무 데도 없다. 유일한 해결책은 당사자들인 공동체의 구성원들이 함께 숙고하고 논의해서 합의에 이르는 것뿐이다. 그러기 위해서는 무엇보다도 모두 함께 참여해서 활발하게 의견을 제시하고 토론할 수 있도록 하는 소통적 합리성에 기초한 참여민주주의적 절차가 중요하다.[142] 다원적인 자유민주주의 사회에서 만장일치의 보편적 합의와 지지는 거의 불가능하다. 민주적인 절차를 보장하고 그를 통해 활발히 논의하고 다수의 합의로 결정하는 수밖에 없다. 합의는 상당한 갈등, 대립, 극복, 타협, 조정 등의 과정을 거치면서 이루어질 수 있다. 그리고

---

142) 벨라미(Bellamy)와 굴드(Gould) 등도 참여의 권리와 절차민주주의의 중요성을 강조하고 있다. 이에 대해서는 김비환, 『자유지상주의자들—자유주의자들 그리고 민주주의자들』(성균관대학교 출판부, 2005), 92~93쪽 및 106~107쪽 참조. 또한 하버마스 역시 '대화적 절차'를 중시하는데, 이에 대해서는 찰스 테일러 지음, 권기돈·하주영 옮김, 『자아의 원천들』, 184쪽 참조.

그러한 합의조차도 최종적이고 절대적인 것이라고 할 수는 없다. 상황과 조건의 변화에 따라 언제라도 이의가 제기될 수 있다. 그 때문에 모든 합의는 잠정적이라는 것을 인정하고 문제 제기와 재논의의 통로를 열어 두고 상황과 상식의 변화에 따라 거듭 수정해 나가는 수밖에 없다.

다양한 입장의 사람들 간에 존재하는 이견들을 일회적인 공적 토론이나 정치적 제도를 통해 해소하기는 어렵다. 그 때문에 일상에서도 시민들이 자주 만나고 공적인 문제들에 대해 의견을 활발히 주고받을 수 있는 다양한 기구들이 필요하다. 이런 취지에서 샌델은 다양한 시민 교육 기관들의 필요성을 강조하고 있다. 또 국가와 같은 거대한 규모에서 분배 정의 문제의 조정 같은 것은 아무래도 상당한 형식성과 추상성을 띠지 않을 수 없고, 충분히 만족할 만한 해결책을 제공하기는 어려울 수도 있다. 분배 정의를 포함한 인간 간의 올바른 도덕적·정치적 관계는 서로 밀접하게 의존하고 서로를 깊이 이해하고 공감할 수 있는 비교적 작은 공동체 속에서만 온전하게 이루어질 수 있을 것이다. 그러므로 이런 관계를 맺으며 살아가기 위해서는 커다란 국가에 속하면서도 상당한 자치와 자율의 능력이 있는 작은 규모의 다양한 공동체들이 활성화될 필요가 있다.[143]

6. 서구 정의론에 대한 검토를 마무리하며

서구의 정의론은 고대 그리스에서 플라톤과 아리스토텔레스가 본격적으로

---

143) 이러한 작은 공동체의 필요성에 대해서는 샌델과 왈쩌 등 여러 공동체주의자들이 역설하고 있다. 마이클 샌델 지음, 안규남 옮김, 『민주주의의 불만—무엇이 민주주의를 뒤흔들고 있는가』, 456쪽 및 마이클 왈쩌 지음, 정원섭 외 옮김, 『정의와 다원적 평등—정의의 영역들』, 70쪽 참조.

정의에 관해 논의를 시작한 이후부터 이어져 내려왔다. 아리스토텔레스는 분배 정의처럼 중요한 개념들을 제공했으나 신분적 차별 등의 시대적 한계를 극복하지 못해 많은 문제가 미해결인 채 후세로 넘겨졌다.

인간들의 자유와 평등을 전제로 하는 근대사회에서 인간 간의 관계라는 도덕의 문제를 본격적으로 다룬 사람은 바로 칸트였다. 칸트의 도덕이론이 비록 분배적 정의 문제를 직접 다루지는 않지만, 정의 문제와도 밀접한 연관성을 갖고 있다. 그 때문에 칸트의 이론은 이후 현대 서구의 정의론에 지대한 영향을 미쳤다. 특히 서구 자유주의 정의론에 대해서는, 칸트야말로 진정한 출발점이라고 할 수 있다. 다른 한편으로 공리주의는 여러 가지 면에서 칸트의 의무론과 일반적인 도덕이론에서나 정의론에서 대조를 이루며 서구의 현대 정의론에 절대적인 영향을 끼쳤다.

우리는 칸트와 공리주의의 도덕이론과 그것이 함축하고 있는 정의론에 대한 검토를 통해 여러 가지 교훈을 얻었다. 그것은 어느 것이든 이성과 경험, 동기와 결과, 의무와 목적(행복), 개인과 사회(또는 개체와 만물)들을 분리하여 한쪽만을 고집하고 다른 쪽을 배제하는 데서 문제가 발생한다는 것이었다. 그래서 우리는 이들 양자를 서로 분리할 수 없는 불이적 관계로 바라보는 통합적 관점에 서야 한다는 것이었다.

두 이론이 포함하고 있는 훌륭한 도덕과 정의의 원리를 수용하고 활용하기 위해서 우리는 의무론적 이론과 목적론적 이론의 대표라 할 수 있는 칸트주의와 공리주의의 원리를 통합해야만 한다는 결론을 얻을 수 있었다. 그것은 도덕법칙이라 부르는 것들의 불완전함과 충돌 가능성 문제를 해결하기 위해서는 공리주의의 원칙을, 결과론과 총량주의에 따른 문제를 해결하기 위해서는 칸트적 의무론의 원리를 가지고 서로를 보완하고 통합할 필요가 있다는 것이었다.

롤스는 칸트의 철학을 이어 자유주의 전통에 기초하면서도 평등의 요소와 사회적 약자에 대한 배려를 가미한 현대적 정의론을 제시하였다. 이후 그를 둘러싸고 자유주의와 공동체주의 진영 간에 활발한 논쟁이 벌어졌다. 그 논쟁의 핵심에는 개인의 자유와 공동선이라는 가치가 자리 잡고 있었다. 자유주의와 공동체주의 논쟁에 대한 검토를 통해 우리가 얻은 결론은 칸트주의와 공리주의에 대한 검토로부터 얻은 교훈과 다르지 않다. 여기서도 중요한 것은 개인과 개인의 자유, 공동체와 공동체적 가치 중 어느 한쪽만을 절대화하고 고집할 것이 아니라 양자의 중요성을 모두 인정하고 종합해야 한다는 것이다.

테일러는 "근대의 도덕철학에서는 숨이 멈출 정도의 체계화 경향이 있어 왔다"[144]고 이야기한 바 있다. 이 이야기처럼 근대 이후 많은 도덕철학자는 자신이 내세우는 하나의 원리로 모든 인간의 바람직한 삶과 인간관계를 규정할 수 있다고 여기는 경향을 보였다. 이것은 도덕규칙 역시 하나의 법칙으로서 자연법칙과 마찬가지로 예외를 인정하지 않는 절대적이고 무조건적인 것이 되어야 한다는 강박관념과 맞닿아 있는 것이기도 하다. 그러나 이것은 다중적이고 복합적인 인간들의 관계, 서로 다른 동기와 목적 및 가치관, 서로 갈등하는 이해관계 등이 복잡하기 짝이 없게 얽혀 있는 현실의 경험세계에 애초부터 들어맞을 수 없는 이념이었다. 하나의 기본 원리에만 입각해 끌어낸 도덕규칙이나 정의 원칙이 결코 서로 다르기 짝이 없는 상황들에 적합할 수는 없다. 문제를 해결할 수 있는 유일한 길은 나름의 합리성을 가지고 있는 도덕 원리들을 종합하고 구체적일 때 그것들을 어떻게 적용하는 것이 올바른가를 당사자인 공동체 구성원들이 함께 논의해서 합의를 만들어 나가는 것이다. 이때 우리가 종합의 대상으로 삼을 수 있는 훌륭한 원리는 다름이 아니라 무엇보다도 우리가 앞서 다루었던 칸트주의와 공리주의, 자유주의와 공동체주의라 할 수 있다.

---

144) 찰스 테일러 지음, 권기돈·하주영 옮김, 『자아의 원천들』, 164쪽.

보편화 가능성과 공리의 원리, 개인의 자유와 공동선이라는 가치의 종합과 적절한 적용을 통해서만 도덕의 문제와 정의의 문제를 제대로 해결해 나갈 수 있을 것이다.

철학자와 이론가들은 완벽한 체계화와 절대적인 법칙이라는 이론적 강박 때문에 한쪽 극단만을 고집하는 경향을 보이지만, 일반인들은 그와는 다른 여러 가지 이유로 정의 문제에 대해 한쪽 극단으로 치우치는 주장을 한다. 일반적으로 사회에서 정의가 문제로 대두되는 경우는 많은 사람이 어떤 사태가 불공정하고 정의롭지 못하다고 생각하고 항의할 때이다. 이러한 항의에는 실제로 공정하지 못하고 정의롭지 못한 사태에 대한 정당한 비판과 저항이 포함되어 있는 경우가 많다. 그러나 거기에는 종종 각자의 이해관계나 맹목적인 정치적 이념 등이 개재되어 있거나 그것이 더 중요한 요인으로 작용하는 때도 많다. 공정하고 정의롭지 못한 사태에 대한 비판과 항의는 불공정하고 부정의한 행동이나 제도를 시정하기 위한 계기와 동력으로 작용할 수 있는 긍정성을 갖고 있다. 그러나 공정하지 못한 사태에 대한 분노 때문이든 걸려 있는 이해관계나 정치적 이념 때문이든 비판과 항의는 종종 극단으로 치닫는다.

여기에 근거로 작용하는 것이 바로 극단적이고 일방적인 정의 개념 내지는 정의론이다. 사람들이 단순한 분노나 이해관계나 맹목적 정치적 이념을 노골적으로 내세우며 비판과 항의를 하는 경우는 거의 없다. 대부분은 자신의 비판과 항의를 정당화할 수 있는 정의 개념 내지는 정의론을 앞세우거나 적어도 암묵리에 가정한다. 그러므로 논쟁은 다시 올바른 정의 개념과 문제의 경우에 그것을 어떻게 적용하는 것이 올바른 것인가가 될 수밖에 없다. 해결책은 이 논쟁을 회피하지 않고 오히려 치열한 논의를 통해 합의를 끌어내고 그 합의에 따라 문제점을 해결해 나가는 것이다. 물론 어떤 사람들은 여전히 불합리한 자신의 편향된 의견만을 고수할 수도 있다. 그것을 모두 막을 방법은 없다. 다만 우리는 합의된 내용에 따라 잘못된 행동이나 제도를 수정해 나가는 수밖에 없다. 그러나 모든 합의는 잠정적일 뿐 절대적인 것은 아니므로, 합리적인 문제 제기는 언제든 수용하고 다시 논의해 나가는 열린 자세와 과정이 필요한 것은 두말할 필요가 없다.

인간은 누구나 자신의 행복과 자신이 바람직하다 여기는 목적을 추구한다. 그런 삶의 가치는 우선 무엇보다도 자신이 추구하는 삶의 목적과 방식이 진정으로 자신이 원하는 것인가와 관련되어 있다. 자유와 고귀한 인격을 지닌 인간은 누구나 자신이 진정으로 원하는 삶을 추구할 권리가 있다. 그러나 삶의 가치는 자신이 추구하는 삶의 방식이 자신의 존재 근거이며 자신의 정체성을 구성하고 있는 공동체와의 연관에서 봤을 때 공리(공익, 공동선)에 부합하는가, 그리고 그것이 보편화 가능성에 기초한 의무에도 어긋나지 않는가와도 밀접한 관계가 있다. 개인의 권리와 공리, 개인의 자유와 공동체의 가치, 어느 것도 버릴 수 없고 양자의 조화로운 종합이 필요하지만, 오늘날의 국가들 대부분에서 득세를 한 것은 개인의 권리와 자유를 앞세우는 자유주의이다. 오늘날 잘 사는 나라들을 중심으로 세계 대부분을 장악하고 있는 신자유주의의 논리와 가치가 그것을 말해 준다. 그 때문에 공리와 공동체적 가치, 사회적 약자들에 관한 관심과 배려는 부족하기 짝이 없다. 현실은 심하게 기울어진 운동장이다. 오늘날 우리에게 필요한 올바른 종합, 올바른 정의는 기계적으로 중간을 취하는 것이 아니라 공동체와 사회적 약자들에 대한 더 많은 관심과 배려를 통해 기울어진 운동장을 바로잡는 것이다.

에마뉘엘 레비나스(Emmanuel Lévinas)의 타자 중심의 윤리학과 정의론

지금까지 이 책의 1부에서는 고대부터 현대에 이르기까지 서양의 대표적인 정의론에 대해 살펴보았다. 그 과정에서 우리는 특히 현대사회에서 정의를 둘러싼 논쟁이 자유주의자들과 공동체주의자들의 정의 개념을 중심으로 하고 있다는 것도 살펴보았다. 그리고 그 대립을 해결하기 위해서는 개인과 개인의 자유, 공동체와 공동체적 가치 중 어느 한쪽만을 절대화하고 고집할 것이 아니라 양자의 중요성을 모두 인정하고 종합해야 한다는 것도 보았다. 이를 위해서는 개인과 공동체가 완전히 다른 것도 아니고 완전히 같은 것도 아닌 불이적 존재라는 관점을 확고히 해야만 한다는 것이 필자의 주장이었다.

그런데 우리가 살펴본 자유주의와 공동체주의 사이의 논쟁이라는 맥락으로부터는 다소 벗어나 있지만, 자유주의 정의론을 비판하면서 그와 정면으로 맞서고자 또 다른 이론을 펼친 사상가가 있다. 그는 다름 아닌 프랑스 철학자인 에마뉘엘 레비나스이다. 레비나스는 개인으로서의 자아와 자신의 자유를 무엇보다도 중시하는 자유주의에 대해 격렬하게 비판하면서 타자를 중심으로 하는 윤리학을 제창하였고, 그것은 자유주의와는 전혀 다른 정의 개념도 함축하고 있다. 오늘날 국내외의 여러 학자는 레비나스의 윤리학을 현대사회의 윤리적 요청에 부응하는 중요한 이론으로 받아들이고 있다. 최근 우리나라에서도 레비나스의 저서들이 번역되고 관련 저서나 논문들도 적지 않게 발표되면서 그에 관한 연구가 활발하게 진행되고 있다. 이런 점에서 레비나스의 윤리학과 그것이 함축하고 있는 정의 개념이 우리가 논해 온 정의론에 대해 어떤 의미가 있는지 정리하고 넘어갈 필요가 있다.

그런데 필자는 레비나스의 이론을 정리함에 있어 상당한 난점을 느끼고

있다는 점을 먼저 고백하지 않을 수 없다. 무엇보다도 필자는 불어를 하지 못한다. 그래서 필자는 레비나스의 원저작을 직접 읽을 능력이 없고, 번역본을 읽으면서 느끼는 의문점이 있어도 그것을 원문과 대조하여 번역상의 문제인지 원저작이 포함하고 있는 문제인지 등을 검토할 능력이 없다. 하긴 이런 문제야 내가 모르는 외국어로 된 책들을 읽을 때마다 부딪치는 문제이기는 하니 그다지 새삼스러운 일도 아니라고 할 수도 있다. 어쩌면 더 큰 문제는 필자가 번역본으로라도 레비나스의 이야기들을 읽으면서 그것을 제대로 이해하기가 지극히 어렵다는 데서 느끼는 당혹감일 것이다.

이전에 철학 공부를 하던 시절에 우리 동료들 사이에서는 철학계에서 난해하기로 악명 높은 세 명의 하(H)씨가 있다는 농담이 있었다. 그것은 헤겔, 후설, 하이데거를 가리키는 말이었다. 이들의 사상은 어쩌나 난해한지, 그 속에 들어가 그들 이야기를 그들 이야기로만 풀이하는 작업을 계속하면 조금 이해가 되는 듯하다가도, 그 밖으로 나와 그게 도대체 무슨 이야기인지를 일상적으로 알아들을 수 있는 말로 풀어보려고 하면 도저히 알 수가 없게 되어 버리는 것이었다. 필자는 나름대로 이해해 보려고 노력해 봤지만, 요령부득인 이 사상가들에 대해 진즉에 두 손 두 발을 다 들고 말았다. 그런데 필자는 이런 당혹감을 레비나스에게서도 역시 느끼고 있다. 필자에게 레비나스의 글은 일종의 시나 비의秘義로 가득 찬 종교적인 서사처럼 난해하기 짝이 없게 느껴진다. 이 때문에 필자는 이런 레비나스 사상을 풀어서 설명하고 그에 관해 다양한 의견을 내놓는 학자들에 대해 진심으로 놀라움과 존경의 감정을 느끼고 있다.

필자의 이런 무능력 때문에, 레비나스 윤리학에 대한 정리는 부득이 국내의 여러 학자의 설명 가운데서 필자가 이해 가능한 것들에 의존하지 않을 수 없었다. 그래서 필자는 국내 학자들의 설명에 의존해서 레비나스의 타자 중심의 윤리학과 정의 개념을 정리해 보고, 그에 관해 필자가 느끼는 의문점들을 제시해 보고자 한다. 이런 필자 나름의 정리와 의문의 제기는 레비나스를 제대로 이해하지 못한 문외한의 한계를 보여 주는 것에 불과한 것이 될 수도 있다. 그러나 다른 한편으로 이것은 그 때문에 오히려 레비나스 자신이나 레비나스 연구자들이 일반인들에게 알아들을 수 있는 말로 대답해야 할 문제들을 던지는 것이라 할 수도 있지 않을까 한다.

레비나스의 대표적인 저작으로는 무엇보다도 『전체성과 무한: 외재성에 관한 연구』(*Totalité et infini: essai sur l'extériorit*)와 『존재와 달리 또는 존재성을 넘어』(*Autrement qu'être ou au-delà de l'essence*)가 꼽힌다. 이 중에서도 특히 『전체성과 무한』이 레비나스의 타자성(타자 중심의 윤리학)과 정의 개념을 논하는 데에 가장 중요한 것으로 여겨진다. 여기서는 국내의 여러 학자의 해설에 의존해서 이것을 정리해 보고자 한다. 레비나스 원전 번역을 제외하고, 필자가 여기서 주로 참고한 국내의 자료들은 다음과 같다.

> 문성원, 『타자와 욕망』; 「반反 이기利己로서의 정의―공정성과 타자에 대한 책임―」; 「왜 레비나스 철학인가?」.
> 김정현, 「상호성의 윤리와 타자 중심성의 윤리: 리쾨르와 레비나스의 조우, 그리고 문화 간 관계에 대한 함축」.
> 폴 리쾨르, 『타자로서의 자기 자신』.
> 손영창, 「타자성과 외재성에 대해―레비나스를 중심으로」.
> 김연숙, 『레비나스 타자윤리학』.
> 강영안, 『타인의 얼굴―레비나스의 철학』.[145]

---

145) 문성원, 『타자와 욕망』(현암사, 2017); 「反 利己로서의 정의―공정성과 타자에 대한 책임―」(민주주의사회연구소 민주항행기념학술사업 심포지엄 자료집, 2019); 1부 2장 「왜 레비나스 철학인가?」, 강영안 · 김정현 · 김혜령 · 문성원 · 서용순 · 손영창 지음, 『레비나스 철학의 맥락들』(그린비, 2017).

여러 자료를 참고로 해서 레비나스의 타자 중심의 윤리학과 정의 개념의 요지를 대략 다음과 같이 정리해 볼 수 있다.

레비나스는 현대 (서구) 사회에서 가장 문제가 되는 것은 어떤 것(나)을 위주로 하여 그것과 다른 것(타자)을 부정하고 배제하고 제거하여 모든 것을 동일화하려는 것이라고 간주하였다. 다른 것(타자)을 동일화하려는 것이 무엇이냐 하는 것은 여러 가지로 표현되고 있다. 이를테면 자아, 주체, 의식, 철학, 존재론, 문명 등이 그것이다. 예를 들면 그것은 인간의 의식, 그리고 의식이나 자기의식을 가진 인간의 자아, 사유하는 자아로서의 주체 등이 그 바깥에 있는 모든 것을 자신과 동일화하려 한다는 주장과 같은 것이다. 이것은 소위 동일자 즉, 동일자적 의식, 동일자적 자아, 동일자적 주체라고 할 수 있다. 또 예를 들면 질적 다양성이나 다원성을 일원성 또는 단일성으로 환원하는 서양의 철학이나 존재론146), 그리고 그런 논리에 따라 이질적인 타자를 부정하고 배제해 온 서양의 문명이 동일자적 철학, 동일자적 존재론, 동일자적 문명으로서 동일화의 주범으로 이야기되기도 한다. 이처럼 모든 것을 동일화하려는 동일자의 경향이 수많은 문제를 불러일으키기 때문에, 동일자에게 완전히 포섭되지 않고 동일자로 환원되지 않는 타자들을 기꺼이 인정하는 것이 우리의 출발점이 되어야 한다는 것147)이 레비나스의 근본적 주장이다.

김정현, 2부 3장 「상호성의 윤리와 타자 중심성의 윤리: 리쾨르와 레비나스의 조우, 그리고 문화 간 관계에 대한 함축」, 강영안 · 김정현 · 김혜령 · 문성원 · 서용순 · 손영창 지음, 『레비나스 철학의 맥락들』(그린비, 2017).
폴 리쾨르, 『타자로서의 자기 자신』(동문선, 2006).
손영창, 「타자성과 외재성에 대해—레비나스를 중심으로」, 『대동철학』 53집(2010).
김연숙, 『레비나스 타자윤리학』(인간사랑, 2001).
강영안, 『타인의 얼굴—레비나스의 철학』(문학과 지성사, 2005).
146) 강영안, 『타인의 얼굴—레비나스의 철학』, 31쪽 및 김연숙, 『레비나스 타자윤리학』, 8쪽 참조.
147) 손영창, 「타자성과 외재성에 대해—레비나스를 중심으로」, 『대동철학』 53집, 132쪽

인간은 생명과 의식과 자기의식을 가진 존재이다. 생명을 가진 존재로서 인간은 생존을 계속해 나가려 하고, 자신의 생존을 위해서 타자들을 지배하고 이용하려고도 한다. 의식과 자기의식을 가진 존재로서 인간은 나를 위주로 생각하고 행동해 나가기 쉽다. 그래서 인간은 자신과 생각이나 행동이 다른 사람을 보면, 왜 내 생각에 동조해 주지 않느냐, 왜 나와 견해가 다르냐, 왜 나에 따라 행동을 통일하지 않느냐며 타인의 독자성을 인정하지 않는 경우가 많다. 이런 것이 자기 나름의 독자성을 가지고 있는 타자에 대해 폭력이 되며, 종종 수많은 문제를 불러일으키는 원인이 된다는 것은 충분히 이해할 수 있다. 그래서 인간의 이런 경향의 욕구나 의식에 대해 비판할 수 있고, 그런 경향을 강화해 온 서양의 철학, 존재론, 그리고 서양 문명의 논리에 대해서도 비판할 수 있다.

그러나 그렇다고 해서 생존을 계속해 나가고자 하는 욕구(코나투스 conatus)라든가 의식 자체를 동일자적인 것으로 여긴다든가, 모든 존재론 자체를 문제라고 주장하면 곤란하다. 그런데 레비나스 자신이나 레비나스 연구자들의 글을 읽다 보면, 종종 이런 주장과 만나곤 한다.

의식 자체가 자기 바깥에 어떤 다른 것을 남겨 두지 않으며, 다른 것을 의식 안에 포괄하고, 모든 것을 주체의 내재성 속으로 포섭하고 자신과 동일한 것으로 만들어 버리는 동일자의 철학, 동일자의 담론으로 될 수밖에 없다고 규정한다면,[148] 의식을 가진 모든 인간, 의식을 가진 모든 존재는 이런 처지를 벗어날 수 없는 것이 된다. 이렇게 되면 우리에게 막다른 골목에서 빠져나올 길은 없다. 그러나 동일화하려는 경향을 가진 것도 의식이지만, 그것이 잘못이며 그래서는 안 된다는 것을 아는 것도 의식이다. 물론 의식은 의식하는 타자를

참조.
148) 김연숙, 『레비나스 타자윤리학』, 100쪽 참조.

자기 나름대로 규정하고 이해한다. 그럼으로써 자기 멋대로 타자를 한정하는 성격을 가진다. 그래서 타자에게는 그런 규정과 한정을 벗어나는 측면들이 있다는 것을 잊기 쉽다. 그러나 타자에게는 나의 규정을 벗어나는 측면과 속성들이 있을 수 있다는 것에 관한 생각 역시 의식이 할 수 있다. 그러므로 의식 자체에 대한 일방적이고 과도한 비판과 부정은 지양해야 한다. 잘못된 의식을 비판하면 되는 것이지 의식 자체를 송두리째 부정해서는 곤란하다. 생존의 욕구도 마찬가지다. 생명체로서 생존의 욕구를 갖는 것은 당연하며, 그것 자체를 비판하거나 부정할 필요는 없다. 다만 그것이 지나치게 되면, 오히려 자기의 존재와 생존의 기반이 되는 타자들을 부정하고 배제하는 잘못을 저지르는 것이 되므로 비판할 수 있는 것이다.

서구의 철학과 존재론 가운데 일부가 다양성과 다원성을 인정하지 않고 모든 것을 일원성이나 단일성으로 환원하려는 잘못을 저질렀다고 해서, 존재론은 제아무리 변형된 형태를 도입한다 하더라도 동일자의 평면을 벗어날 수 없다며 존재론 자체를 부정하는 것[149]도 이해하기 어렵다. 레비나스는 흔히 존재론으로부터 윤리학으로의 전환을 주장한다지만, 이런 표현은 매우 오해를 불러일으키는 표현이다. 모든 것을 동일화하려 하고 단일화하려 하는 것도 하나의 존재론이지만, 타자에게는 자아와 다른 독립적인 성질인 타자성이 있다는 레비나스 자신의 주장도 또 다른 존재론이다. 자꾸 존재론 자체가 문제라고 해서 오해를 불러일으키지 말고 올바른 존재론적 관점을 정립하는 것이 필요하다. 불이사상에 관한 앞의 논술에서도 밝혔듯이, 필자는 모든 것을 하나로 간주하는 전체론이나, 각각의 존재를 독립적인 실체로 간주하는 원자론적 개체론 모두 잘못이며, 일다불이라는 유기체론적, 관계론적 존재론이 올바르다고 여기

---

149) 문성원, 1부 2장 「왜 레비나스 철학인가?」, 강영안 · 김정현 · 김혜령 · 문성원 · 서용
순 · 손영창 지음, 『레비나스 철학의 맥락들』, 74쪽 참조.

고 있다. 이런 관점에서 필자는 뒤에 레비나스의 타자성 개념, 타자 중심의 윤리학의 밑바탕에 깔려 있는 존재론의 문제점에 대해서도 지적해 볼 것이다.

앞에서 본 것처럼, 동일화의 경향, 동일자적 관점이 문제를 불러일으킨다고 보기 때문에, 레비나스는 자아에만 집중하는 존재론으로부터 타자와의 관계에 주목하는 윤리학으로의 전환이 중요하다고 주장한다. 레비나스가 말하는 타자는 자아 바깥에 있는 모든 것, 즉 타인이나 다른 동식물이나 사물들, 신까지 모두 포함하는 것일 수 있지만, 보통은 타인을 의미하는 경우가 많다. 그러므로 윤리학으로의 전환은 자아의 바깥에 존재하는 타인의 존재, 타인의 타자성을 인정하는 데서 출발한다.

레비나스는 무엇보다도 타자가 자아로 통합될 수 없는 절대적으로 다른 타자성을 지니고 있다는 점을 강조한다. 이것을 문성원은 이렇게 설명한다. "레비나스에 따르면 타자는 또 하나의 나와 같은 것일 수 없다. 타자는 '다른' 자이지 '같은' 자가 아니다.…… 타자는 나와 공통되거나 내가 아는 규정들로 포착되지 않으며, 그런 규정들에 따르지도 않는다."[150] 레비나스는 타자가 나의 한정을 벗어나 있고, 한정되지 않는 자라는 의미에서 무한하다고 이야기한다. 무한한 타자는 동일자인 유한한 나를 넘어서 있기 때문에, 나보다 높다. 따라서 타자와 나의 관계는 대칭적이거나 상호적인 관계가 아니다.[151] 나와 타자의 관계는 타자의 절대적으로 다른 타자성을 보존하면서 언제나 타자가 우위에 있는 관계이다.

레비나스가 말하는 나에 대한 타자의 우위는 힘, 권력과 같은 것에 기초하고 있는 우위가 아니다. 레비나스가 말하는 타자의 우위는 오히려 그 반대이다.

---

150) 문성원, 『타자와 욕망』, 29쪽.
151) 타자의 무한성과 타자와 나의 비대칭적 관계에 대한 이상의 설명에 대해서는 문성원, 『타자와 욕망』, 31쪽 참조.

그것은 여러 가지로 묘사된다. 타자는 미천하고, 빈곤하고, 헐벗고, 두려워하고, 연약한 자, 이방인, 고아, 가난한 자, 병든 자 등으로 나타난다.[152] 이런 약자의 얼굴로 나타나는 타자의 호소는 나에게 거부할 수 없는 것으로 다가온다. 내가 이런 타자의 호소와 간청을 거부할 수 없으므로 타자는 나보다 우위에 있다는 것이다. 내가 약자의 얼굴로 나타나고 낯선 자로서 나에게 대화를 건네는 타자의 호소를 받아들이고 무한책임을 지는 것, 상호적인 조건적 환대가 아닌 무조건적인 환대, 이것이 나의 도리요 윤리이다.[153] 이런 주장 때문에 레비나스의 윤리학은 타자 중심의 윤리학이라 할 수 있다.

이런 타자와 자아의 관계에서 레비나스의 정의 개념은 곧바로 도출된다. 레비나스에게 정의란 약자인 타자의 호소에 응답하는 것, 타자에게 책임을 지는 것이다.[154] 레비나스는 이런 정의가 자유보다 우선한다고 주장한다. 그래서 레비나스는 '권리로서의 자유를 출발점으로 전제하는 자유주의적 정의관을 의문시'[155]한다. 개인의 권리인 자유보다 타자에 대한 책임으로서의 정의가 더 우선한다는 것이다. 이런 레비나스의 정의 개념은 자유롭고 평등한 개인들을 전제로 하고 각자에게 알맞은 몫을 어떻게 배분할 것인가 하는 기존의 지평을 벗어나는 것이라고 할 수 있을 것이다.

이렇게 간단히 정리한 레비나스의 타자 중심의 윤리학과 정의 개념에 관해서 중요한 의문들을 제기할 수 있다. 그중에서 우선 제기할 수 있는 중요한 물음은 어째서 타자는 나에게 약자로 다가오는가 하는 것이다.

---

152) 손영창, 「타자성과 외재성에 대해—레비나스를 중심으로」, 137~139쪽 및 문성원, 『타자와 욕망』, 32쪽 참조.
153) 문성원, 『타자와 욕망』, 37쪽 참조.
154) 문성원, 「反 利己로서의 정의—공정성과 타자에 대한 책임—」, 8쪽 참조.
155) 문성원, 1부 2장 「왜 레비나스 철학인가?」, 강영안·김정현·김혜령·문성원·서용순·손영창 지음, 『레비나스 철학의 맥락들』, 85쪽.

생존을 계속해 나가고자 하는 욕구(코나투스; conatus)와 의식과 자기의식을 지닌 나는 나의 입장에서 나와 다른 것, 타자를 내가 원하는 대로 나에게 동화시키려 하고, 타인을 나의 존재 유지를 위한 수단으로 삼으려 하기 십상이다. 마찬가지로 타자는 또 그 자신의 입장에서 다른 타자를 그렇게 하려고 하기 십상이다. 그래서 충돌이 일어난다. 그런데 어째서 타자가 그런 존재가 아니라 철저히 무력하고 연약한 자로 내게 호소하고 명령한다는 것인지 알기가 매우 어렵다.

예컨대 강영안은 이런 문제에 대해 언급하며 나름대로 설명을 제시하려고 하고 있다. 그는 모든 사람이 1인칭적 관점에서는 타인을 나의 존재 유지의 수단으로 삼으려 하고, 이런 자연적인 자기중심주의 때문에 일반적인 갈등 상황이 전개된다는 점을 인정한다. 이런 갈등 상황을 해결하는 한 방법은 사회 계약을 맺는 일이다. 즉, 각 주체가 어느 정도 자기를 제어하며 타인과 평화를 위한 계약을 맺는 것이다. 그러나 이런 계약에 의한 평화는 나의 이익에 대한 고려에서 나온 이기적 방법일 뿐이므로 진정한 평화가 아니다. 그래서 레비나스는 진정한 영원한 평화를 달성하기 위해서는 2인칭적 관점에서 타자와의 관계를 다시 검토해 보아야 한다고 주장한다는 것이다. 그것은 다름 아니라 낮고 비참한 얼굴로 나타나는 타인의 호소와 부름에 응답하는 것이다.[156] 그런데 이런 설명은 앞서 제기된 물음에 대해 답을 제공해 주지 못하는 것으로 보인다. 이것은 애초에 각자가 자기 생존과 이익만을 도모해서 갈등이 생긴 것인데, 타인을 연약하고 무력하며 나에게 호소하는 자로 받아들이라고 하는 셈이다. 어째서 자기 생존과 이익만을 도모하던 타자는 갑자기 사라지고 불쌍한 얼굴로 나에게 호소하는 타자로서만 나타난다는 것인지는 여전히 알 수가

---

156) 이런 강영안의 설명에 대해서는 강영안, 『타인의 얼굴—레비나스의 철학』, 169~183 쪽 참조.

없다. 타자가 나에게 호소하는 연약한 자이기만 하다면 애초부터 아무런 문제가 생기지도 않았을 것이 아닌가?

문성원도 우리 삶의 터전은 사실상 전쟁터와 같고 이런 현실에서 타자에 대한 무조건적인 환대, 무한 책임을 이야기하는 것은 무책임한 것이 아닌가 하는 의문을 스스로 제기한다.[157] 그렇다면 어떻게 해야 한다는 말인가? 문성원은 이에 대한 레비나스의 대답으로 종말론과 심판에 관한 이야기를 상당히 길게 소개한다. 그러나 그것은 난해하기 짝이 없다. 제기한 문제는 상식이 있는 사람이라면 누구라도 이해할 만큼 분명하다. 그러나 답변은 모호하기 짝이 없는 수수께끼 같은 이야기들로만 여겨진다. 이것은 레비나스에게 품은 의문에 대해 답변을 한다고 하면서 다시 의문투성이인 그의 또 다른 말을 설명이라고 제시하는 것으로 매우 관념적이고 추상적으로 느껴진다.

과문한 탓인지 아니면 이해력이 부족한 탓인지는 모르겠으나, 필자로서는 아직 타자가 어째서 연약한 자로서 내가 거부할 수 없는 호소를 해 오는 존재로 나타난다는 것인지, 그렇지 않은 타자에 대해서는 어떻게 해야 한다는 것인지에 관한 레비나스의 명쾌한 답을 알 수가 없다.

다음으로 레비나스의 타자 중심의 윤리학과 정의론에 대해 제기할 수 있는 중요한 물음은, 나의 바깥에 존재하며 절대적으로 다른 절대적인 외재성과 타자성을 지닌 존재인 타자의 호소를 내가 어째서 무조건 받아들이고 그를 무조건 환대해야 하는가 하는 것이다. 절대적인 외재성과 타자성을 지닌 존재라면 나와 아무런 상관이 없을 터인데, 어째서 내가 그의 호소에 응답하고 그를 무조건 환대해야 한다는 말인가? 타자는 나와 같지 않은 점 즉, 나와 다른 점이 있으므로 타자라는 것은 분명하다. 그렇다고 해도 그것이 절대적인

---

157) 문성원, 『타자와 욕망』, 61쪽 참조.

외재성과 타자성을 지닌 것이라고 한다면, 서로 관계를 맺을 수 있는 접점도, 내가 그와 관계 맺어야 할 이유도 전혀 없게 된다. 그렇지만 타자는 나와 같지 않은 점과 동시에 나와 다르지 않은 점도 지니고 있으므로 관계를 맺을 수 있고, 또 관계를 맺을 이유도 있게 되는 것이다.

타자와 자아의 윤리적인 관계의 하나로 거론되는 대화에 관해서도 마찬가지 이야기를 할 수 있다. 대화는 서로 다르지 않은 측면과 같지 않은 측면을 지닌 당사자들끼리만 가능하다. 서로 완전히 다르다면 아예 대화가 불가능하고 대화를 시작할 수도 없으며, 완전히 같다면 대화 자체가 필요 없다. 만약 타자와 나를 묶어 줄 공통의 항이 존재하지 않는다면 어떻게 대화가 가능하며 내가 타자에게 응답할 수 있는지를 알 수가 없게 된다.[158]

타자에게 응답하고, 타자에 대해 책임을 지며, 타자를 환대해야 하는 이유에 관한 한 가지 설명으로는 타자를 향한 열망, 무한에 대한 욕망 때문이라는 설명이 있다. 이것은 문성원이 이야기하고 있는 설명이다. 그는 우리가 낯선 자를 한없이 높은 자로 대하고 그에게 응답하는 책임을 져야 하는 것은 무한에 대한 욕망 때문이라고 주장한다. 그런데 이 무한에 대한 욕망이 무엇인가 하면, 다름 아닌 절대적 타자에 대한 욕망, 타자의 타자성과 외재성에 귀를 기울이는 욕망이라고 한다. 그런데 이런 설명은 일종의 순환논법으로서 제대로 된 설명으로 여겨지지는 않는다. 그것은 왜 타자에게 귀 기울여야 하느냐 하니까 타자에 대한 욕망 때문이라고 한다. 그런데 타자에 대한 욕망이 무엇이냐 하니까

---

158) 손영창은 대화하기 위해서는 대화 상대자의 타자성을 인정해야 하며, 애당초 그와 나를 묶어 줄 공통의 항이나 개념체계는 존재하지 않는다고 주장한다. 심지어 대화는 타자와 내가 절대적으로 분리할 때에만 가능하다고까지 이야기하기도 한다. 이에 대해서는 손영창, 「타자성과 외재성에 대해—레비나스를 중심으로」, 149~151쪽 참조. 필자는 타자의 절대적 외재성과 타자성을 주장하고 나와 타자를 분리하는 관점을 취한다면 대화를 포함한 타자와 나의 윤리적 관계가 불가능하다고 생각한다.

타자에 귀 기울이는 욕망이라는 것이다.

타자의 절대적 외재성과 타자성을 고집하는 한, 내가 타자에게 응답하고 책임을 지고 타자를 환대해야 할 근거는 찾을 수가 없다. 레비나스에게 그 근거에 대한 대답이 있다면, 그것은 다른 곳에서 찾아야 할 것으로 보인다. 예컨대 그 실마리는 레비나스가 후기에 가면 "향유보다는 감성을 통한 타자와의 관계에 더 관심을 쏟고, 환대보다는 주체가 타자에 얽혀 있다는 면을 더욱 강조한다"[159]고 하는 문성원의 이야기 같은 데서 찾아볼 수 있을 것이다. 그에 따르면, 레비나스는 내가 먼저 나를 보호해 주고 내가 살아갈 수 있게 해 주는 내 집, 내 나라, 내 땅에 받아들여졌으며, 그렇기에 우리 역시 타인을 맞아들여야 한다고 주장하며, 그것이 환대의 바탕이 된다는 것이다.[160] 필자는 이런 점이야말로 우리가 타자에게 응답하고 타자를 돌보고 타자를 환대해야 하는 올바른 근거가 될 수 있다고 생각한다. 타자의 절대적 외재성과 타자성에 대한 쓸데없는 고집을 버리고 이런 방향의 논리를 더 강조하고 발전시킬 필요가 있다. 이것은 필자가 누차 강조하고 있는 자타불이自他不二의 관점과 합치한다. 나를 존재하게 하고 내가 생존할 수 있게 하는 것은 타자이다. 타자를 떠나 내가 존재하고 생존할 수는 없다. 우리는 너나 할 것 없이 보편적인 연관성, 보편적인 인연 속에서만 존재한다. 그렇기에 우리는 자타불이의 관점에서 타자에 응답하고 타자를 배려하지 않을 수 없고, 또 그렇게 해야만 하는 것이다. 필자는 타자에 대한 욕망, 무한에 대한 욕망이라는 것도 자타불이의 관점을 취할 때에야 비로소 제대로 설명할 수 있다고 생각한다. 우리는 흔히 애초에 인간은 어머니의 배 속에 있으면서 어머니와 분리되지 않고 둘이 아니었는데 탄생과 더불어 어머니와 분리되었기 때문에 항상 어머니의 품속을 그리워한다

---

159) 문성원, 『타자와 욕망』, 42쪽.
160) 문성원, 『타자와 욕망』, 37 · 152~153쪽 참조.

고 한다. 자연에서 태어난 인간은 항상 자연을 그리워하며 자연으로 돌아가고 자 한다고도 한다. 이런 말들이 잘 나타내 주듯이, 우리는 누구나 어머니, 자연, 그 밖에 우리가 본래 그것과 둘이 아니었던 것들로부터 떨어져 나왔기 때문에 (물론 그렇다고 해서 우리가 그것들과 완전히 떨어져 존재하거나 생존할 수 있다는 뜻은 아니다.), 애초에 우리와 둘이 아니었던 그런 타자들에게로 돌아가고자 하는 욕망, 열망을 갖는 것이라고 말할 수 있다.[161]

지금까지 국내의 여러 연구자들의 설명에 의존하면서 레비나스의 타자 중심의 윤리학과 정의론을 간단하게 정리하고 몇 가지 의문을 제기해 보았다. 이제 다시 한 번 레비나스의 타자 중심의 윤리학과 정의론에 대한 평가와 필자의 관점을 제시함으로써 이 글을 마무리하고자 한다.

레비나스는 나와 타자의 절대적 다름만을 강조하는 경향을 보인다. 그것은 그가 인간이 자기와 다른 것을 부정하고 동일화하려는 욕망과 경향을 현대 (서구) 사회의 수많은 문제의 원인으로 진단하기 때문이다. 그런데 레비나스의 이야기처럼 나와 타자의 다름을 인정하지 않고 동일화하려는 것이 수많은 문제의 한 원인이기는 하지만, 그 반대가 문제의 원인이 되기도 한다. 즉, 나와 타자가 서로 다르지 않음을 모르거나 인정하지 않고 서로를 구별 짓고 차별하는 데서 문제가 벌어지기도 한다. 나와 전혀 다른 존재라면 내가 배려할 필요가 없이 내 필요에 따라 얼마든지 이용하고 파괴할 수 있다. 그러므로 나와 타자가 다르다는 것만 강조하는 것도 문제이다. 많은 경우 이런 잘못된 두 가지 경향은 동시에 작용하기도 한다.

---

161) 필자는 타자와 하나 되고자 하는 근원적인 열망이 어디에서 유래하는 것이며, 그것에 어떤 의미가 있는가를 『둘이 아닌 세상』 3부의 '둘이 아님과 사랑'이라는 소절에서 상세히 논한 바 있다.

이 모든 문제는 자타불이라는 것을 모르는 데서 생기는 문제라고 할 수 있다. 자타불이란 자아와 타자가 하나도 아니요 둘도 아님을 뜻한다. 자아와 타자가 하나가 아니라는 것 즉, 둘 사이에는 서로 같지 않은 점이 있다는 것을 무시하고 같은 것으로 만들어 버리려는 것(동일화)은 문제를 불러일으킨다. 레비나스는 이 점을 중점적으로 지적하고 있으며, 이런 면은 얼마든지 수용할 수 있다. 그러나 다른 한편으로는 자아와 타자가 둘이 아니라는 것, 즉 둘 사이에는 서로 다르지 않은 점이 있다는 것을 모르고 타자를 무시하고 차별하는 것도 문제를 불러일으킨다. 나와 다르지 않다고 인정하는 사람들은 우리라는 울타리 안에 받아들이고, 그렇지 않다고 여기는 사람들은 배제하는 데서 인류 역사의 수많은 문제가 발생했다. 나와 다른 사람들을 우리가 알아들을 수 없는 소리를 마치 개처럼 발발거리는 존재라는 의미에서 야만인(barbarian)으로 취급해 배척한 것이 그것이다. 나치가 인류를 서로 다른 여러 인종으로 나누고 유대인을 위대한 게르만족보다 한참 열등한 존재로 구별 짓고 차별한 것도 그것이다. 동일화는 문제를 불러일으키기도 하지만 부당한 차별을 막아 주는 역할도 한다. 흑인이나 황인도 백인과 같은 사람이라는 것을 제대로 인식할 때 부당한 인종차별이 없어진다. 동물도 사람과 같이 기쁨과 고통을 느낄 수 있다는 점에서 같다는 것을 인식할 때 부당한 동물에 대한 차별과 학대가 없어질 수 있다. 더 나아가 이 세상 만물이 나와 다르지 않은 점이 있다는 것을 깨달을 때 만물에 대한 존중이 생겨날 수 있다.

개인은 그를 둘러싸고 있는 타자 전체에 의해 성립하고 존재하며 그에 의존해 살아간다. 개개인보다 그들을 존재하게 하는 전체 타자가 더 근원적이라고 할 수 있다. 그런 면에서는 자기보다 타자가 더 중심적이라고도 할 수 있다. 그러나 존재하는 인간 개인은 코나투스(자기보존과 자기확대의 욕망)와 의식과 자기의식을 갖게 된다. 그렇게 인간은 자기로서 존재하게 된다. 그런 인간은 자기로서의 욕망과 의식을 갖고 타자와 관계를 맺어 나갈 수밖에 없다. 그래서 인간이 어느 정도 자기중심적 성격을 갖게 되는 것은 자연스러운 일이다. 이것 자체를 부정해 버리면 개인으로서의 인간의 성립 자체를 부정하는 것이다. 자기로서의 욕망과 의식을 완전히 버리고 무조건 타자에게 따를 수는 없다. 그것은 자기의 존재 자체를 무시하는 것이다. 전체 존재의 차원에서 개별자는 2차적이지만, 개별자의 차원에서는 개인 자신이 1차적일 수밖에 없는 측면이 있다. 자신을 완전히 희생하고, 오직 타자의 부름에만 응답하고, 타자의 요구에 만 따르고, 타자를 무조건적으로 환대하라는 요구는 실행 불가능한 것을 요구하는 것이다. 타자를 강조하는 것은 자타가 불이임을 깨닫지 못하고 자신의 욕망만 추구하면서 타인을 자기의 뜻대로 이용하고 지배하려고 하는 잘못에 대한 질타로서는 의미가 있다. 그러나 앞에서도 지적한 것처럼, 자기만을 중시하거나 타자만을 중시하는 것은 모두 자타불이의 진리에 어긋나는 것이다.

레비나스는 개인이 타자와 만나게 될 때, 자아는 이질적인 타자를 살해하여 무화하는 쪽으로 갈지, 아니면 타자의 부름에 응답을 하는 쪽으로 갈지의 선택의 갈림길에 서게 된다고 주장한다. 물론 우리는 우리의 생존과 생활을 위해 극단적으로는 타자를 무화하여 나에게 완전히 동화시키려 할 수도 있고, 때로는 타자의 요청을 완전히 수용하여 들어줄 수도 있다. 그러나 그런 양자택일만 있는 것은 아니다. 많은 경우 인간은 나와 타자의 욕망과 이해관계, 그리고 상호관계를 고려하여 적당한 선에서 어떤 행동들을 선택한다. 레비나스는 타자와의 만남에서 타자를 살해하고자 하는 것은 모든 이해 가능성과 대화의 가능성을 거부하고 타자성을 무화시키려는 잘못된 시도라고 비판한다. 이것은 충분히 이해할 수 있다. 그것은 오로지 나와 내 것만을 주장하면서 그와 다른 타자의 모든 것을 부정하는 자아중심적 사고의 병폐에 대한 비판으로서 의미가 있다.

그러나 타자를 만나 타자를 살해하고자 하는 것이 잘못이라고 해서 무조건 타자의 요구를 수용하고 환대해야 한다고 하는 주장은 반대 극단으로 기울어진 것으로, 수긍하기 어렵다. 물론 우리는 때때로 빈곤하고 연약하고 불쌍한 타자를 만나고 그들의 간절한 바람을 조건 없이 수용하고 들어주려 할 수 있다. 이럴 때 우리는 자아 중심성에서 벗어나는 위대한 경험을 할 수 있다. 이러한 경험은 나와 타자가 서로 둘이 아니라는 진리를 일깨워 주기도 한다. 그러나 그렇다고 해서 타자가 언제나 약자로서 우리와 대면하는 것은 아니고, 또 언제나 내가 타자의 요구를 무조건 수용해야 하는 것도 아니며, 그렇게 할 수 있는 것도 아니다. 나와 마찬가지로 타자 역시 코나투스와 의식과 자기의식을 가진 그의 자아가 있다. 그러므로 타자를 언제나 나의 우위에 두는 윤리적 비대칭성을 주장하면서 칸트와 같은 보편적 준칙에 대한 존중을 일방적으로 부정하는 것은 수긍하기 어렵다. 그런 뜻에서 상호성의 틀에 대한 일방적 부정도 수긍하기 어렵다. 나와 타자의 관계는 상호적인 것이지 일방적인 것일 수 없다.

　나와 타자는 둘이 아닌 존재(자타불이)로서 나의 생존과 생활 자체가 타자와 떨어져서는 불가능하다. 그러므로 좁아빠진 나와 내 것에만 사로잡히지 않고 타자의 요청에 귀 기울여야 한다는 것은 당연한 이야기이다. 연약한 타자의 간절한 바람에 공감하고 그것을 수용한다는 것은 불교에서 말하는 동체대비의 자비심과도 통한다. 그러나 타자는 나와 전적으로 다른 존재이며 그의 요구를 무조건 수용해야 한다는 주장은 받아들이기 어렵다. 타자의 타자성이 나와 전적으로 다르다는 것만을 강조하는 것은 나와 타자가 다르지 않은 점이 있다는 것을 경시하는 것이다. 나와 타자가 전혀 다르기만 하다면 내가 타자에게 공감하고 타자의 요구에 응답해야 할 아무런 이유도 없다. 다른 한편으로 타자의 요구를 무조건 수용해야 한다고 주장하는 것은, 나와 타자가 서로 같지 않은 점이 있다는 것을 경시하는 것이다. 나와 타자는 서로 다르지 않은 점이 있으면서도 동시에 서로 같지 않은 점이 있으므로 각자의 개성을 지닌 존재인 것이다.

나 자신을 고려하지 않고 무조건 타자의 요구만을 수용하라고 하는 것은 무리한 주장이다. 그것이 시적이고 종교적인 표현으로서는 가능하겠지만, 논리적으로 합당하다고 하기도 어렵고, 실제로 실현되기도 어렵다.

기존의 서구의 정의론은 각각의 주체들을 독립적인 존재들로 상정하고 그들 모두의 권리를 어떻게 평등하고 공정하게 보장할 것인가를 주로 문제 삼아 왔다. 그래서 거기에서는 개인의 권리가 침해당하지 않도록 하는 것, 그리고 특히 무엇보다 자신(자아, 주체)의 정당한 권리를 찾으려는 것이야말로 가장 중요한 관심사였다고 할 수 있다. 여기서 문제가 되는 것은 모든 사람 각자를 서로 독립적인 존재로 간주하는 실체론적 사고방식이다. 이러한 실체론적 사고에 기초하게 되면 인간들의 상호관계는 기계론적인 것이 될 수밖에 없으며, 그런 관계 속에서는 나와 독립적으로 동떨어져 있는 타자에 대한 배려보다는 나 자신의 권리와 이익에 주된 관심을 기울이는 것이 당연한 일이 된다. 따라서 문제 해결의 실마리는 무엇보다도 실체론적·기계론적 관점을 관계론적·유기체론적 관점으로 바꾸는 데 있다. 자아 중심적 정의론의 문제점을 극복하려면, 무엇보다도 자아와 타인, 더 나아가 자아와 온 우주만물은 서로 독립적으로 존재하는 실체가 아니라, 서로 뗄 수 없는 보편적인 연관 관계로 묶여 있는 유기체론적인 불이적 존재임을 깨달아야만 한다. 나와 타자가 둘이 아님을 철저히 자각할 때만 우리는 타자에 대한 진정한 관심과 배려, 책임을 가질 수 있게 된다.

사회적 약자에 대한 배려도 마찬가지이다. 내 몸에 약하고 문제가 있는 부분이 있다면 무엇보다도 먼저 그것에 관심을 기울이고 보살피듯이, 나와 타자가 서로 둘이 아니기 때문에, 우리 모두 가운데서 약한 자들에 대해 배려하고 책임을 지는 것은 당연한 것이다. 그렇다고 자아의 권리와 욕구를 무시하고 무조건 타자에게 복종하고 자아를 희생해야만 하는 것도 아니다. 자아를 절대시하거나 타자를 절대시하는 것은 모두 다 불이적 존재들이 갖고 있는 서로 같지 않은 점을 무시하는 사고에 빠지는 오류를 범하는 것이다.

그러므로 자타불이의 관점을 확고히 하면서 나와 타자를 동시에 고려하여, 묵자墨子가 말하듯이 '아울러 서로 사랑하고 번갈아 서로 이롭게 하는'(兼相愛, 交相利) 것이 올바른 태도라고 할 수 있다. 올바른 정의의 원칙도 이런 관점에서 세울 수 있다. 타자를 우선시하고, 타자의 요구를 들어주고, 타자를 무조건적으로 환대하라는 것을 정의의 원칙으로 삼을 수는 없다. 그것은 제도의 차원을 무시하는 것이다.

이와 관련하여 레비나스의 극단적인 타자 중심의 윤리학을 비판한 리쾨르 (Paul Ricoeur)의 윤리학을 참고해 보면 좋을 것이다.[162] 리쾨르의 윤리학은 "자기에서 출발하여 자기와 타자 간의 상호성 확립에 초점을 둔다."[163] 리쾨르는 좋은 삶, 훌륭하고 완성된 삶을 목표로 삼는 것을 윤리라고 하고, 보편성에 기초한 행위의 규범들에 관한 것을 도덕이라고 하여 구분한다. 이 중에서 리쾨르는 개인에게 더 우선적인 것은 윤리라고 간주한다.[164] 모든 사람이 무엇보다도 먼저 중요하게 생각하는 것은 잘 사는 것, 좋은 삶이라는 것이다. 그러나 개인이 어떤 것을 좋은 삶이라고 생각한다고 해서 그것으로 충분한 것은 결코 아니다. 그의 생각과는 달리 그것은 좋은 삶이 아니라 오히려 악한 것이 될

---

162) 필자에게는 리쾨르의 글 역시 난해하기가 레비나스에 못지않다. 리쾨르의 관점을 이해하기 위해 여기서는 리쾨르의 저서 『타자로서의 자기 자신』과 김정현의 논문 「상호성의 윤리와 타자 중심성의 윤리: 리쾨르와 레비나스의 조우, 그리고 문화 간 관계에 대한 함축」을 참고로 하였다. 그 중에서도 김정현의 논문은 레비나스와 대조를 이루는 리쾨르의 관점을 이해하는 데 큰 도움이 되었다.

163) 김정현, 2부 3장 「상호성의 윤리와 타자 중심성의 윤리: 리쾨르와 레비나스의 조우, 그리고 문화 간 관계에 대한 함축」, 강영안·김정현·김혜령·문성원·서용순·손영창 지음, 『레비나스 철학의 맥락들』, 207~208쪽.

164) 폴 리쾨르, 『타자로서의 자기 자신』, 230쪽 참조.

수도 있기 때문이다. 그래서 "'좋은 삶의 목표는 도덕적 의무의 시험을 받아들여야 한다.'165) 즉, 자기가 목표로 삼는 좋은 삶이 과연 도덕적인 규범에 어긋나지 않는가를 반드시 고려해야만 한다는 것이다. 이것은 윤리가 타자에 대한 배려라는 도덕적인 계기, "타자와 함께, 타자를 위해"라는 계기를 포함하지 않을 수 없다는 것이다.166)

좋은 삶이라는 목표는 타자에 대한 배려라는 측면을 고려하지 않으면 추상적이고 불완전하다. 그러나 타자에 대한 배려라는 것도 정의로운 제도들을 준거로 하지 않는다면 여전히 추상적이고 불완전할 수밖에 없다.167) 리쾨르가 볼 때 인간사회에는 끊임없이 더 많이 갖고자 하는 욕망이 부딪치는데, 그것은 불안정한 이익, 번영, 시련 등과 서로 관련이 있다. 즉 사회에는 함께 나누어야 할 이익과 책무가 있다. 그리고 이러한 분배 문제는 제도를 통하지 않고는 해결할 수가 없다.168) 우리가 타자와 함께 살아갈 수밖에 없는 사회에서 정의로운 배분이라는 제도의 문제는 피할 수 없다. 그리고 정의로운 배분은 인간의 평등과 상호성을 전제로 한다. 타자의 무한정한 수용과 무조건적인 환대만 강조하는 것은 이런 제도의 문제를 도외시한 것이다. 이런 관점으로는 알맞은 분배라는 정의의 문제를 해결하기 어렵다.

자기가 바람직하다고 여기는 삶의 목표부터 소중히 여기는 데서 출발하되,

---

165) 폴 리쾨르, 『타자로서의 자기 자신』, 292쪽.
166) 김정현, 2부 3장 「상호성의 윤리와 타자 중심성의 윤리: 리쾨르와 레비나스의 조우, 그리고 문화 간 관계에 대한 함축」, 강영안 · 김정현 · 김혜령 · 문성원 · 서용순 · 손영창 지음, 『레비나스 철학의 맥락들』, 187쪽 참조.
167) 김정현, 2부 3장 「상호성의 윤리와 타자 중심성의 윤리: 리쾨르와 레비나스의 조우, 그리고 문화 간 관계에 대한 함축」, 강영안 · 김정현 · 김혜령 · 문성원 · 서용순 · 손영창 지음, 『레비나스 철학의 맥락들』, 232쪽 참조.
168) 김정현, 2부 3장 「상호성의 윤리와 타자 중심성의 윤리: 리쾨르와 레비나스의 조우, 그리고 문화 간 관계에 대한 함축」, 강영안 · 김정현 · 김혜령 · 문성원 · 서용순 · 손영창 지음, 『레비나스 철학의 맥락들』, 261 · 268쪽 참조.

그것을 이웃에 대한 배려와 사회 전체의 정의에 대한 고려로 넓혀 나가려는 것이 리쾨르의 윤리학이다. 레비나스식의 타자 중심의 윤리학은 그와 반대다. 이를테면 그것은 "친숙한 면에서 낯선 면으로가 아니라, 낯선 면에서 친숙한 면으로의 진행. 이것은 일종의 방향 전환이다. 나로부터 가족, 친지, 지역, 국가, 세계로—이런 확장의 원심성으로부터의 탈피다. 유교적 윤리 또는 흄식의 동정심 윤리로부터의 방향 전환이다."169)

자신과 자신에게 가까운 사람에 대한 사랑으로부터 시작해 그것을 넓혀 나가려는 것이 유교의 친친親親의 논리이며, 이것은 자연스러운 이야기이다. 다만 원론적으로는 모든 사물은 서로 총체적으로 연결되어 있다는 불이적 진리를 통해 모든 사람을 두루 사랑하라는 겸애의 논리도 필요하다. 특히 공적인 영역에서는 모든 사람을 공평하게 대하는 정의의 원칙이 필요하다. 이것은 특히 묵자의 생각이다. 이런 문제에 대해서는 동양의 정의론에 대해 다루는 2부에서 상세히 논할 예정이다. 이런 점에 비추어 볼 때, 낯선 면에서 친숙한 면으로의 진행이라는 레비나스의 관점보다는 리쾨르의 관점이 윤리학과 정의론에서 더 큰 설득력을 가질 수 있다는 생각이 든다.

『논어論語』의「자로子路」편에 보면 "군자는 조화를 이루되 똑같아지지는 않으며, 소인은 똑같아지려 하되 조화를 이루지는 못한다"170)는 말이 나온다. 실로 폐부를 찌르는 말이며, 자타불이의 통찰을 제대로 함축하고 있는 말이다. 어리석은 소인은 나와 남이 같지 않은 점이 있다는 것을 인정하고 서로 다른 개성을 지닌 사람들이 어우러져 조화를 이루어 나가려 함을 모른다. 그래서 남에게 부화뇌동해 남을 똑같이 따라 하거나 남을 나와 똑같이 만들어 버리려

---

169) 문성원, 『타자와 욕망』, 95쪽.
170) 『論語』,「子路」, "君子和而不同, 小人同而不和."

한다. 레비나스가 비판하는 동일화의 경향을 가진 자요, 동일자의 논리에 따르는 자이다. 그러나 현명한 군자는 그와 다르다. 군자는 나와 남이 서로 같지 않은 점이 있다는 것을 알기 때문에, 결코 나와 남이 똑같아지기를 바라지 않는다. 그러나 동시에 나와 남은 서로 다르지 않은 점도 있으므로 각자의 개성을 지키면서도 서로 어우러져 조화를 이루려 하는 것이다.

동양에서도 일찍부터 서양의 여러 이론 못지않은 훌륭한 윤리학과 정의론이 제시되어 왔다. 2부에서는 동양의 전통적인 철학 가운데서 대표적인 정의론들을 뽑아 살펴보기로 하겠다.

1. 들어가는 말

동서양을 막론하고 지금까지 수많은 사상가가 정의에 관한 사상과 이론을 제시하였다. 오늘날에는 지구촌이라 할 만큼 사상과 문명이 서로 섞여 있어 굳이 동서양을 나누어 정의론을 논할 필요는 없을 것이다. 하지만 적어도 근대 이전의 전통적인 동양사회에서는 서양과는 다른 환경과 맥락에서 자기 나름의 독특한 철학과 정의 이론들이 제시되었다고 할 수 있다. 이 책의 2부에서는 묵자를 중심으로 동양의 고전적 사상 속에 들어 있는 정의론을 살펴보고, 그것이 오늘날의 정의 문제에 어떤 시사점과 해결방안을 제시해 주는지를 살펴보고자 한다.

앞의 '책을 펴내며'에서도 언급했듯이, 동양에서는 일찍이 백가쟁명의 시대라 일컫는 춘추전국시대부터 세계와 인간사회에 관한 수많은 이론이 나타나 서로 타당함을 다투었다. 동양의 정의론이라 부를 만한 것들 역시 이때부터 본격적으로 제시되었다.

동양의 춘추전국시기 고전적인 사상가들 가운데서 누구보다도 정의 문제에 대해 가장 포괄적이며 깊이 있는 이론을 제시한 사람은 묵자였다. 한때 공자와 나란히 성현으로 칭해졌으며 그 제자들이 천하에 가득 찼다고 하는 묵자의 사상과 학문이 한나라 이후 오랫동안 거의 완전히 파묻히고 잊혔다 해도, 묵자의 의론義論이야말로 고전적인 동양의 대표적인 정의론이라고 할 수 있다.

당시 전국시대에 끊임없는 전쟁의 참화와 가혹한 봉건사회의 억압과 수탈속에서 신음하던 백성들의 아픔을 누구보다도 깊이 이해하고 공감하며, 그 고통 해결을 위해 온 힘을 아끼지 않았던 사람이 묵자였다. 그의 사상과 이론은 오로지 어떻게 하면 백성들의 고통을 덜어주고 백성들을 이롭게 할 것인가에 관한 것이었다. 의론은 그런 묵자 이론의 중요한 부분이다. 당시의 사회가 수많은 백성의 삶을 괴롭게 만드는 정의롭지 못한 사회였기 때문에, 묵자의 의론은 큰 의미가 있었다. 비록 시대가 달라졌지만, 오늘날에도 많은 민중은 여러 가지 고통을 겪고 있으며, 사회는 그리 정의롭다고 하기 어렵다. 그 때문에 묵자의 의론은 오늘날의 정의 문제 해결에 대해서도 많은 가르침을 제공해 준다. 그러므로 이 글에서는 전통적인 동양의 의론 가운데서 무엇보다도 백성들의 고통을 덜어주고 백성들을 이롭게 하고자 한 묵자의 사상과 그 속에 포함된 의론이 어떠한 것이었는가를 중점적으로 논하고자 한다. 그리고 이러한 묵자의 의론이 오늘날의 정의 문제에 대해 어떤 가르침을 제공할 수 있는가를 밝히고자 한다.

그런데 묵자의 사상은 공자의 사상을 배경으로 형성되었으며, 또한 그 이후 맹자 등의 사상에 지대한 영향을 끼쳤다. 그러므로 묵자의 사상과 의론을 제대로 이해하기 위해서는 공자와 맹자의 유가철학 및 의론을 함께 비교해 가며 살펴볼 필요가 있다.

그래서 이 글에서는 먼저 공자의 의론을 살펴보고자 한다. 공자는 의론을 체계적으로 전개하지 않았다. 그의 의 개념은 훌륭한 인격을 어떻게 형성하고 그런 인격체들이 서로 어떠한 관계를 맺으며 살아가야 하는가를 논하는 그의 철학사상 속에 함유되어 있다. 공자의 철학사상과 그 속에 들어 있는 의 개념을 파악하기 위한 가장 중요한 자료는 『춘추春秋』와 『논어論語』라 할 수 있다. 『춘추』는 『노사魯史』를 기초로 공자 자신이 지은 것으로서 공자의 정치사상이 그 속에 녹아 있다. 『논어』는 제자들이 공자의 행적을 기록한 것으로서 어떤 것보다도 공자 자신의 철학사상을 파악할 때 의지해야만 하는 자료이다. 그러므로 여기에서는 주로 『춘추』와 『논어』에 근거해서 공자 철학사상의 핵심과 의 개념을 밝힘으로써 나중에 그것이 묵자의 의론과 어떤 연관이 있는지를 살펴볼 수 있도록 할 것이다.

그 다음으로 맹자의 의론을 살펴볼 것이다. 맹자는 공자를 계승하면서 인성론과 정치철학 부분을 보충하고 심화시킴으로써 유가철학을 한 걸음 더 발전시켰다. 또 다른 한편으로는 공자 이후의 유가철학과 더불어 당시의 사상계에 지대한 영향을 미치고 있었던 묵가사상에 대한 대결과 격렬한 비판을 통해서 자신의 정치철학과 의론을 가다듬고 전개해 나갔다. 이 글에서는 『맹자』를 통해 맹자 철학사상의 핵심과 의론을 밝혀볼 것이다. 그리고 이 과정에서 묵가에 대한 맹자의 비판이 어떤 것이며, 묵자와 다른 맹자의 의론이 어떤 특징을 갖고 있는가를 살펴볼 것이다. 맹자가 묵자보다 후대의 사상가이지만, 공자와 연속선상에 있는 유가사상가이므로 공자에 이어 그 의론을 살펴보는 것이 유가의 의론을 체계적으로 정리하기에 유리하다. 이 글에서는 이를 바탕으로 유가의 의론과 비교되는 묵자의 의론을 밝혀 나가고자 한다.

묵자는 공자로부터 전해진 유가철학을 배웠으나 이를 비판하면서 자신의 독자적인 철학과 의론을 정립하고 전개하였다. 맹자는 거꾸로 이런 묵자를 비판하면서 유가철학을 확장하고 발전시켰다. 그러므로 유가철학 및 의론과 대조해 볼 때, 우리는 묵자의 철학 및 의론을 보다 분명히 이해할 수 있다. 다분히 리利보다는 의義, 결과보다는 인성과 동기를 중시하는 의무론적 성격의 유가철학에 비해 묵자는 의와 리를 통합하고 실리와 결과를 중시하는 공리주의적 성격이 강하다. 또한 전통과 위계질서를 강조하는 보수적인 유가에 비해 묵자는 평등주의적이고 진보적인 성격이 두드러진다. 이 글에서는 유가와 대조되는 묵자의 철학사상과 의론의 특징, 그리고 양자의 장단점을 자세히 분석해 보고자 한다. 그렇다고 유가와 묵자의 의론이 서로 대립하는 측면만 가지고 있는 것은 아니다. 자세히 살펴보면 의외로 양자 사이의 간격은 그리 크지 않고 서로 통할 수 있는 점이 있으며, 어떤 면에서는 서로가 상대의 약점을 보완해 줄 수 있는 성격을 가지고도 있다. 이 글에서는 이런 점들에 대해서도 논해 볼 것이다.

묵자의 의론은 근대 서구에서 발달한 공리주의를 비롯한 여러 가지 현대의 정의론이 우리에게 깨우쳐 주고 있는 많은 가르침을 매우 오래전에 이미 선취하고 있다. 이런 묵자의 의론과 유가의 이론을 통합적으로 이해하고 수용하면 우리는 보다 합리적인 의론을 얻을 수 있다. 그리고 이것은 현재 우리가 당면하고 있는 여러 가지 정의의 문제를 해결하는 데 많은 귀중한 시사점을 제공해 줄 것이다. 이 글에서는 이런 점들에 대한 논의를 통해 묵자 의론의 선진적인 성격과 현대적인 의미를 밝히고자 한다.

2. 유가의 의론

1) 동양 고대의 의義 개념과 공자의 의론義論

서양 고대의 정의 개념은 그리스시대부터 전해져 내려왔는데, 그것은 개인의 어떤 몫(부, 영예, 권리 등)의 분배와 밀접한 연관이 있다. 고대 그리스인들이 말한 정의는 각자가 자신의 응당한 역할을 하고 응당한 몫을 차지하며, 타인의 역할과 몫을 침해하지 않는 것이었다. 한마디로 그것은 '각자에게 합당한 것을 주는 것'[1], 즉 '각자에게 알맞은 몫을 주는 것'이었다.

---

1) 플라톤 지음, 천병희 옮김, 『국가』, 35쪽.

고대 동양의 의 개념 역시 이와 매우 유사한 점이 있다. '의義'라는 글자는 '양羊'과 병기 모양의 '아我'로 이루어진 상형문자로 신에게 희생물로 바치는 양을 톱 모양의 칼로 법도에 따라 바르게 자른다는 뜻이었다.[2] 그것은 이렇게 자른 고기를 제사 후 신분과 직분에 따라 알맞게 나누어 주는 것을 나타내기도 한다. 이런 어원에서도 알 수 있듯이 고대 동양에서 의는 신분질서에 따라 어떤 것을 각자에게 알맞게 분배하는 것을 의미하였다. 이것은 '각자에게 알맞은 몫을 주는 것'이라는 서양의 정의 개념과 합치하는 것이라 할 수 있다.

『맹자』에는 공자가 노나라를 떠난 계기에 대해 이야기한 부분이 있다. 그에 따르면 공자는 사구司寇(형벌과 경찰을 맡아보던 벼슬) 직책을 맡고 있다가 노나라의 제후가 제사祭祀를 지내고서 제사 지낸 고기를 보내오지 않자 노나라를 떠났다.[3] 물론 공자가 노나라를 떠난 진정한 이유는 이렇게 단순한 일은 아니었다. 그것은 당시 권력자였던 계환자季桓子가 전횡을 행사하였고 자신의 정치적 이상을 제대로 펼칠 수 없다고 판단하였기 때문이었다. 제사를 지내고서 고기를 나누어 주지 않았다는 것은 내세운 이유 중 하나에 지나지 않은 것일 수도 있다. 그러나 그것을 하나의 이유로 내세울 수 있었다는 것은, 당시 사람들이 각자에게 마땅히 주어야 할 몫을 분배해 주는 것이야말로 의로운 일이며, 그것을 어기는 것은 매우 의롭지 못한 일로 생각했었다는 것을 말해 준다.

그런데 엄격한 위계와 신분질서가 있었던 고대 봉건제사회에서 각자에게 합당한 것, 각자에게 알맞은 몫이란 각자가 속한 신분과 맡은 직분에 따라 차등적으로 정해질 수밖에 없었다. 신분질서를 전제로 하는 한 그에 따른 차등적 분배 역시 당연시하지 않을 수 없다. 그래서 봉건적인 고대 동양사회에서 의란 각자가 자신의 신분(분수)에 맞는 역할을 충실히 수행하고 그에 따라 차등

---

2) 池田知久 편저, 김석근 외 옮김, 『中國思想文化事典』(민족문화문고, 2003), 213쪽 참조.
3) 홍인표 편저, 『맹자』(서울대학교출판부, 1993), 397쪽 참조.

적으로 정해지는 몫을 받는 것을 의미하는 것이었다. 중국에서 이런 고대의 의 개념을 계승하면서 의에 대한 좀 더 깊이 있는 논의의 계기를 제공해 준 사람은 공자였다.

공자가 무엇보다도 중시하고 강조했던 것은 훌륭한 인격의 완성이었다. 공자는 훌륭한 인격을 갖춘 군자가 되어야 한다고 강조하면서 어떻게 하면 그렇게 될 수 있는가를 주로 논하였다. 공자의 의 개념은 그런 공자사상의 전개 과정과 밀접하게 연관되어 있다.

공자는 군자가 갖추어야 할 가장 기본적인 덕목을 인仁이라고 부른다. 공자는 인仁을 여러 가지로 말하고 있지만, 결국 그것은 인격적인 인간이 지녀야 할 내재적인 덕성을 총괄하는 것이라 할 수 있다. 그런데 공자는 인간의 덕을 사람 사이에서 지켜야 하는 도리라는 측면에서 주로 이야기하였다. 그렇다면 사람이 사람에게 지켜야 하는 도리는 어떤 것일까? 그것은 지극히 간단하다. 그것은 한마디로 사람을 사랑하라는 것이다. 그래서 공자는 인仁을 곧 "남을 사랑하는 것"이라고 정의하고 있다.[4]

남을 사랑할 줄 아는 사람이 곧 군자다. 그런데 남을 사랑한다는 것은 매우 일반적이고 추상적인 말이다. 그래서 공자는 이것이 의미하는 바를 여러 가지로 풀어서 이야기한다. 그중에 가장 중요한 것이 충서忠恕이다. 증자曾子는 충서야말로 공자의 도를 하나로 관통하는 것이라고 설명하고 있다.[5] 사람을 사랑한다는 것은 그 사람이 원하는 바가 무엇이며 싫어하는 바가 무엇인가를

---

4) 樊遲가 인에 대해 묻자 공자는 '남을 사랑하는 것'이라 대답하였다.(『論語』, 「顔淵」, "樊遲問仁. 子曰: '愛人.'") 김학주 편저, 『논어』(서울대학교출판부, 1999), 307쪽 참조.
5) 『論語』 「里仁」편에 보면, 공자가 "나의 도는 하나로 관통되어 있다"고 말하고 나간 후, 제자가 그 뜻을 묻자 증자는 "선생님의 도는 충과 서일 따름"이라고 답하였다.(『論語』, 「里仁」, "子曰: '參乎! 吾道一以貫之.' 曾子曰: '唯.' 子出. 門人問曰: '何謂也?' 曾子曰: '夫子之道, 忠恕而已矣.'") 번역은 김학주 편저, 『논어』, 160쪽.

알고 원하는 바를 들어주고 싫어하는 일을 하지 않는 것이다. 그것이 바로 충서이다. 충忠이란 나의 가운데 마음(中心) 즉, 나의 진심이다. 서恕는 내 마음과 같은 것(如心)이다. 그래서 충서는 진심으로 내 마음과 똑같이 남을 대하는 것이다. 그것은 내 마음을 헤아려서 남을 대하는 것이다. 즉, 그것은 어떤 일을 진심으로 남이 나에게 하지 않기를 바란다면 나도 남에게 그렇게 하지 않고, 진심으로 남이 나에게 해 주기를 바란다면 나도 남에게 그렇게 하는 것이다.

먼저 소극적인 측면에서 말한다면 충서는 자기가 바라지 않는 바를 남에게 행하지 않는 것이다. 『논어』 「위령공衛靈公」편에서 공자는 자공子貢이 "한마디 말로 평생 동안 그것을 실천할 만한 것이 있습니까?"라고 묻자, "바로 서恕이다! 자기가 바라지 않는 것은 남에게도 하지 않는 것이지"라고 대답하고 있다.[6] 그리고 이 원칙은 인仁에 대해 설명하는 「안연顏淵」편에서도 똑같이 이야기하고 있다.[7]

좀 더 적극적인 측면에서 말한다면 충서忠恕는 남이 나에게 해 주기를 바라는 대로 나도 남에게 해 주는 것이다. 이것은 『논어』 「옹야雍也」편에서 이렇게 표현되어 있다.

자공이 말하였다. "만약에 백성들에게 널리 은덕을 베풀고, 많은 사람들을 구제해 줄 수 있는 사람이 있다면 어떻겠습니까? 어질다고 할 수 있습니까?" 공자께서 말씀하셨다. "어찌 어짊에 그치는 일이겠느냐? 틀림없이 성덕聖德일 것이다. 요·순 임금조차도 그런 일을 못할까 걱정하셨다. 어진 사람이란 자기가 서고자 하면 남부터 서게 하고, 자기가 뜻을 이루고자 하면 남부터 뜻을 이루게 하는 것이다. 가까이 자기에게서 미루어 남까지 이해하는 것이 바로

---

6) 『論語』, 「衛靈公」, "子貢問曰: '有一言而可以終身行之者乎?' 子曰: '其恕乎! 己所不欲, 勿施 於人.'" 번역은 김학주 편저, 『논어』, 365쪽.
7) 『論語』, 「顏淵」, "己所不欲, 勿施於人." 번역은 김학주 편저, 『논어』, 295쪽.

인의 방도라 할 수 있다."[8]

이런 충서의 원리를 달리 말한다면, 내가 남에게 어떤 일을 하려고 할 때 남도 나에게(또는 누구에게나) 그렇게 해도 좋은가를 마음속에서 헤아려 보고 하라는 것이다. 이것은 칸트가 말하는 정언명법의 보편화 가능성 원칙과 합치한다. 칸트의 정언적 명령법은 어떤 행동을 하고자 할 때 그 행동의 원칙(준칙)을 과연 누구나가 언제든지 채택해도 좋은(또는 해야 하는) 보편적 법칙으로 삼을 수 있는가를 숙고해서 만약 그렇다면 그렇게 하라는 보편법칙의 정식으로 표현되었다.[9] 이런 보편화 원리와 통한다는 점에서 볼 때, 충서의 원리는 어떤 행위가 우리가 마땅히 행해야 하는 도리 또는 의무인가에 따라 행할 것인지 말 것인지를 판단하라는 다분히 의무론적인 원리라고 할 수 있다.

그러나 앞의 「옹야」편에 나온 이야기를 잘 살펴보면, 공자는 충서라는 인의 방도를 결국 '백성들에게 널리 은덕을 베풀고, 많은 사람을 구제'해 주기 위한 것이라 보고 있다. 이것은 인과 그 실천의 방도인 충서의 목적이 백성들을 널리 이롭게 하려는 것이라 보는 것이므로, 공리주의 원칙과 통할 수 있는 면이 되기도 한다.

그런데 충서의 원리가 진정으로 보편적인 실천의 원칙이 되려면, 모두가 자유롭고 평등한 인간관계를 전제로 하지 않을 수 없다. 신분제와 같은 인간의

---

8) 『論語』, 「雍也」, "子貢曰: '如有博施於民而能濟衆, 何如? 可謂仁乎? 子曰: '何事於仁, 必也聖乎! 堯舜其猶病諸! 夫仁者, 己欲立而立人, 己欲達而達人. 能近取譬, 可謂仁之方也已.'" 번역은 김학주 편저, 『논어』, 205쪽. 다만 문맥에 따라 번역문의 '인'을 '어짊'으로, '인하다'를 '어질다'로 바꿈.
9) 칸트의 정언명법은 『도덕형이상학의 기초』와 『실천이성비판』에서 자세히 서술되어 있다. 이런 칸트의 정언명법에 대한 자세한 설명은 이찬훈의 논문 「통합적 관점에서 본 서구의 정의론」(인간환경미래연구원, 『인간 · 환경 · 미래』 2021년 가을 제27호, 2021), Ⅱ절 참조.

불평등한 관계를 전제로 하면 진정으로 보편적인 충서의 원리에 따를 수가 없다. 내가 주인이고 너는 하인이라면, 내가 너에게 어떤 명령을 내리는 것은 당연하지만, 네가 나에게 똑같은 명령을 내리는 것은 당연하지 않을 수 있는 것이다. 이처럼 똑같은 일인데도 누구는 해도 되고 누구는 해서는 안 되는 일이 되고 말기 때문에 보편화 가능성의 원칙을 애당초 적용할 수가 없게 된다. 이 때문에 당시의 봉건적인 신분질서를 당연한 것으로 받아들이고 있던 공자가 말하는 충서의 원리는 그 시대적 제약으로 말미암아 근본적인 한계를 지닐 수밖에 없다. 그리고 이런 한계는 인仁과 충서에 이어지는 예禮와 의義에 관한 견해 속에도 그대로 반영되지 않을 수 없다.

인仁과 충서가 인간을 사랑하고 대하는 마음의 내재적인 원리라면, 그것을 외적인 행위로 표현하여 사람을 대하는 것이 예이다. 즉 인仁과 충서라는 내재적인 원리에 따라 인간 상호 간에 관계를 맺을 때 따라야 하는 것이 예이다. 자기 멋대로, 자기 욕망과 욕심대로 하고자 하는 마음을 이기고 사람이 마땅히 따라야 할 도리에 따라 행동하는 것이 예이다. 그러므로 예는 언제나 극기복례克己復禮이다. 그러한 극기복례를 통해서만 인仁은 실현된다.[10]

공자는 예를 '단순한 외재적 규범의 구속'이 아니라 '마음의 내재적 요구'로 해석하여 형식보다는 그 속의 마음, 내용, 덕성을 중시하는 관점을 제시한다.[11] 우선 이것은 공자와 자하의 다음과 같은 대화 속에 잘 드러나 있다.

자하子夏가 물었다. 『시경』에 "'예쁜 웃음에 보조개가 예쁘며, 아름다운 눈에 눈동자가 선명함이여! 흰 비단으로 채색을 한다' 하였으니, 이 시는 무엇을

---

10) 『論語』「顏淵」편에서 공자는 "자기를 이겨내고 예로 돌아가는 것이 인이다. 어느 날이고 자기를 이겨내고 예로 돌아가면, 천하가 인에 귀착하게 될 것이다"라고 말하고 있다.(『論語』,「顏淵」, "克己復禮爲仁. 一日克己復禮.") 번역은 김학주 편저, 『논어』, 294쪽.
11) 리쩌허우 지음, 정병석 옮김, 『중국고대사상사론』(한길사, 2006), 76쪽 참조.

말한 것입니까?"

공자께서 말씀하셨다. "그림 그리는 일은 흰 비단을 마련한 뒤에 한다는 뜻이다."

자하가 "바탕인 충신忠信이 먼저이고, 형식인 예가 그 뒤이겠군요" 하자, 공자께서 말씀하셨다. "나를 일으키는 자는 자하로구나! 이제 함께 시詩를 말할 만하구나."[12]

여기에서 공자는 외적인 형식으로서의 예보다는 그 바탕이 되는 충실(성실, 성심)과 믿음 같은 내적인 덕성이 더 중요하다고 분명히 이야기하고 있다. 이런 생각은 "사람으로서 어질지 못하다면 예는 무엇할 것인가?"[13]라는 말이나, "예란 사치스럽기보다는 차라리 검소해야 하며, 상사喪事는 형식을 갖추기보다는 차라리 슬퍼해야 한다"[14]는 말에도 잘 나타나 있다. 이런 관점에서 공자는 너무 번잡하고 세련된 당시의 예악禮樂보다는 오히려 세련되지는 못했지만 질박했던 옛 예악을 더 높이 평가하기도 하였다.[15]

남을 사랑하고 내 마음을 미루어 남을 배려하고 내 욕망과 욕심을 이겨내면서 남을 대하는 것은 예이면서 곧 의이기도 하다. 내 욕망과 욕심에 따른다는 것은 나의 이익만을 도모하는 것이다. 의는 나의 이익만을 도모하지 않고 마땅히 내가 해야만 하는 역할과 의무를 다하는 것이다. 그래서 공자는 자신의 이익을 도모하는 일에만 밝은 사람은 소인이고 의로움에 밝은 사람은 군자라고 이야기하였다.[16] 이런 군자와 소인의 구분에 대해서는 『논어집주』에서도 이렇

---

12) 『論語』, 「八佾 8」, "子夏問曰: "巧笑倩兮, 美目盼兮, 素以爲絢兮.' 何謂也? 子曰: '繪事後素.' 曰: '禮後乎? 子曰: '起予者商也! 始可與言詩已矣.'" 번역은 동양고전정보화연구소, 동양고전종합DB, 『論語集註』 「八佾 8」의 번역에 따름.

13) 『論語』, 「八佾 3」, "子曰: '人而不仁, 如禮何?'" 번역은 김학주 편저, 『논어』, 132쪽.

14) 『論語』, 「八佾 4」, "子曰: '大哉問! 禮, 與其奢也, 寧儉; 喪, 與其易也, 寧戚.'" 번역은 김학주 편저, 『논어』, 133쪽.

15) 『論語』, 「先進 1」 참조.

게 이야기하고 있다.

> 군자와 소인의 구분은 의와 리利 사이에 있을 뿐이다. 그러나 소위 리利라는
> 것이 어찌 반드시 재화를 증식시키는 것만을 일컫는 것이리오. 자신을 위해
> 공적인 것을 희생시키고, 자기에게 맞추어 자신만 편리하게 하여 무릇 하늘
> 의 이치를 해치는 것은 모두 리利라 할 수 있다.[17]

그러므로 군자가 되고자 하는 사람은 이익이 보일 때면 언제나 그것이
의로움에 어긋나지 않는가를 생각해야만 한다. 그래서 공자는 완성된 인간을
이야기하면서 그 가운데 중요한 조건으로서 "이익을 보면 의로움을 생각"[18]하
는 것이라고 말하며, 군자에게는 아홉 가지 생각하는 바가 있다고 이야기하면서
그 가운데 하나로 "이득이 의로운 것인가를 생각"[19]하는 것을 들고 있다.

그런데 공자가 의와 대비시키는 리利(이로움, 이익, 이득)라는 것은 개인의 사사
로운 이익을 말하는 것이지 백성들의 공적인 이익(공리)을 말하는 것이 아님은
분명하다. 공자에게는 사리나 공리를 막론하고 리利라면 무엇이나 그 자체로
의와 대립하는 것이라는 관점은 보이지 않는다. 공자는 백성들을 두루 이롭게
하는 것이야말로 정치의 중요한 목적이라고 보면서 공리의 추구를 적극적으로
주장하고 있다. 이것은 다섯 가지 미덕을 존중해야 정치에 제대로 종사할 수
있다고 하면서 그 가운데 으뜸가는 것으로 다음과 같이 이야기하고 있는 데서
잘 나타나 있다.

---

16) 『論語』, 「里仁 16」, "子曰: '君子喩於義, 小人喩於利.'" 김학주 편저, 『논어』, 161쪽.
17) "君子小人之分, 義與利之間而已. 然所謂利者, 豈必殖貨財之謂. 以私滅公, 適己自便, 凡可以
    害天理者, 皆利也." 번역은 동양고전정보화연구소, 동양고전종합DB, 『論語集註』, 『論
    語』, 「雍也 11」에 대한 해설.
18) 『論語』, 「憲問 13」, "見利思義." 김학주 편저, 『논어』, 334쪽.
19) 『論語』, 「季氏 10」, "見得思義." 김학주 편저, 『논어』, 381쪽.

백성들에게 이로운 것을 근거로 하여 그들을 이롭게 해 준다면, 이것이 은혜를 베풀되 낭비하지 않게 하는 것이 아니겠느냐?[20]

또한 이러한 관점은『춘추좌씨전』의 성공成公 2년 기사에 실려 있는 공자의 다음과 같은 말에서도 잘 드러나 있다.

의이생리義以生利(의로써 이로움을 만듦), 리이평민利以平民(이로움으로써 백성을 다스림)은 정치의 대절大節(관건)이다.[21]

의와 공리公利가 대립하는 것이 아니라 오히려 유기적인 관계에 있음을 이곳만큼 분명하게 표현하고 있는 곳은 없다. 여기서도 우리는 공자가 한편으로는 마땅히 행해야 하는 도리 또는 의무를 중시하는 의무론적인 견해를 가지고 있으면서도, 백성의 이로움을 추구해야 한다는 공리주의적 견해도 포함하고 있음을 알 수 있다.

예는 본래 종교에서의 의식을 가리키는 것이었지만 점차 모든 사람이 실천해야 하는 사회적 행위와 그 표준을 의미하게 되었다.[22] 그런 행위와 그 표준은 오랜 세월 동안 전승되면서 관습화되었다. 그런데 엄격한 신분질서가 존재하는 봉건사회 속에서 예는 각자의 신분과 직분에 맞는 행위규범으로서 차등적인 성격을 갖고 있었다. 앞에서 이야기한 것처럼 공자는 외적인 형식으로서의 예보다는 내적인 마음을 더 중시해야 한다고 하였다. 예에 관한 이런 관점은 충서의 원리와 마찬가지로 원칙적으로 누구에게나 보편적으로 적용할 수 있는

---

20) 『論語』,「堯曰 2」, "因民之所利而利之, 斯不亦惠而不費乎." 번역은 김학주 편저, 『논어』, 428쪽.
21) 『春秋左氏傳』, 成公 2年, "義以生利. 利以平民. 政之大節也." 번역은 좌구명, 신동준 옮김, 『춘추좌전』 2(한길사, 2006), 17쪽.
22) 梁啓超,「墨子學案」(1921년), 『梁啓超全集』 第六册(北京出版社, 1999), 3130쪽 참조.

것이라고 할 수 있으며, 매우 평등하고 진보적인 측면을 갖고 있다. 그러나 공자가 실제로 인간들 사이에서 행하는 규범으로서의 예를 이야기할 때에는 엄격한 신분과 위계질서에 따를 것을 강조하는 차등적이고 보수적인 태도를 보였다.

신분과 위계질서에 따른 차등적인 예를 강조하는 공자의 관점은 그의 '정명주의正名主義'에 잘 나타나 있다. '이름을 바르게 한다'는 정명주의는 모든 사람이 자신의 이름에 걸맞게 올바로 행동해야 한다는 것이다. 모든 사람에게는 가족이나 국가라는 사회 속에서 차지하고 있는 위치에 따라 여러 가지 이름이 주어져 있다. 나는 누구의 아버지이거나 아들이며, 누군가의 군주이거나 신하일 수 있다. 그리고 나에게는 그런 이름에 알맞게 수행해야만 하는 역할이 있다. 나에게 주어진 이름에 걸맞게 행동하는 것이 바로 예이며, 의이다. 정명주의는 공자가 저술한 『춘추』 전체를 관통하는 가장 기본적인 정신이며 『논어』에서도 강조하고 있는 정신이다.

우선 『논어』에 보면 공자는 정치의 근본이 정명에 있다고 주장한다.

> 제齊나라 경공景公이 공자에게 정치에 대하여 묻자, 공자께서 대답하셨다. "임금은 임금답고, 신하는 신하다우며, 아버지는 아버지답고, 자식은 자식다워야 합니다."[23]

이러한 공자의 입장은 정치를 위해 무엇을 먼저 하겠느냐는 자로子路의 질문에 대해 먼저 명칭을 바로잡겠다고 한 대답에도 잘 드러나 있다.

---

23) 『論語』, 「顏淵 11」, "齊景公問政於孔子. 孔子對曰: '君君, 臣臣, 父父, 子子.'" 번역은 김학주 편저, 『논어』, 133쪽.

자로가 말하였다. "위衛나라 임금이 선생님을 기다려 정치를 한다면 선생께서는 장차 무엇을 먼저 하시겠습니까?" 공자께서 말씀하셨다. "반드시 명칭 명분을 바로잡겠다." 자로가 말하였다. "이러시다니까요, 선생님께서는 세상의 실정을 너무 모르십니다. 어떻게 바로잡으시겠습니까?" 공자께서 말씀하셨다. "촌스럽구나, 유由여! 군자는 자신이 알지 못하는 것은 제쳐 놓고 말하지 않는 것이다. 명칭이 바르지 않으면 말이 순조롭지 못하고, 말이 순조롭지 못하면 일이 이루어지지 않으며, 일이 이루어지지 않으면 예악禮樂이 일어나지 못하고, 예악이 일어나지 못하면 형벌刑罰이 알맞지 못하고, 형벌이 알맞지 못하면 백성들이 손발을 둘 곳이 없게 된다. 그러므로 군자가 명칭을 붙이면 반드시 말할 수 있으며, 말할 수 있으면 반드시 행할 수 있으니, 군자는 자신이 한 말에 대해서 구차히 함이 없을 뿐이다."[24]

이처럼 공자는 정치가 바로 서고 질서 있는 사회가 이루어지려면 무엇보다도 사회구성원 모두가 각자의 직분에 알맞게 행동하는 것이 중요하다고 주장하였다. 그래서 공자는 직분을 다하지 않거나 자기의 분수를 넘어서는 것을 매우 신랄하게 비판하였다. 이것은 천자만이 추게 할 수 있는 팔일무八佾舞를 자기 뜰에서 추게 하여 분수를 넘어섰던 노나라의 대부인 계씨季氏를 격렬하게 비판하였던 것에서 잘 드러나 있다.

공자께서 계씨에 대하여 말씀하셨다. "팔일무를 뜰에서 추게 하다니, 이 자를 참고 보아 넘길 수 있다면, 그 누구를 참고 보아 넘길 수가 없겠는가?"[25]

---

24) 『論語』,「子路 3」, "子路曰: '衛君待子而爲政, 子將奚先?' 子曰: '必也正名乎!' 子路曰: '有是哉, 子之迂也! 奚其正?' 子曰: '野哉由也! 君子於其所不知, 蓋闕如也. 名不正, 則言不順; 言不順, 則事不成; 事不成, 則禮樂不興; 禮樂不興, 則刑罰不中; 刑罰不中, 則民無所措手足. 故君子名之必可言也, 言之必可行也. 君子於其言, 無所苟而已矣.'" 번역은 동양고전정보화연구소, 동양고전종합DB, 『論語集註』,「子路 3」의 번역에 따름.
25) 『論語』,「八佾 1」, "孔子謂季氏: '八佾舞於庭, 是可忍也, 孰不可忍也?'" 번역은 김학주 편저, 『논어』, 131쪽.

누구나 자신의 위치와 직분에 걸맞도록 행동해야 한다는 것은 어쩌면 당연한 것처럼 보인다. 사회구성원들이 자신의 직분에 맞는 역할을 다하지 않는다면 사회가 혼란에 빠질 것은 당연한 일이기 때문이다. 그러나 '이름에 걸맞게', '직분에 걸맞게'라는 것이 봉건적인 엄격한 신분질서를 전제로 하게 되면 차등적이고 수구적인 입장에 서지 않을 수 없다. 그리고 이것은 봉건적 신분질서의 구조 속에 살고 있었고 그것을 당연시하고 있었던 공자가 부딪칠 수밖에 없었던 한계였다. 이런 점은 앞의 팔일무에 대한 공자의 이야기에도 드러나 있지만, 무엇보다도 공자가 저술한 『춘추』 전체에 걸쳐 수없이 드러난다.

"『춘추』는 공자의 정치적 이상을 역사적 사실을 기술하는 형식을 빌려 나타낸 것"[26]이며, 그 정치적 이상이란 다름 아니라 모든 사람이 이름과 직분에 걸맞게 행동하는 예절에 합치하고 의로운 사회를 실현하는 것이었다. 『춘추』에서 공자는 역사적 사건을 기록하면서 글자 하나하나에도 극히 신경을 써서 이름과 직분에 걸맞게 한 일에 대해서는 칭찬하고 그렇지 못한 일에 대해서는 폄하하는 필법(소위 춘추필법)을 구사하였다. 그런데 공자가 『춘추』에서 무엇보다도 기본적으로 전제하고 있는 것은 주나라에 의해 통일된 봉건적인 신분질서 체계였다. 주나라에 의해 하나로 통일된 질서체계에 적합하게 따르는 것이 곧 예이며 의였고, 그것에 어긋나는 것은 통렬하게 비판받아야 마땅한 일이었다.

공자의 이러한 입장은 우선 『춘추』의 시작인 노나라 은공隱公 원년元年의 기록에서부터 잘 드러나 있다. 여기서 공자는 은공이 즉위한 날짜를 기록하면서 '왕정월王正月'이라고 하여 주나라 문왕의 역법에 따라 기록함으로써, 천하가 주나라에 의해 통일되어 있다는 것을 분명히 하였다. 또 여기서는 은공이 상황에 의해 즉위하였으나 나중에 그보다 존귀한 신분인 환공桓公에게 자리를 물려

---

26) 梁啓超, 「墨子學案」(1921년), 『梁啓超全集』 第六册, 3145쪽.

주려고 했음을 표현함으로써, 신분상의 엄격한 차이와 그에 따른 왕위 계승의 원칙을 제시하고 있다. 은공과 환공은 모두 혜공惠公의 잉첩媵妾(혜공의 부인의 시중을 들기 위해 따라와 첩이 된 사람)의 소생이었으나 환공의 어머니는 우잉右媵으로 좌잉左媵인 은공의 어머니보다 서열이 앞섰다. 그러나 사실 그 신분상의 차이는 매우 미미했다. 그럼에도 불구하고 공자가 왕위계승의 원칙을 지키려 노력한 은공을 칭찬하면서 왕위 계승의 우선순위를 따지고 있다는 것은, 공자가 당시의 신분질서를 얼마나 중시했는가를 잘 보여 주고 있다.[27]

또 은공 5년에는 "처음으로 '육일六佾의 격식으로 우무羽舞를 추었다"는 것을 기록함으로써, "천자는 팔일八佾을 쓰고, 제공諸公은 육일六佾을 쓰고, 제후는 사일四佾을 쓰도록 되어" 있는 예법을 어겼음을 비판하고 있다.[28] 주나라의 삼공三公만이 쓸 수 있는 육일무를 제후가 쓴 것은 분수를 넘은 잘못된 일이라는 것이다. 이것은 『논어』에서 팔일무를 추게 한 계씨를 비난한 것과 같은 종류의 비판이라 할 수 있다.

선공宣公 15년에는 송나라와 초나라가 강화를 맺었다는 것을 찬양해 기록하면서도, 강화를 맺은 사람들의 이름을 기록하지 않고 '송나라 사람과 초나라 사람'이라고만 함으로써, 그 강화를 양국의 제후가 아니라 그 신하인 대부들이 이루었음을 폄하하기도 하였다. 여기에는 국가 간의 화평을 이루는 일처럼 좋은 일에서조차도 신분 차별을 엄격히 따져서 평가하려는 태도가 나타나 있다.[29]

이상에서 살펴본 것처럼 공자에게서 의는 욕망과 욕심에 따라 사적인 이익만을 도모하지 않고 마땅히 내가 해야만 하는 역할과 의무를 다하는 것이다.

---

27) 공양자 외 지음, 곽성문 옮김, 『춘추공양전』(인간사랑, 2016), 31쪽 참조.
28) 공양자 외 지음, 곽성문 옮김, 『춘추공양전』, 65~66쪽.
29) 공양자 외 지음, 곽성문 옮김, 『춘추공양전』, 453~456쪽 참조.

그리고 내가 해야만 하는 역할과 의무란 나의 이름(위치)과 직분에 따라 주어지는 것이다. 공자의 이런 의 개념은 공정함이라는 개념, 그리고 각자의 역할을 다하고 각자에게 맞는 몫을 차지한다는 정의 개념과 합치한다. 그러나 이것은 다른 한편으로는 봉건적인 신분과 위계질서에 따른 분배를 정당화하는 문제점도 포함하고 있는 것이었다. 우리는 공자의 의론이 우리가 마땅히 행해야 하는 도리 또는 의무를 중시하는 의무론적인 견해와 함께 백성의 이로움을 추구해야 한다는 공리주의적 견해도 포함하고 있다는 것도 보았다. 이상과 같이, 인仁과 충서, 그리고 이와 연관된 예와 의에 대한 공자의 논의는 시대적 상황으로 인한 일정한 한계 속에서도 보편화 가능한 인간의 도리와 의무를 중시하면서 동시에 공리라는 결과도 무시하지 않는 균형감 있는 시각을 제시하고 있다는 점에서 커다란 의미가 있다고 할 수 있다.

2) 맹자의 의론義論

공자는 도덕과 정치 사상가이자 이론가였다. 『춘추』는 주나라의 예법에 의해 통일된 바와 같이 질서정연한 사회를 구현하고자 하는 공자의 정치적 이상을 기술한 것이었다. 그러나 『논어』를 중심으로 보자면, 공자의 주된 관심과 강조점은 인격의 완성 즉, 올바른 인격을 갖춘 군자로서 어떻게 살아가야 하는가 하는 도덕적인 문제였다. 이에 비해 맹자의 주된 관심은 올바른 정치란 무엇이며 어떻게 해야 올바른 정치를 할 수 있는가에 기울어져 있다. 물론 공자와 맹자는 모두 도덕과 정치에 관심이 있었지만, 맹자의 논의는 공자와 비교할 때 상대적으로 정치 문제에 더 치중하고 있다고 할 수 있다.

맹자가 생각하는 올바른 정치는 왕도정치王道政治인데, 그것은 무력으로 통치하는 패도정치와 달리 덕으로써 인정仁政을 시행하는 정치이다.[30] 그리고 이러한 왕도정치의 실질적 내용은 백성을 편안하고 행복하고 이롭게 하는 것이다. 이것은 『맹자』의 수많은 곳에서 반복적으로 이야기하고 있지만, 우선 무엇보다도 「양혜왕상梁惠王上」에 나오는 제선왕과 맹자의 대화에 잘 나타나 있다. 거기서 맹자는 왕도정치는 백성을 편안케 하는 것이라고 하면서, 왕도정치는 우리 부형과 자제를 공경하고 사랑하는 것을 남의 부형과 자제에까지 미치듯이 은혜를 미루어 가면 된다고 한다. 맹자는 여러 나라를 점령하고 천하에 군림하는 것을 추구하는 것은 큰 잘못으로 후환이 따를 것이라고 경고하면서 근본으로 돌아가야 한다고 주장한다. 근본은 인정仁政을 베푸는 것인데, 그 핵심은 백성에게 생업을 마련해 잘 수행할 수 있도록 해 주는 것이다. 그래야 백성들은 식구들을 부양하고 편안한 삶을 살아갈 수 있으며, 그런 후에야 선善으로 나아갈 수 있다. 맹자는 이렇게 한다면 쉽게 왕도정치가 이루어질 수 있으리라고 주장하였다.[31]

왕도정치는 통치자가 자신만의 이익과 즐거움을 추구하지 않고 백성들에게 이로움을 베풀고 백성들과 함께 즐거워하려고 할 때만 제대로 실행할 수 있다. 맹자는 통치자를 백성의 부모와 같다고 간주하며, 백성의 부모가 되어 백성들의 즐거움과 근심을 함께하지 않으면 잘못이라고 주장한다. 그는 천하(백성)와 더불어 즐거워하고 천하와 더불어 근심하면 왕도정치가 이루어질 것이라고 주장한다.[32] 임금 혼자만이 이익을 얻고 즐거워하는 것이 아니라, 백성들에게 이로움을 베풀고 백성들과 더불어 즐거워하는 것을 여민해락與民偕樂 또는 여민동락與民同樂이라 하는데, 『맹자』의 곳곳에서는 이것이야말로 왕도정치의 기본이 되는

---

30) 『孟子』, 「公孫丑上」, 제3장, "以力假仁者霸……以德行仁者王." 홍인표 편저, 『맹자』, 128쪽 참조.
31) 『孟子』, 「梁惠王上」, 제7장. 홍인표 편저, 『맹자』, 65~70쪽 참조.
32) 『孟子』, 「梁惠王下」, 제4장, "爲民上而不與民同樂者, 亦非也.……樂以天下, 憂以天下, 然而不王者, 未之有也." 홍인표 편저, 『맹자』, 88쪽 참조.

것이라고 강조하고 있다.[33] 이러한 맹자의 왕도정치론은 무엇보다도 공공의 복리를 중시하는 공리주의와 통할 수 있는 측면이라고 할 수 있다.

맹자는 그저 관념적으로만 백성들의 복리를 증진해야 한다고 주장하는 데 그치지 않고, 그렇게 할 수 있는 실제적인 방안들에 대해서도 적극적으로 의견을 제시하고 있다. 예컨대 그런 방안으로 그는 백성들에게 생업을 마련해 주고, 수입의 십분의 일만 거두는 조법助法을 실시하여 세금을 과도하지 않게 할 것, 정전제를 실시하여 백성들이 안정적으로 살 수 있도록 할 것, 각종 학교를 설치하여 백성들을 가르쳐 인륜을 밝힐 것 등을 제시하였다.[34]

더 나아가 맹자는 왕도정치는 단순히 모든 백성의 복리를 증진하는 것에 그치지 않고, 그 가운데서도 특히 궁핍한 사회적 약자들을 우선 배려해야 한다는 것도 강조하였다. 이는 제선왕齊宣王과 맹자의 다음과 같은 대화를 통해 분명히 알 수 있다.

제선왕이 말하였다. "왕도정치에 대한 설명을 들어 볼 수 있겠습니까?" 맹자가 대답하였다. "옛날 문왕이 기산岐山을 다스림에, 농사짓는 사람들은 구분의 일의 농지세만 냈고, 대부 이상의 관리들은 대대로 봉록을 이어받았으며, 관문이나 시장에서는 조사만 하고 세금을 과하지는 아니했고, 저수지 언덕에서는 고기 잡는 것을 금지하지 아니했고, 죄를 지은 사람은 그의 처자까지 처벌하지는 아니했습니다. 늙고 아내가 없는 사람을 홀아비라 하고, 늙고 남편이 없는 사람을 과부라 하며, 늙고 자식이 없으면 고독한 사람이라 하고, 어리고 아비가 없으면 고아라고 합니다. 이 네 부류의 사람들은 천하에 궁핍한 백성으로 호소할 데가 없는 사람들입니다. 문왕이 정책을 착수하여 인정을 실시함에 반드시 이 네 부류의 사람들을 우선했습니다."[35]

33) 『孟子』, 「梁惠王上」, 제2장; 「梁惠王下」, 제1·2·4장 등을 참조.
34) 『孟子』, 「滕文公上」, 제3장. 홍인표 편저, 『맹자』, 174~176쪽 참조.
35) 『孟子』, 「梁惠王下」, 제5장, "王曰: '王政可得聞與?' 對曰: '昔者文王之治岐也, 耕者九一, 仕

단순히 모든 사람의 복리(행복)의 양만을 기계적으로 합산하여 최대 다수의 최대 행복만을 지향하는 공리주의 정책은 더 많은 것을 필요로 하는 사회적 약자들을 배려하지 못하는 문제점을 안고 있을 수 있다. 그러므로 사회적 약자들을 우선적으로 배려해야 한다는 맹자의 주장은 공리주의의 문제점을 보완할 수 있는 매우 훌륭한 주장이라 할 수 있다.

맹자는 통치자들이 인의(仁義)에 따라서 정치를 해 나갈 때 비로소 올바른 정치가 이루어질 수 있다고 주장한다. 그런데 맹자는 통치자들이 따라야 하는 인의는 모든 인간에게 내재해 있는 자연스러운 본성으로서, 그것을 확충해 나가면 올바른 정치가 이루어진다고 보았다. 그래서 맹자는 인간의 본성에 관한 이론인 사단설(四端說)을 주장함으로써 왕도정치의 근거를 제공하고자 하였다. 이것은 무엇보다도 『맹자』「등문공상(滕文公上)」에 나오는 다음과 같은 이야기에 잘 나타나 있다.

> 맹자께서 말씀하셨다. "사람들은 모두 남에게 차마 못하는 마음(不忍之心)이 있다.…… 남에게 차마 못하는 마음을 가지고 남에게 차마 못하는 정치를 하면, 천하를 다스리는 것은 손바닥 위에 놓고 움직이는 것처럼 쉬울 것이다. 사람들은 모두 남에게 차마 못하는 마음이 있다고 말하는 근거는 이러하다.…… 측은해하는 마음인 측은지심(惻隱之心)이 없으면 사람이 아니며, 자신의 악을 부끄러워하고 남의 악을 미워하는 마음인 수오지심(羞惡之心)이 없으면 사람이 아니며, 사양하는 마음인 사양지심(辭讓之心)이 없으면 사람이 아니며, 옳고 그름을 가리는 마음인 시비지심(是非之心)이 없으면 사람이 아니다. 측은지심은 인(仁)의 단서이고, 수오지심은 의(義)의 단서이며, 사양지심은 예(禮)의 단서이고, 시비지심은 지(智)의 단서이다. 사람이 이 네 가지 단서인 사단(四端)을 가

者世祿, 關市譏而不征, 澤梁無禁, 罪人不孥. 老而無妻曰鰥, 老而無夫曰寡, 老而無子曰獨, 幼而無父曰孤, 此四者, 天下之窮民而無告者. 文王發政施仁, 必先斯四者.'" 번역은 홍인표 편저, 『맹자』, 91~92쪽.

지고 있는 것은 사지四肢를 가지고 있는 것과 같으니, 이 사단을 가지고 있으면서도 스스로 인의仁義를 행할 수 없다고 말하는 자는 자신을 해치는 자이고, 자기 임금이 인의를 행할 수 없다고 말하는 자는 자기 임금을 해치는 자이다. 무릇 나에게 있는 사단을 모두 넓혀서 채워 나갈 줄 알면, 마치 불이 처음 타오르며 샘물이 처음 나오는 것과 같아서, 처음에는 미미하지만 끝에 가서는 기세가 대단할 것이다. 진실로 이것을 확충擴充시킨다면 온 천하도 보호할 수 있겠지만, 진실로 이것을 확충시키지 못한다면 부모조차도 섬길 수 없을 것이다."[36]

이처럼 맹자는 인간이 모두 사단四端이 되는 네 가지의 착한 본성을 지니고 있다는 성선설性善說을 근거로 그 착한 본성을 잘 확충시켜 가기만 하면 올바른 정치를 할 수 있다고 주장하였다. 맹자는 인간의 자연스러운 본성 가운데서도 왕도정치의 근원이 되는 것은 특히 차마 못하는 마음(측은지심)과 옳지 못한 것을 부끄러워하고 미워하는 정의감(수오지심)이라 간주하였다.

사람이 자신에게 내재해 있는 본성, 착한 마음의 명령에 잘 따라 행동한다면 그것이 곧 올바른 행동(의로운 행동)이 된다는 맹자의 이런 관점은, 우리 이성의 선의지가 명하는 의무인 정언명령에 따라야 한다는 칸트의 의무론과 매우 유사하다. 그런데 맹자가 주장하는 성선설과 그에 기초한 의론에 관해서는 여러 가지 논란이 있다.

먼저 맹자가 주장하는 성선설이 과연 타당한 것이냐에 관한 논란이 있다.

---

36) 『孟子』, 「公孫丑上」, 제6장, "孟子曰: '人皆有不忍人之心.……以不忍人之心, 行不忍人之政, 治天下可運之掌上. 所以謂人皆有不忍人之心者,……無惻隱之心, 非人也; 無羞惡之心, 非人也; 無辭讓之心, 非人也; 無是非之心, 非人也. 惻隱之心, 仁之端也; 羞惡之心, 義之端也; 辭讓之心, 禮之端也; 是非之心, 智之端也. 人之有是四端也, 猶其有四體也. 有是四端而自謂不能者, 自賊者也; 謂其君不能者, 賊其君者也. 凡有四端於我者, 知皆擴而充之矣, 若火之始然, 泉之始達. 苟能充之, 足以保四海; 苟不充之, 不足以事父母.'" 번역은 동양고전정보화연구소, 동양고전종합DB, 『孟子集註』, 「公孫丑上 6」의 번역에 따름.

이것은 맹자 시대 당시에도 있었던 논란이다. 그리고 이 논란은 『맹자』 「고자상告子上」 전체의 중심 주제였다. 먼저 「고자상」 제6장에 보면 맹자의 제자였던 공도자公都子가 당시에 존재하고 있었던 여러 가지 본성론을 소개하고 있다. 공도자는 당시의 본성론으로 '사람의 본성은 선함도 없고 선하지 않음도 없다'는 설, '본성은 선하게 만들 수도 있고, 선하지 않게 만들 수도 있다'는 설, '본성이 선한 사람도 있고 선하지 않은 사람도 있다'는 설을 들고 있다. 그리고 공도자는 성선설을 주장하는 맹자에게 이런 여러 가지 설은 모두 그른 것이냐고 묻는다. 이에 대해 맹자는 "만약 그 성정에 따르면 착하게 될 수 있으니, 이것이 착하다는 것이다. 만약 착하지 못하게 된다면 재질의 죄가 아니다"[37]라고 이야기한다. 이어서 그는 인간의 본성으로 존재하는 재질로 네 가지의 착한 마음을 이야기함으로써 성선설을 옹호한다. 그런데 여기서 맹자가 인간의 본성(재질)이 선하다고 하는 근거는 『시경』에서 사람들이 아름다운 덕을 좋아하는 불변하는 본성(또는 떳떳한 본성)을 가지고 있다고 했다는 것과 공자가 그것을 긍정했다는 것뿐이다. 이것 이외에 인간 본성이 착하다는 다른 증거는 제시되어 있지 않다.

　인간의 본성에 대한 견해는 여기에 소개된 본성론만 있는 것은 아니다. 인간의 본성에 대한 견해는 대략 다섯 가지로 정리할 수 있다.[38]

　첫째는 공도자가 소개한 바와 같이, 사람에 따라 본성이 선한 사람도 있고, 악한 사람도 있다는 견해이다. 이것은 인간의 품성에 등급이 있다는 주장으로, 나중에 동중서董仲舒가 사람의 본성을 상중하(善, 中, 惡)의 셋으로 나눈 삼품설三品說로 나아가기도 한다.[39]

---

37) 『孟子』, 「告子上」, 제6장, "乃若其情, 則可以爲善矣, 乃所謂善也. 若夫爲不善, 非才之罪也." 번역은 홍인표 편저, 『맹자』, 361쪽.
38) 인간 본성에 대한 다섯 가지 분류에 대해서는 예수백, 「맹자의 성선설과 정치이론」 (울산대학교 대학원 철학박사 학위논문, 2017), 115~116쪽 참조.
39) 예수백, 「맹자의 성선설과 정치이론」, 115~116쪽 참조.

둘째는 모든 사람의 본성이 선하다는 설(性善說)로, 맹자가 옹호한 견해이다.

셋째는 모든 사람의 본성이 악하다는 설(性惡說)로, 나중에 대표적으로 순자가 옹호하고 있는 견해이다.[40]

넷째는 공도자가 소개하고 있는 바와 같이 사람의 본성에는 선도 악도 없다는 설(白紙說)로, 고자告子가 옹호하고 있는 견해이다.

다섯째는 사람의 본성에는 선과 악이 다 있다는 설(混在說)이다.

인간의 본성에 관한 이런 견해 가운데 사람의 등급을 나누어 그에 따라 선악을 배정하는 것은 심각한 종 차별적 견해이므로 받아들이기 어렵다. 또한 백지설과 혼재설은 형식적으로는 구분되지만 실질적으로 유의미한 차이가 있는가는 의문이다. 이 두 가지 견해 모두에서는 선하고 악한 본성(마음)은 가능성으로서만 있는 것인데, 그것을 백지설에서는 없다고 표현하고 혼재설에서는 있다고 표현하고 있을 뿐이다. 그러므로 이 두 견해는 인간 본성의 선악은 본래 정해져 있는 것이 아니므로 인간(또는 인간의 행동)은 얼마든지 선하게도 악하게도 될 수 있다는 견해로 묶을 수 있다.

---

40) 순자는 성악설을 이렇게 표방하고 있다. "사람의 본성은 악하니 그 선한 것은 '僞'이다. 이제 사람의 본성은 나면서 이득을 좋아하게 되어 있다. 이를 따르기 때문에 쟁탈이 생기고 사양하는 마음이 없어진다. 나면서부터 시새우고 미워하게 되어 있다. 이를 따르기 때문에 잔악이 생기고 충직·성실한 마음이 없어진다. 나면서부터 귀나 눈이 아름다운 소리나 색깔 보기를 좋아하게 되어 있다. 이를 따르기 때문에 음란이 생기고 예의 문리는 없어진다. 그래서 사람의 본성대로 따르고 사람의 감정대로 따른다면 반드시 쟁탈하는 데 나아가 범절을 어기고 도리를 어지럽히는 데 알맞아 포악한 상태로 돌아갈 것이다. 그러므로 반드시 '師法'의 교화와 예의의 지도가 있은 연후라야 사양하는 데로 나아가 도리에 알맞고 다스려지는 데로 돌아갈 것이다. 이렇게 본다면 바로 사람의 본성이 악함은 분명하다. 그 선한 것은 '위'이다."(『荀子』, 「性惡」, "人之性惡, 其善者僞也. 今人之性, 生而有好利焉, 順是, 故爭奪生而辭讓亡焉; 生而有疾惡焉, 順是, 故殘賊生而忠信亡焉; 生而有耳目之欲, 有好聲色焉, 順是, 故淫亂生而禮義文理亡焉. 然則從人之性, 順人之情, 必出於爭奪, 合於犯分亂理, 而歸於暴. 故必將有師法之化, 禮義之道, 然後出於辭讓, 合於文理, 而歸於治. 用此觀之, 人之性惡明矣, 其善者僞也." 번역은 이운구 옮김, 『순자 2』(한길사, 2006), 215쪽.

『맹자』에서는 인간의 본성론 가운데서 고자와 맹자가 각기 옹호하는 백지설과 성선설 사이의 논쟁이 격렬하게 벌어지고 있다. 「고자상」 제2장에 보면, 고자는 소용돌이치는 물이 방향을 틀어 주는 대로 동서로 움직이는 것과 같이 인성도 선악의 구분이 정해져 있지 않다고 주장한다. 이에 대해 맹자는 아래로 흐르는 것이 물의 자연스러운 흐름인 것과 같이 인성도 선하다는 것이 자연스러운 본성이며, 선하지 못한 짓을 하는 것은 외부의 영향 때문이라고 주장한다. 「고자상」 제3장에 보면, 고자는 생리적인 본능을 인간의 본성이라고 하는 데 반해, 맹자는 개나 소 같은 짐승의 본성과 사람의 성은 다르다고 함으로써 인간의 본성은 짐승과 달리 선한 것이라고 주장하고 있다. 또한 「고자상」 제7장에 보면, 맹자는 보고 듣고 먹는 것에서 사람들이 좋아하는 것에 똑같은 점이 있는 것과 마찬가지로 마음으로 리理와 의義를 좋아하는 것도 똑같다는 논리로 인간의 본성은 선하다고 주장하고 있다.

　그런데 인간의 본성은 본래 선하다는 맹자의 주장은 그에 적합한 논증을 제시하는 것이 아니라 비유적 수사와 선언에 그치고 있을 뿐이다. 물이 아래로 흐르는 것처럼 인성은 본래 선한 곳으로 흐르는 것이라는 말은 하나의 비유일 뿐이다. 인성이 선한 곳으로 흐르지 선하지 않은 곳으로 흐르지 않는다는 증거는 전혀 제시되어 있지 않다. 인간이 동물들과 어떤 면에서 어느 정도 다른 점이 있다는 것은 인정할 수 있다. 예컨대 그것은 인간의 의식과 자기의식 또는 이성이 다른 동물에 비해 현저히 발달해 있다는 것 등을 들 수 있다. 그러나 인간이 동물과 다른 점이 있다고 해서, 그것이 곧 인간의 본성이 선하다는 증거가 되는 것은 아니다. 앞에서 본 「고자상」 제7장에서 맹자가 말한 것도 성선설의 합리적인 근거라 할 수 없다. 사람이 보고 듣고 먹는 것에서 차이가 있는 것처럼, 사람들이 무조건 리와 의를 좋아하여 선택하느냐, 그리고 어떤 것을 리와 의로 여기느냐 하는 것에도 큰 차이가 있을 수 있다.

성선설이나 성악설은 둘 다 근본적으로 해결하기 어려운 점을 포함하고 있다. 모든 사람의 본성이 착하거나 악하다면 어째서 그 반대의 악하거나 착한 일이 벌어지는가 하는 것이다. 이 난점을 벗어날 수 있는 길은 인간의 본성은 정해져 있는 것이 아니라 선하거나 악한 어느 쪽으로도 향하게 될 수 있다는 것을 인정하는 것이다. 이것은 우리가 앞에서 지적한 바와 같이 백지설과 혼재설을 하나로 묶은 견해와 같은 입장이라 할 수 있다.

사실 맹자는 여러 곳에서 성선설을 주장하면서도 어떤 곳에서는 백지설이나 혼재설과 별로 다를 바가 없는 주장을 펼치기도 했다. 「고자상」 제8장에 보면, 맹자는 산에 수많은 나무의 싹이 있지만 그것이 제대로 자라나지 못하게 자꾸 잘라내고 방해하면 나무가 없어지는 것처럼, 인간의 착한 마음인 인의仁義의 마음, 양심도 마찬가지라고 주장한다. 즉 인의라든가 양심이라는 인간의 선한 본성은 싹과 같은 가능성으로서만 있는 것이므로 그것을 제대로 길러주어야만 한다는 것이다. 물론 맹자는 여기서 악의 싹, 악의 가능성에 대해서 언급하고 있지는 않다. 그러나 맹자의 논리는 선의 싹과 악의 싹 모두에 적용할 수 있다. 산에는 어떤 사람이 원하는 특정한 나무와 원하지 않는 다른 나무(또는 잡초) 모두의 싹이 있을 수 있으며, 그것은 어느 쪽이든 그 조건에 따라 제대로 성장하거나 성장하지 못할 수 있다. 이와 마찬가지로 인간에게는 선과 악으로 향할 가능성이 모두 있지만, 그중 어느 것이 성장할 것인가는 그 성장 조건에 달려 있다고 할 수 있다.

인간이 본래부터 선한 일을 하거나 악한 일을 하려는 마음, 선악의 개념이나 선악의 의지를 갖고 있다고 보기는 어렵다. 개체의 탄생이란 본래 모체와 하나였던 어떤 상태, 더 넓게 근원적으로 말하자면 우주 전체에 통합되어 있던 상태로부터 그 개체가 어느 정도 분리되어 나오는 과정이다. 그렇게 개체로 태어난 인간은 생명체로서 자신의 생존을 위해 살아가려는 본성을 가지고 있다.

물론 그 속에는 본래 자신이 속했던 분리 이전의 근원으로 돌아가고자 하는 본성도 있을 것이다. 하나의 개체 생명체로서 살아가는 과정에서 인간은 수많은 사람과 사물의 도움을 받아야만 한다. 삶이란 그런 사람과 사물들과의 연속적인 관계의 과정이다. 그 과정에서 어떤 사람은 자신의 삶만을 중시하고 다른 존재들을 배려하지 않고 때에 따라서는 심지어 해치기까지 할 수 있다. 그러나 어떤 사람은 다른 존재들을 배려하고 다른 사람들과 더불어 살아가는 삶을 도모할 수도 있다. 인간이 자신의 생존을 추구해 가는 과정에서 다른 사람들과 사회를 함께 배려한다면 그것은 선이 되고, 다른 사람들과 사회를 배려하지 않고 그들에게 해를 끼쳐가면서까지 오직 자신의 생존과 이익만을 추구한다면 악이 된다.

물론 사람마다 자기중심적인 성향이나 협동적 성향이 얼마나 강한가 하는 기질상의 차이는 있을 수 있다. 그러나 사람에 따라 오직 한쪽의 성향만이 있다거나, 모든 사람에게 그 어느 쪽 성향만이 있다고 하는 것은 매우 불합리하다. 이렇게 볼 때, 모든 사람은 본래 그 본성이 선하며, 모든 사람이 다 같이 좋아하는 리理와 의義가 있다는 맹자의 인간 본성론과 의론을 그대로 수용하기는 어렵다.

성선설에 기초해 인간의 착한 본성, 인간 모두가 좋아하는 리理와 의義에 따르기만 한다면 올바른 정치, 올바른 사회가 이루어진다고 하는 맹자의 이론은, 앞에서도 지적한 것처럼 우리 이성의 선의지가 명하는 의무인 정언명령에 따라야 한다는 칸트의 의무론과 매우 유사하다. 그런데 칸트의 의무론적 윤리설은 여러 가지 문제점을 포함하고 있다.[41] 예컨대 그것은 동기만을 중시하고 결과를 무시함으로써 문제를 불러일으킬 수 있다. 또 칸트가 주장하는 정언명

---

41) 칸트의 의무론이 포함하고 있는 문제점에 대해서는 이찬훈의 논문 「통합적 관점에서 본 서구의 정의론」, II절 참조.

법은 우리가 무조건 따라야 하는 의무를 제시해 줄 수 없으며, 현실 속에서 우리가 따라야 하는 구체적인 의무를 제시해 주기 어렵다. 이런 칸트의 의무론과 유사한 맹자의 이론도 역시 칸트 의무론과 유사한 문제점을 갖고 있다고 할 수 있다. 이런 점은 의와 리利에 관한 맹자의 이야기를 검토해 보면 알 수 있다.

맹자는 사람이 올바로 행동하기 위해서는 리利가 아니라 의에 근거해야만 한다고 주장하면서 종종 리利와 의를 대립시킨다. 그중 가장 유명한 것이 『맹자』의 시작으로서 "어째서 하필 이익을 말하는가"(何必曰利)라는 말이 나오는 「양혜왕상梁惠王上」 제1장이다.[42] 맹자가 양혜왕을 만났을 때, 왕은 맹자를 향해 무엇을 가지고 자신의 나라를 이롭게 할 수 있느냐고 묻는다. 이에 대해 맹자는 대뜸 왕은 마땅히 인의를 말해야 하는데 어찌 하필 이익을 이야기하느냐고 타박을 한다. 그러면서 왕이 이익만을 따지면 그 아래 모든 신하와 백성들도 각기 자신의 이익만을 따져 나라가 위태로울 것이라고 하면서, 그 때문에 이익을 앞세우지 말고 의를 중시해야 한다고 주장한다.

이 장의 내용만 보면, 맹자의 논리는 다소 황당하고 사리에 맞지 않는 구석이 있다. 이야기만을 보자면 양혜왕이 물은 것을 자신의 개인적 이익을 얻을 수 있는 방법이 아니라 나라 전체에 이로움을 가져다줄 수 있는 방도이다. 한 나라의 왕으로서 자기 나라를 어떻게 하면 이롭게 할 수 있는가를 따지는 것은 지극히 당연한 일이고, 왕으로서의 당연한 의무이기도 하다. 그럼에도 맹자는 매우 교묘한 언사로 그것을 인의와 배치되는 것으로 몰아 비난하고 있다. 자기 개인의 사사로운 이익이 아니라 나라 전체의 공익을 도모하는 것을

---

42) 『孟子』「梁惠王上」, 제1장의 내용에 대해서는 홍인표 편저, 『맹자』, 49쪽 참조. 번역은 동양고전정보화연구소, 동양고전종합DB, 『孟子集註』, 「梁惠王上」 부분이 더 적합하다고 여겨진다.

그 자체로 인의와 대립하는 것이라 한다면 매우 불합리하다. 그런데 어째서 맹자는 이렇게 양혜왕을 비판하고 있는 것일까?

이것은 이 장의 내용만을 볼 것이 아니라 맹자가 양혜왕을 어떻게 생각하고 있었는가를 보여 주는 다른 장들의 내용과 함께 보아야만 제대로 이해할 수 있다. 양혜왕에 대한 맹자의 평가가 어떠했는가를 무엇보다도 분명하게 보여 주는 것은 「진심하盡心下」 제1장에 나오는 다음과 같은 이야기이다.

> 맹자께서 말씀하셨다. "불인不仁하도다, 양梁나라 혜왕惠王이여! 인자仁者는 자신이 사랑하는 것으로 자신이 사랑하지 않는 것에 영향이 미치게 하고, 불인자不仁者는 자신이 사랑하지 않는 것으로 자신이 사랑하는 것에 영향이 미치게 한다."
> 공손추가 말하였다. "무슨 말씀입니까?"
> 맹자께서 말씀하셨다. "양나라 혜왕은 토지 때문에 자신의 백성이 피와 살이 터지고 깨지도록 싸우게 하여 크게 패했는데, 장차 다시 싸우려 하면서 이기지 못할까 두려우므로, 자신이 사랑하는 자제子弟까지 내몰아서 희생시켰으니, 이를 일러 자신이 사랑하지 않는 것으로 자신이 사랑하는 것에 영향이 미치게 한다고 하는 것이네."[43]

여기에 분명히 나타나듯이, 맹자는 양혜왕을 자신의 자제를 포함한 수많은 사람을 죽음으로 몰고 백성을 도탄에 빠트리면서까지 토지를 더 차지하려는 자신의 욕심을 추구하는 불인不仁한 자라고 냉정하게 평가하고 있다. 그래서 맹자는 다른 곳에서도 이런 양혜왕의 호전성을 비판하면서 왕의 도리는 백성을

---

43) 『孟子』, 「盡心下」, 제1장, "孟子曰: '不仁哉, 梁惠王也! 仁者以其所愛及其所不愛, 不仁者以其所不愛及其所愛.' 公孫醜問曰: '何謂也?' '梁惠王以土地之故, 糜爛其民而戰之, 大敗, 將複之, 恐不能勝, 故驅其所愛子弟以殉之, 是之謂以其所不愛及其所愛也.'" 번역은 동양고전정보화연구소, 동양고전종합DB, 『孟子集註』, 「盡心下 1」 부분의 번역에 따름.

편안하게 하고 이롭게 하는 것이라고 질타하고 있다.

「양혜왕상」 제3장을 보면, 양혜왕은 자기가 다른 나라 왕보다 훨씬 더 나라를 위해 마음을 쓰는데 어째서 자기 나라의 백성이 더 많아지지 않느냐고 갑갑한 심경을 토로한다. 그러자 맹자는 백성들이 생업에 편안히 종사하고 산 사람을 봉양하고 죽은 사람을 제대로 장사지내며 서로 의리를 다하여 살 수 있게 하는 것이 왕도정치인데, 왕은 전쟁을 좋아하고 백성의 어려움을 구제할 줄 모르며 흉년과 같은 것만을 탓하고 있다고 비판한다.

「양혜왕상」 제5장을 보면, 양혜왕은 이전에 자기 나라가 잃었던 땅을 되찾고 모욕을 갚기 위해 전쟁을 벌이고자 하며 맹자의 의견을 묻는다. 여기서도 맹자는 그럴 것이 아니라 "백성들에게 인정을 시행하고, 형벌을 감면하며, 세금을 적게 거두고, 논밭을 깊이 갈게 하고, 속히 잡초를 제거하게 하며, 젊은이들이 여가를 이용하여 효·제·충·신의 도리를 배우고, 집에 들어서는 이러한 도리로 그 부형을 섬기고, 밖에 나가서는 이러한 도리로 선배나 상급자를 섬기게 하라"고 충고한다. 그렇게 한다면 왕은 어진 왕이 되는 것이며, 어진 사람에게는 적이 없다는 것이 맹자의 이야기이다.

양혜왕에 대한 이러한 맹자의 평가와 태도를 고려한다면, 우리는 자기 나라를 이롭게 하도록 무슨 일을 해 줄 수 있느냐고 묻는 양혜왕에게 어째서 하필 이익을 이야기하느냐고 힐난한 맹자를 이해할 수 있다. 맹자는 양혜왕이 입으로는 나라의 이익을 말하지만 실은 자신의 사리사욕을 추구하고 있다고 판단해서 그 잘못을 깨우치려 하고 있다고 할 수 있을 것이다.

공리公利와 공익을 무시하고 해치면서까지 추구하는 사리私利를 의와 어긋나고 대립하는 것으로 파악하는 데에는 문제가 없다. 사실 앞의 예뿐만 아니라 대부분 맹자가 의에 어긋나는 것으로 비판하고 있는 리利라는 것은 사리일 뿐이다. 예를 들어 맹자가 순임금과 도척盜跖을 들면서 선善과 리利를 대립적인 것으로 이야기하는 곳에서 말하는 리利는 도둑놈이 추구하는 사리일 뿐이다.[44) 또 도道와 인仁이 없는 임금의 이익을 도모하기 위해 백성을 희생시키는 신하들을 도적이라고 비판하고 있는 곳에서 말하는 이익도 사리일 뿐이다.[45)

이처럼 공익이나 공리에 어긋나는 사리만을 의에 어긋나는 것으로 비판하는 정도에 그친다면 문제는 없을 것이다. 그런데 맹자에게는 그것을 넘어서 사리와 공리를 구분하지 않고 리利 그 자체를 의와 대립하는 것으로까지 간주하도록 오도하는 측면도 있다는 점이 문제다. 이러한 문제점이 잘 드러나는 곳은 묵가의 한 사람인 송경宋牼에 관한 이야기가 실려 있는 장면이다. 그 이야기는 「고자하告子下」 제4장에 실려 있다. 거기에 보면 묵가인 송경은 진秦나라와 초楚나라가 전쟁을 벌이려고 했을 때 초왕을 만나 전쟁을 그만두도록 설득하고 안 되면 다시 진왕을 만나 설득하려고 한다. 맹자가 어떻게 설득하려고 하느냐 묻자, 송경은 전쟁이 불리不利하다는 것으로 설득하려 한다고 대답한다. 이에 대해 맹자는 그 뜻은 크지만 명분이 옳지 못하다고 하면서, 왕과 그 이하 모든 사람이 이익만을 가지고 생각하게 되면 서로가 인의를 버리고 대하게 되어 결국은 망하게 된다고 주장한다. 여기서도 다시 한 번 인의를 말해야지 어찌 하필 이익을 말하느냐는 비판이 반복되고 있다.

전쟁이 어떤 나라와 백성, 나아가서는 상대가 되는 양국 전체에 이롭지 않고 크게 해롭다는 것으로 전쟁을 그만두도록 설득하는 데에는 전혀 잘못이 없다. 이것은 사적 이익이 아니라 공익의 관점에서 전쟁을 그만두라고 하는 것이다. 이것은 지극히 당연하고 정당한 이야기이다. 이것을 무조건 인의와 상관없이 자신의 사리사욕을 추구하는 것과 같다고 몰아가는 논법은 전혀 타당하지 않다. 겸애라는 공리와 공익의 관점에서 어떻게 해서든 전쟁을 막아 보려

---

44) 『孟子』, 「盡心下」, 제25장. 홍인표 편저, 『맹자』, 443~444쪽 참조.
45) 『孟子』, 「告子上」, 제9장. 홍인표 편저, 『맹자』, 406쪽 참조.

한 묵가의 송경이 비판받아야 할 이유는 전혀 없다. 사리사욕의 추구가 인의와 어긋날 뿐 공익과 공리의 추구가 필연적으로 인의와 어긋날 이유는 전혀 없다.

대부분의 경우처럼 사리를 의에 대립하는 것으로 비판하는 맹자의 견해는 타당한 것이지만, 맹자의 논법에는 앞에서 이야기한 바와 같이 때때로 사태를 오도하도록 만드는 과도한 측면이 있다. 리利 자체를 의와 대립하는 것으로 보는 것은 우리의 행위를 결정할 때 오직 선한 내 마음이 명하는 명령, 도리, 의무에만 따라야 한다는 것이다. 오직 옳으냐 그르냐만을 따져야지 이익이냐 손해냐를 따져서는 안 된다는 것이다. 이것은 결과를 따지지 않고 동기만을 중시하는 칸트의 의무론과 똑같은 문제점을 가지고 있다. 이익이냐 손해냐를 따진다는 말은 부정적인 뉘앙스로 들릴지 모르지만, 이로우냐 해로우냐를 따지는 것은 당연한 것으로 여겨진다. 동기가 아무리 좋아도 결과가 해로움을 끼치는 것이라면 문제가 있는 것이다. 우리는 어떤 행위를 하려 할 때 그것이 초래할 결과가 이로울까 해로울까를 따져 보아야만 한다. 그런 것을 제대로 따져 보지 않고 막연히 이게 좋을 것이라는 마음만 가지고 결정을 했는데 해로운 결과를 초래했다면, 그것은 마땅히 기울여야 할 주의를 기울이지 못한 책임이 있는 것이다. 어떤 상황에서 어떻게 하는 것이 옳거나 그른 것인가를 순전히 우리 마음속에 있는 착한 본성이 결정해 줄 수 있는 것도 결코 아니다. 그것을 결정하기 위해서도 어떤 행동이 과연 공리나 공익과 합치할 수 있는가를 고려하지 않으면 안 된다.

맹자의 논리가 많은 부분에서 합리성을 갖고 있으면서도 때로는 극단적으로 치닫는 문제점을 갖고 있다는 것은 묵가墨家에 대한 맹자의 비판에서도 드러난다. 묵가에 대한 맹자의 비판은 주로 묵가의 겸애사상을 겨냥하고 있다. 친친설親親說을 주장하는 유가의 입장에서는 묵가의 겸애설을 받아들일 수 없다는 것이 그 이유다. 친친설은 자기와 친한 사람을 더 친하게 대하는 것, 즉 자신과 더 가까운 사람을 먼저 더 사랑하는 것을 말하는데, 유가에서는 이를 사람의 마땅한 도리로 여긴다. 맹자는 이것을 다음과 같이 말하였다.

> 군자가 사물에 대해서는 아끼기는 하지만 사람을 사랑하듯 하지 않으며, 사람에 대해서는 사랑하기는 하지만 어버이처럼 친애하지 않는다. 어버이를 친애하고 나서 백성을 사랑하고, 백성을 사랑하고 나서 사물을 아낀다.[46]

무엇보다도 먼저 자신과 가까운 사람을 사랑하고 배려해야 한다는 맹자의 입장은 순임금에 관한 이야기를 통해서도 잘 알 수 있다. 우선 그 한 가지는 순임금이 즉위한 후, 날마다 자신을 죽이려는 짓을 일삼은 동생 상象을 사형하지 않고 유비有庳 땅에 제후로 봉해 주었다는 이야기다. 이것을 공평하지 못한 것이 아니냐고 비판하는 제자 만장萬章에게 맹자는 어진 사람이 친한 동생을 내 몸처럼 여겨 아끼고 사랑한 예라고 반박하고 있다.[47]

또 한 가지는 '만약 아버지가 살인했다면 순임금은 어떻게 했을까'라는 가상 상황에 대한 맹자의 의견이다. 이에 대해 맹자는 "순임금께서는 천하를 버리는 것을 마치 헌신짝을 버리듯이 여기시어, 몰래 아버지를 업고 도망하여 바닷가에 살면서 종신토록 즐거워하면서 천하를 잊으셨을 것이네"[48]라고 이야기하고 있다.

이처럼 친친을 사람의 마땅한 도리로 여기는 맹자는 묵가의 겸애설을 강하게 비판한다. 먼저 맹자는 당시 매우 성행하던 양주楊朱와 묵자墨子의 이론을

---

46) 『孟子』, 「盡心上」, 45장, "君子之於物也, 愛之而弗仁; 於民也, 仁之而弗親. 親親而仁民, 仁民而愛物." 번역은 동양고전정보화연구소, 동양고전종합DB, 『孟子集註』, 「盡心上 45」 부분의 번역에 따름.

47) 『孟子』, 「萬章上」, 3장. 홍인표 편저, 『맹자』, 305~306쪽 참조.

48) 『孟子』, 「萬章上」, 35장, "舜視棄天下, 猶棄敝屣也. 竊負而逃, 遵海濱而處, 終身欣然, 樂而忘天下." 동양고전종합DB, 『孟子集註』, 「萬章上 35」 부분의 번역에 따름.

각기 한쪽 극단에 치우친 것이라 하여 비판한다. 그 중 양주에 대해서는 자신만을 위한다는 '위아설爲我說'을 취하여 '털 하나를 뽑아서 천하를 이롭게 하더라도 하지 않았다'고 비판하였다. 묵자에 대해서는 '겸애를 하여 이마가 닳고 발꿈치가 까지도록 천하를 이롭게 하여 그것을 했다'고 하였다.[49] 이 부분만 보면 묵자를 칭찬한 것처럼 보이지만 사실 맹자는 그것을 극단에 치우친 것으로 간주하며 강하게 비판하는 것이다. 이것은 똑같이 양주와 묵자를 비판하는 「등문공하滕文公下」의 글귀를 통해서 잘 알 수 있다. 거기서 맹자는 자신이 논변을 좋아하는 것이 아닌데 어쩔 수 없이 논변을 펼치는 까닭은 잘못된 양주와 묵적墨翟의 학설을 막고 추방하고 응징하며 옛 성인의 도를 수호하고 계승하려는 것이라고 주장한다. 그러면서 양주와 묵적의 위아설과 겸애설은 임금과 아버지를 무시하는(無君無父) 금수와 같은 것이라고 비난한다. 심지어 그것들은 인의仁義를 막아 짐승이 인간을 잡아먹고 인간들끼리 서로를 잡아먹게 만들 수도 있다고 격렬한 비난을 퍼붓기까지 하였다.[50]

이처럼 맹자는 묵자에 대해 극단적으로 비난을 하고 있지만, 그런 비난의 합당한 근거는 충분히 제시되어 있지 않다. 맹자가 주장하는 것처럼 인간에게는 자신, 그리고 자신과 가까운 사람을 더 사랑하고 배려하는 성향이 있으므로 그렇게 하는 것이 자연스럽다는 것은 인정할 수 있다. 그러나 묵자의 겸애설이 전적으로 그것과 배치되며 심지어 아버지도 무시하는 금수와 같은 것이라고 비난하는 것은 너무나 과도한 주장이다. 묵자의 겸애설이 아버지를 비롯해 자신과 가까운 사람에 대한 사랑을 무시하는 것은 결코 아니다.

묵자의 사상과 이론에 대해서는 다음에 자세히 다룰 것이지만, 여기서는

---

49) 『孟子』, 「盡心上」, 26장, "孟子曰, 楊子, 取爲我, 拔一毛而利天下, 不爲也. 墨子, 兼愛, 摩頂放踵, 利天下, 爲之." 홍인표 편저, 『맹자』, 444쪽 참조.
50) 『孟子』, 「滕文公下」, 9장. 홍인표 편저, 『맹자』, 213~214쪽 참조.

우선 『맹자』 「등문공상滕文公上」 제5장에 나와 있는 묵가의 한 사람인 이지夷之의 견해만을 제시해 둔다. 거기에 보면, 이지가 맹자를 만나려 하였으나 맹자는 그가 묵가사상에 따라 절장節葬을 주장하면서 표리부동하게 자기 어버이 장례를 후하게 치렀다고 힐난하며 만나 주지 않는다. 이것을 전해들은 이지는 유가의 도리도 "사랑에는 차등이 없으나 사랑을 베풂은 어버이로부터 시작해야 한다는 것"이 아니냐며, 묵가의 도리 역시 그와 다르지 않다고 주장한다. 그러나 이 말을 전해들은 맹자는 "이지는 내 부모와 남의 부모를 똑같이 보았으니, 이는 근본이 둘인 것"이라고 비난한다.[51] 여기 나오는 이지의 이야기를 통해서도 묵가에서는 겸애를 주장하지만 사랑을 베푸는 것은 어버이처럼 가까운 데서부터 시작해야 한다는 것을 부정하지 않음을 알 수 있다.

그러나 가까운 사람부터 사랑해야 한다는 것을 인정한다 해도, 사적인 영역과 공적인 영역은 구분해야만 한다. 사회와 국가의 질서, 정의의 실현을 위해서는 자신과 가족, 친지를 포함한 누구라도 똑같이 대하고, 모두를 사랑하며, 오히려 약자를 더 배려하는 겸애의 정신과 실천이 필요하다. 묵자의 주장은 바로 이런 것이다.

앞에서 들었던 순임금에 대한 맹자의 이야기와 매우 다른 다음과 같은 묵가의 이야기를 통해 이 문제를 살펴볼 수 있다.

묵가 집단의 최고 지도자인 복돈腹䵍은 진나라에서 살았는데, 그의 아들이 살인을 했다. 진나라 혜왕이 복돈에게 말하였다. "선생은 이제 고령이시고, 또한 다른 아들도 없으십니다. 과인이 이미 담당 관리에게 명하여 주벌을 가하지 말도록 조처해 놓았습니다. 선생도 그렇게 아시고 처리하십시오." 이에 대하여 복돈은 "묵자 집단의 규칙은 이러합니다. '사람을 죽인 자는 죽고, 사람

---

51) 이상 이지와 맹자의 이야기에 대해서는 『孟子』 「滕文公上」 5장 참조.

을 다치게 한 자는 벌합니다.' 이것은 사람의 살상을 금하기 위해서입니다. 무릇 사람의 살상을 금하는 것은 천하의 큰 공법입니다. 왕께서는 나에게 호의를 베푸시어 담당 관리에게 주벌하지 말라는 명령을 내리셨습니다만, 저는 우리 묵가 집단의 규칙을 실행하지 않을 수 없습니다'라고 대답하고, 혜왕의 호의에도 불구하고 그의 아들을 사형에 처하게 하였다. 아들은 어버이로서는 가장 사랑하는 대상이다. 아들에 대한 사랑을 억제하고 공법을 행한 지도자 복돈은 공정한 인물이라고 할 것이다.[52]

어버이와 자식은 누구보다도 서로 사랑하는 사람들이다. 그러므로 누구보다도 먼저 아끼고 사랑해야 마땅하다. 그렇지만 법과 행정을 집행하는 공적인 영역에서는 그런 사사로운 정을 적용해서는 안 된다. 공적인 관점에서 보면, 여러 번의 살인미수 범죄를 저지른 사람을 동생이라 하여 한 지방의 제후로 봉한다거나, 살인을 저지른 아버지를 위해 임금 자리를 버리고 함께 도망쳐야 한다는 맹자의 이야기는 도저히 수긍하기 어렵다. 물론 한 개인으로서는 그럴 수 있고, 그런 마음을 이해할 수도 있다. 그러나 결코 그것을 공적인 원리로 채택할 수는 없다. 그래서는 공정과 정의가 실현될 수 없기 때문이다. 그렇게 하는 순간 사회의 정의는 송두리째 무너지고 만다. 묵자의 겸애설은 무엇보다도 이런 공적인 영역에 적용되어야 하는 원리라고 할 수 있으며, 이를 어버이도 몰라보는 금수와 같은 견해로 몰아붙이는 것은 터무니없고 너무나도 극단적인 것이라 할 수 있다.

되돌아보면, 맹자의 왕도정치론은 통치자가 자신만의 이익과 즐거움을 추구하지 말고 백성들에게 이로움을 베풀고 백성들과 함께 즐거워하라는 것이다.

---

52) 『呂氏春秋』, 「去私」, "墨者有鉅子腹䵍, 居秦, 其子殺人, 秦惠王曰: '先生之年長矣, 非有它子也, 寡人已令吏弗誅矣, 先生之以此聽寡人也.' 腹䵍對曰: '墨者之法曰: '殺人者死, 傷人者刑, 此所以禁殺傷人也. 夫禁殺傷人者, 天下之大義也. 王雖爲之賜, 而令吏弗誅, 腹䵍不可不行墨者之法.'" 번역은 정영호 解譯, 『여씨춘추 12기』(자유문고, 2006), 50~51쪽에 따름.

또한 그것은 공공의 복리를 중시하는 공리주의와 통할 수 있고, 더 나아가 궁핍한 사회적 약자들을 우선 배려하여 공리주의의 약점을 보완할 수 있는 측면까지 포함하고 있다. 개인의 과도한 욕망과 욕심, 사리를 억제, 극복하고 측은지심과 수오지심에 따라야 한다는 맹자의 의론 역시 매우 합리적인 점을 갖고 있다. 다만 맹자의 주장 가운데는 리利 자체를 의와 대립시키고, 묵자의 공리주의적 견해를 전적으로 배척하는 극단적인 논리가 포함되어 있어 문제를 불러일으키기도 한다. 그러므로 맹자의 왕도정치론과 의론을 적극적으로 살리면서, 리利에 대한 과잉 비판을 버리고 공리주의를 적극적으로 수용하고 통합한다면, 맹자의 의론은 훨씬 더 합리적인 것으로 받아들일 수 있을 것이다.

3. 묵자의 의론義論

앞에서 우리는 공자와 맹자의 철학과 도덕 및 정치사상 그리고 거기에 들어 있는 의론에 대해 살펴보았다. 묵자는 공자와 맹자 사이에 위치하면서 유가 사상 및 의론과 여러 가지로 대비되는 사상과 의론을 제시한 사람이다. 이하에서는 유가의 사상 및 의론과 대조해 가면서 묵자의 사상과 의론의 핵심적인 내용과 특징을 고찰해 보도록 하겠다.

묵자의 생애에 관해서는 아직 많은 것이 명확하게 밝혀지지 않았지만, 지금까지의 연구에 따라 대체로 널리 받아들여지는 몇 가지 기본적인 사항들에 대해서는 말할 수 있다.[53] 묵자의 이름에 대해서는 『사기史記』를 비롯한 여러

---

53) 묵자의 생몰 연도나 출생지 등 묵자의 생애에 관한 논란과 지금까지의 연구결과의 정리에 대한 비교적 최근의 자료로는 『묵자가 필요한 시간』(陳爲人 지음, 윤무학 옮김, 흐름출판, 2018), 1~3장과 『墨子閒詁 1』(孫詒讓 校注, 李相夏 책임번역, 金太年 · 李

전적에 의거해 묵적墨翟이라는 설이 유력하지만 다른 주장들도 많다.[54] 묵자가 태어난 곳에 대해서도 여러 견해가 있지만, 현재는 공자와 마찬가지로 노魯나라 사람이었다는 설이 가장 유력하다.[55] 역시 여러 가지 견해가 있지만, 묵자가 활동한 시기는 공자 이후부터 맹자 이전인 기원전 5세기에서 4세기에 걸친 시기였다는 설이 유력하다.[56] "학자들의 여러 설을 종합해 볼 때 묵자는 기술자 집단과 관련이 있는 사士로서, 어린 시절 노나라에서 유가의 영향을 받으며 성장하여 송나라와 초나라 등지에서 활동했던 인물이었고, 그의 제자 집단은 엄한 규율과 강한 실천력을 가졌던 기술자 집단이었다고 추정할 수 있다."[57]

공자 직후에 유학의 본고장인 노나라에서 살았던 묵자는 자연히 유학을 배웠으며 그로부터 많은 영향을 받았을 것이다. 그러나 격동의 전국시대 초에 살았던 묵자는 유가사상이 그 시대의 문제들을 해결할 수 있는 답을 제대로 제시해 줄 수 없다고 보았다. 그 당시는 주周나라 중심의 봉건적 질서가 무너지고 전통적인 씨족사회가 흔들렸으며 여러 국가 간의 끊임없는 전쟁으로 인해 백성의 삶이 도탄에 빠져 있던 때였다. 묵자는 이런 때에 보수적으로 번거로운 전통과 예를 고수하며 상층계급의 입장에서 봉건적 질서체계를 옹호하는 것으로 보이는 유가사상을 비판하면서 당대의 문제를 해결하기 위해 적극적으로 자신의 견해를 주장하였다. 하층민으로서 누구보다도 그 당시 백성들의 아픔과 어려움을 함께 느꼈던 묵자가 제시한 사상은 그 어떤 것보다도 당대의 아픔을 해결하기 위해 분투한 노력의 산물이었다.

奎泌 공동번역, 전통문화연구회, 2018)의 해제 부분을 참고할 수 있다.
54) 陳爲人 지음, 윤무학 옮김, 『묵자가 필요한 시간』, 35~44쪽 참조.
55) 陳爲人 지음, 윤무학 옮김, 『묵자가 필요한 시간』, 69~71쪽 및 孫詒讓 校注, 李相夏 책임번역, 金太年・李奎泌 공동번역, 『墨子閒詁 1』, 8쪽 참조.
56) 陳爲人 지음, 윤무학 옮김, 『묵자가 필요한 시간』, 50~54쪽 및 孫詒讓 校注, 李相夏 책임번역, 金太年・李奎泌 공동번역, 『墨子閒詁 1』, 6쪽 참조.
57) 孫詒讓 校注, 李相夏 책임번역, 金太年・李奎泌 공동번역, 『墨子閒詁 1』, 9쪽.

고단하고 불안한 상황에서 온 백성이 고통을 해결해 줄 방안을 목말라 하던 시대에, 묵자를 계승한 묵가의 이론인 묵학은 한동안 널리 퍼져 막강한 영향력을 행사하였다. 당시에 묵학이 얼마나 성행하였으며 그 영향력이 얼마나 컸었는가는 여러 서적에 나와 있는 증언을 통해 알 수 있다.[58]

예컨대 『맹자』에서는 "양주와 묵적의 언론이 천하에 가득 차서, 천하의 언론은 양주에 돌아가지 않으면 묵적에 돌아갔다"[59]고 하였다. 『한비자韓非子』에서는 "세상의 현학顯學은 유학과 묵학이다"[60]라고 하였다. 『여씨춘추呂氏春秋』에서는 "공자와 묵자를 따르는 사람들이 갈수록 많아지고, 제자들이 갈수록 늘어나 천하에 가득 차게 되었다"[61]고 하였다. 그래서 한나라 초에는 성현을 거론할 때 묵자를 공자와 나란히 이야기할 정도로, 묵학이 널리 퍼져 있었다고 한다.[62]

이토록 한때 상당히 번창했던 묵가 집단과 묵가사상은 진秦나라를 이어 중국을 지배하게 된 한漢나라에서 유학만을 국가의 이념으로 숭상하게 된 이후 몰락하게 되었다. 강력한 계급적인 신분 질서를 필요로 하는 전제 왕정에서는 일반 백성과 하층민들을 대변하고 옹호하는 평등주의적 성격의 묵가사상을 배척하지 않을 수 없었다.[63] 그 때문에 시대를 앞서갔던 민주적이고 평등적인

---

58) 묵학의 성행과 영향력에 관한 이하의 『맹자』, 『한비자』, 『여씨춘추』의 기록에 관해서는 梁啓超, 「墨子學案」(1921년), 『梁啓超全集』 第六冊, 3296~3297쪽 참조.
59) 『孟子』, 「滕文公下」, 제9장, "楊朱, 墨翟之言盈天下. 天下之言, 不歸楊, 則歸墨." 번역은 홍인표 편저, 『맹자』, 214쪽. 梁啓超는 출전을 「滕文公上」이라고 잘못 표기함. 梁啓超, 「墨子學案」(1921년), 『梁啓超全集』 第六冊, 3296쪽 참조.
60) 『韓非子』, "世之顯學, 儒, 墨也." 梁啓超, 「墨子學案」(1921년), 『梁啓超全集』 第六冊, 3296~3297쪽에서 재인용.
61) 『呂氏春秋』, 「當染」, "孔墨徒屬彌衆. 弟子彌豊. 充滿天下." 梁啓超, 「墨子學案」(1921년), 『梁啓超全集』 第六冊, 3297쪽에서 재인용. 梁啓超는 출전을 「尊師」라고 잘못 표기함.
62) 梁啓超, 「墨子學案」(1921년), 『梁啓超全集』 第六冊, 3297쪽 참조.
63) 陳爲人 지음, 윤무학 옮김, 『묵자가 필요한 시간』, 21쪽 참조.

묵자의 사상은 이후 오랜 전제정치 하에서 깊이 억눌린 채 빛을 볼 수가 없었다.

묵자의 자취는 한나라 때부터 사라져 버렸다가 서진西晉 때에 이르러서 노승魯勝이 지었다고 하는『묵변주墨辯注』의 서문이『진서晉書』「은일전隱逸傳」에 전해졌다. 동진東晉 때에는 묵자를 신선으로 추앙한 갈홍葛洪이 신선도교 이론 체계에『묵자』를 포함시켰고, 이후 도교 경전이 당대唐代에『도장道藏』으로 집대 성되고 송대宋代에『만수도장萬壽道藏』이 간행되면서 우연히『도장』안에 박대정 심博大精深한 묵가 학설이 남게 되었다.[64] 이후 명明나라 정통正統 연간(1436~1449) 에 칙명에 의해 장우초張宇初가 편찬한『정통도장正統道藏』이 반포되었으며, 지금 전해져 오는『묵자』판본들은 바로 이『정통도장』에 들어있는 '도장본道藏本'으 로부터 시작된 것이다.

『한서漢書』「예문지藝文志」에 따르면『묵자』는 본래 71편이었을 것으로 추정 되지만 현재 전해지는 것은 총 15권 53편으로 구성되어 있다.[65] 그 후 묵자 연구에 중요한 역할을 한 사람은 명청 교체기의 부산傅山(1607~1684)으로서『묵 자』「대취大取」편을 주석하였다.[66] 다음으로는 청나라의 필원畢沅(1730~1797)이 『묵자』에 대한 주석을 냈다.[67] 특히 손이양孫詒讓(1848~1908)은 청나라 때까지의 『묵자』연구를 집대성한『묵자간고墨子閒詁』를 냄으로써 근대 이후 묵자 연구의 신기원을 이루었다고 할 수 있다. 그 이후에도 량치차오(梁啓超, 1873~1929), 후스 (胡適, 1891~1962) 같은 학자들의 연구를 거치면서 묵자사상은 복권되어 오늘날에 도 매우 유효한 사상으로서 다시 조명을 받게 되었다.

근래에 묵자에 관한 연구는 크게 증가하였다. 이태승의 조사에 따르면,

---

64)『묵자』의 이런 전승에 관해서는 陳爲人 지음, 윤무학 옮김,『묵자가 필요한 시간』, 22쪽 참조.
65) 孫詒讓 校注, 李相夏 책임번역, 金太年·李奎泌 공동번역,『墨子閒詁 1』, 15쪽 참조.
66) 陳爲人 지음, 윤무학 옮김,『묵자가 필요한 시간』, 25쪽 참조.
67) 孫詒讓 校注, 李相夏 책임번역, 金太年·李奎泌 공동번역,『墨子閒詁 1』, 44쪽 참조.

최근 10여 년간 중국에서는 CNKI(中國知網)에 게재된 학위논문과 학술잡지에서 '묵자墨子' 5,268건, '묵가墨家' 3,848건, '의리義利' 2,811건의 자료가 검색되었으며, 우리나라에서는 국회도서관 자료로 '묵자' 252건, '묵가' 1,235건, '의리' 5건이 검색되었다고 한다.[68]

묵자 의론의 특징과 현대적 의미를 밝히려는 필자의 글에서는 묵자 의론과 밀접한 연관성을 가진 몇몇 연구 성과를 참고로 하되, 다른 수많은 논쟁은 생략하고, 손이양孫詒讓이 교주校注한 『묵자간고』와 기세춘이 역저한 『묵자』를 저본으로 삼아, 『묵자』 자체 속에 포함된 의론을 분석하고 그 의미를 밝히는 데 치중하였다.[69]

1) 묵자의 겸애설兼愛說과 의義 개념

묵자의 중심 사상은 무엇보다도 우선 겸애설이다. '겸애兼愛'란 차별 없이 두루 아울러 사랑한다는 뜻이다. 오늘날 흔히 말하는 박애博愛와 같은 개념이라고 할 수 있다. 당시 열국들이 벌이는 끊임없는 전쟁의 혼란 속에서 도탄에 빠져 신음하던 민중들을 구제할 수 있는 이념을 묵자는 다름 아닌 겸애에서 구하였다.

---

(68) 이태승, 「묵가 의리관의 실천적 성격」(동방문화대학원대학교 박사학위논문, 2017), 5~10쪽 참조.
(69) 『묵자』의 번역본은 기세춘이 번역한 『묵자』와 손이양이 교주하고 李相夏 등이 번역한 『묵자간고』 두 가지를 사용하였는데, 그것은 인용하는 원전의 해당 부분 번역이 더 적합한 것을 선택하였기 때문이다. 묵자의 의론과 연관해 이 글에서 주로 참고한 국내 논문은 다음과 같은 것들이다. 박문현, 「묵자의 경세사상연구」(동국대학교 대학원 박사학위 논문, 1990); 琴種鉉, 「義 사상의 기원과 전개─춘추전국시대를 중심으로」(성균관대학교 대학원 박사학위논문, 2011); 이태승, 「묵가 의리관의 실천적 성격」(동방문화대학원대학교 박사학위논문, 2017); 이계석, 「묵자의 이상사회론 연구─선진유가의 대동사회론과 비교를 중심으로」(충남대학교 대학원 철학과 동양철학전공 박사학위논문, 2020).

묵자는 세상이 혼란한 근본 원인을 사람들이 자신 및 자신과 친한 사람들, 그리고 그 밖의 다른 사람들로 구분하고, 자신들만을 사랑하고 자신들만을 이롭게 하며, 이를 위해 남을 해치기까지 하는 데 있다고 보았다. 이것을 『묵자』에서는 이렇게 말하고 있다.

> 큰 나라가 작은 나라를 공격하는 것, 큰 가家가 작은 가家를 어지럽히는 것, 강한 자가 약한 자를 위협하는 것, 다수가 소수에게 사납게 구는 것, 교활한 자가 어리석은 자를 속이는 것, 귀한 자가 천한 자에게 오만하게 구는 것, 이 같은 것들이 천하의 해로움이다. 이는 어디에서 생기는 것인가. 이것이 남을 사랑하고 남을 이롭게 하는 데에서 생기겠는가. 그러면 반드시 그렇지 않다고 할 것이고, 반드시 남을 미워하고 남을 해치는 데에서 생긴다고 할 것이다. 천하에서 남을 미워하고 남을 해치는 것에 이름을 붙이자면 '아우름'이겠는가, '가름'이겠는가. 그러면 반드시 '가름'이라 할 것이다. 그렇다면 바로 이 '번갈아 가르는 것'이야말로 과연 천하의 큰 해로움을 낳는 것이겠다. 이런 까닭에 자묵자子墨子께서 "'가름'은 잘못된 것이다"라 하셨다.[70]

나와 남을 가르고 나만을 사랑하고 나만의 이익을 추구하는 것, 그리고 이를 위해서라면 남을 해치기까지 하는 이러한 별애別愛야말로 모든 혼란의 근본 원인이라는 것이다. 혼란의 근본 원인이 이런 것이기 때문에 해결책 또한 그것을 바꾸는 것뿐이다. 즉, 그것은 별애를 겸애로 바꾸는 것이다. 이것을 『묵자』에서는 이렇게 말하고 있다.

---

70) 『墨子』,「兼愛下」, "大國之攻小國也, 大家之亂小家也, 強之劫弱, 衆之暴寡, 詐之謀愚, 貴之 敖賤, 此天下之害也. 此胡自生? 此自愛人利人生與? 卽必曰非然也, 必曰從惡人賊人生. 分名 乎天下惡人而賊人者, 兼與? 別與? 卽必曰別也. 然卽之交別者, 果生天下之大害者與. 是故子 墨子曰, 別非也." 번역은 孫詒讓 校注, 李相夏 책임번역, 金太年·李奎泌 공동번역, 『墨子 閒詁 2』(전통문화연구회, 2018), 110~113쪽.

여러 가지 이로움이 생겨나는 원인을 한번 따져 보면 이는 어디에서 생기는 것인가. 이것이 남을 미워하고 해치는 데에서 생기겠는가. 그러면 반드시 그렇지 않다고 할 것이고, 반드시 남을 사랑하고 남을 이롭게 하는 데에서 생긴다고 할 것이다. 천하에서 남을 사랑하고 남을 이롭게 하는 것에 이름을 붙이자면 '가름'이겠는가, '아우름'이겠는가. 그러면 반드시 '아우름'이라 할 것이다. 그렇다면 이 '번갈아 아우르는 것'이야말로 과연 천하의 큰 이로움을 낳는 것이겠다. 이런 까닭에 자묵자께서 "'아우름'이 옳다"라 하셨다.[71]

이처럼 모든 사회적 혼란의 근본 원인은 나만을 사랑하고 나만의 이익을 추구하는 것에 있으며, 문제의 해결책은 사람들이 모든 사람을 두루 아울러 사랑하고 서로서로 이롭게 하는 데 있다. 이것을 『묵자』에서는 이렇게 이야기한다.

천하의 모든 화란·찬탈·원한이 생기는 원인은 서로가 사랑하지 않기 때문에 일어나는 것이다. 이런 까닭에 어진 사람은 그것을 잘못되었다고 한다. 이미 잘못되었다 한다면 어떻게 이런 상황을 바꾸겠는가. 자묵자께서 말씀하시기를 "아울러 사랑하고 번갈아 서로 이롭게 하는 법으로 이를 바꾼다"라 하였다.[72]

여기서 드러나듯이 묵자의 겸애설은 '차별 없이 두루 아울러 사랑하고 번갈아 서로 이롭게 하는 것'(兼相愛, 交相利)이라고 풀어서 말할 수 있다. 여기서 우리

---

71) 『墨子』, 「兼愛下」, "姑嘗本原, 若衆利之所自生, 此胡自生? 此自惡人賊人生與? 卽必曰非然也, 必曰從愛人利人生. 分名乎天下愛人而利人者, 別與? 兼與? 卽必曰兼也. 然卽之交兼者, 果生天下之大利與! 是故子墨子曰, 兼是也." 번역은 孫詒讓 校注, 李相夏 책임번역, 金太年·李奎泌 공동번역, 『墨子閒詁 2』, 115쪽.
72) 『墨子』, 「兼愛中」, "凡天下禍篡怨恨, 其所以起者, 以不相愛生也, 是以仁者非之. 旣以非之, 何以易之? 子墨子言曰: 以兼相愛, 交相利之法易之." 번역은 孫詒讓 校注, 李相夏 책임번역, 金太年·李奎泌 공동번역, 『墨子閒詁 2』, 67~68쪽.

는 차별 없이 두루 아울러 사랑하는 방법은 다름 아니라 최대한 모든 사람을 이롭게 하는 것임을 알 수 있다.[73] 나 자신이나 나와 친한 사람의 이익만을 챙기는 것이 아니라 모든 사람을 공평하게 이롭게 하는 것이야말로 모든 사람을 두루 아울러 사랑하는 방법이다. 그리고 묵자에게는 모든 사람을 공평하게 이롭게 하는 것, 이것이야말로 바로 의이기도 하다. 그러므로 묵자 의론의 핵심은 의와 리利를 통합하여 무엇보다도 민중의 이익을 중시하는 공리주의에 있다.

공자나 맹자 등 유가와 마찬가지로 묵자 역시 의가 무엇보다도 중요하다고 간주한다. 이것을 묵자는 이렇게 말한다. "천하에 의로움보다 더 귀한 것은 없다."[74] 그래서 또한 묵자는 "하늘은 의로움을 바라고 불의를 싫어한다"[75]고 말한다. 그런데 묵자는 이 의라는 것이 리利와 대립하는 것이 아니며 오히려 리利와 분리될 수 없는 것임을 분명히 천명한다. 이 점에서 묵자는 종종 리利 그 자체를 의와 대립하는 극단으로까지 나아갔던 맹자와는 분명히 다르다. 극적으로 표현하자면, 인의를 말해야지 '어찌 하필 이익을 말하느냐'(何必曰利)라는 맹자의 말에 대해 묵자는 "의는 리이다"(義利也)[76]라고 말하는 것이다.

묵자가 볼 때, 의는 사람을 이롭게 하는 것이며, 불의는 사람을 해롭게 하는 것이다.[77] 여기서 말하는 이로움은 물론 나만의 이로움이 아니라 모든 사람(백성, 최대다수)의 이로움이다. 그래서 묵자는 "의는 뜻으로써 천하를 아름답게 하고, 힘껏 이롭게 하는 것이다"[78]라고 말하며, "어진 사람이 하는 일은

---

73) 梁啓超는 이것을 이렇게 표현하였다. "묵자는 겸애를 이야기할 때 항상 '兼相愛, 交相利' 여섯 글자를 함께 언급했으니, 반드시 결합해야만 그의 의도가 명확히 드러난다. '겸상애'는 이론이고, '교상리'는 이 이론을 실행하는 방법이다." 梁啓超, 「墨子學案」(1921년), 『梁啓超全集』 第六册, 3265쪽.
74) 『墨子』, 「貴義」, "萬事莫貴於義." 번역은 기세춘 역저, 『묵자』(바이북스, 2009), 851쪽.
75) 『墨子』, 「天志上」, "天欲義而惡不義." 번역은 기세춘 역저, 『묵자』, 591쪽.
76) 『墨子』, 「經上」. 기세춘 역저, 『묵자』, 718쪽.
77) 『墨子』, 「大取」, "義利, 不義害." 번역은 기세춘 역저, 『묵자』, 807쪽.
78) 『墨子』, 「經說上」, "義, 志以天下爲芬, 而能能利之." 번역은 기세춘 역저, 『묵자』, 718쪽.

반드시 천하의 이익을 일으키고 천하의 해로움을 없애는 것"[79]이라고도 말한다. 여기서 우리는 묵자의 의론이 어떤 일의 옳고 그름을 그것이 최대다수의 사람에게 가져다주는 이로움과 해로움을 계산해서 판단하는 공리주의와 합치한다는 것을 알 수 있다.

그렇다면 이로움과 해로움은 무엇을 말하는가? 공리주의자들은 흔히 이익을 쾌락과 동일시하고 쾌락을 행복과 동일시한다. 그래서 우리가 추구해야 하는 최대의 공리란 최대한의 쾌락을 가져다주는 것이 된다. 그러나 쾌락을 곧 행복과 동일시하는 것은 쾌락에도 좋고 나쁜 것이 있으며, 쾌락만 많이 얻을 수 있다고 해서 반드시 행복한 것은 아니라는 상식적이고도 보편적인 견해와 어긋난다.[80] 그렇다면 묵자는 이 문제를 어떻게 보고 있는가?

우선 묵자는 이로움과 해로움에 대해 다음과 같이 이야기한다.

이익이란, 얻으면 기쁜 것이다.[81]

해로움이란, 얻으면 싫은 것이다.[82]

언뜻 보면 묵자는 이로움과 해로움을 공리주의자들이 말하는 쾌락과 고통과 같은 것으로 파악하고 있는 것으로 보이기도 한다. 그러나 사람들이 좋아하는 것(기뻐하는 것)이나 싫어하는 것이 반드시 쾌락이나 고통과 같은 것이라고 할 수는 없다.

---

79) 『墨子』, 「兼愛中」, "仁人之所以爲事者, 必興天下之利, 除去天下之害." 번역은 孫詒讓 校注, 李相夏 책임번역, 金太年・李奎泌 공동번역, 『墨子閒詁 2』, 63쪽.
80) 행복과 쾌락을 동일시하는 데서 생겨나는 공리주의 문제점에 대해서는 이 책의 1부 '3. 다수의 이익: 공리주의 정의론' 부분 참조.
81) 『墨子』, 「經上」, "利, 所得而喜也." 번역은 기세춘 역저, 『묵자』, 723쪽.
82) 『墨子』, 「經上」, "害, 所得而惡也." 번역은 기세춘 역저, 『묵자』, 723쪽.

묵자는 사람들이 고통을 싫어하고 고통에서 벗어나고자 하는 것을 당연한 것으로 여겼다. 묵자는 당시의 민중들이 겪고 있는 고통을 이렇게 묘사하였다. "백성들에게는 세 가지 환란이 있다. 굶주린 자가 먹을 수 없고, 헐벗은 자가 입을 수 없고, 고달픈 자가 쉴 수 없는 것, 이 세 가지가 백성의 큰 근심거리이다."[83] 그래서 묵자는 백성들이 기본적인 의식주조차 해결하지 못하는 것이 가장 큰 고통이며, 여기에서 벗어나 편안한 삶을 영위하는 것이야말로 가장 큰 이로움이라고 간주하였다. "이렇게 되면 배고픈 자는 먹을 것을 얻을 것이요, 헐벗은 자는 옷을 얻을 것이요, 피로한 자는 쉴 것이요, 어지러운 것은 다스려질 것이다. 이것을 편안한 생명 살림이라 한다."[84]

묵자는 고통이 해로움이며 거기에서 벗어나고자 하는 것은 당연한 것이라고 간주하였다. 그렇지만 묵자가 이로움을 쾌락과 같은 것으로 본 것은 아니다. 오히려 묵자는 많은 경우 쾌락의 추구는 평안하고 행복한 백성의 삶을 저해하므로 절제해야 마땅한 것으로 여겼다. 묵자는 무엇보다도 감각적인 쾌락의 추구를 바람직한 것으로 보지 않았으며, 이것을 이렇게 표현하였다. "인자의 천하를 위한 헤아림은, 눈에 아름답고 귀에 즐겁고 입에 달고 몸에 편안한 것을 추구하지 않는다."[85]

그래서 묵자는 더 많은 쾌락을 얻기 위해 행하는 모든 화려하고 사치스러운 활동들을 비판하고 절제하는 검소한 생활을 바람직한 것으로 간주하였다. 그래서 예컨대 「사과辭過」편에서는 집, 옷, 음식, 배와 수레, 잉첩滕妾과 사인私人(하인)

---

83) 『墨子』, 「非樂上」, "民有三患, 饑者不得食, 寒者不得衣, 勞者不得息, 三者民之巨患也." 번역은 기세춘 역저, 『묵자』, 659쪽.

84) 『墨子』, 「尙賢下」, "若此則飢者得食, 寒者得衣, 亂者得治. 若飢則得食, 寒則得衣, 亂則得治, 此安生生." 번역은 기세춘 역저, 『묵자』, 451쪽.

85) 『墨子』, 「非樂上」, "夫仁者之爲天下度也, 非爲其目之所美, 耳之所樂, 口之所甘, 身體之所安." 번역은 기세춘 역저, 『묵자』, 657쪽.

등 다섯 가지를 들면서, "검약하고 절제하면 창성하고, 사치하고 방탕하면 패망하니, 이 다섯 가지를 절제하지 않아서는 안 된다"[86]고 이야기한다. 이런 묵자의 입장은 생활의 모든 방면에서 절용을 강조한 것, 즐겁고 아름답다 해도 너무 화려하고 번잡한 음악을 비판한 것 등에도 잘 나타나 있다. 이것을 잘 나타내 주는 것으로는 다음 이야기를 증거로 들 수 있다.

> 자묵자께서 음악을 비판하는 까닭은 큰 종, 북, 금, 슬, 우, 생황 소리를 즐겁지 않다고 여겨서가 아니며, (악기에) 아로새긴 문양의 화려한 빛깔을 아름답지 않다고 여겨서가 아니며, 볶고 구운 고기 맛을 맛있지 않다고 여겨서가 아니며, 높은 누대, 큰 정자, 깊은 집과 같은 거처를 편안하게 여기지 않아서가 아니다. 비록 몸은 편안할 줄 알고 입은 맛있는 줄 알고 눈은 아름다운 줄 알고 귀는 즐거운 줄 알지만, 그러나 위로 살펴보면 성왕의 일에 맞지 않고 아래로 헤아려 보면 만민의 이로움에 맞지 않다. 이런 까닭에 자묵자께서는 말씀하셨다. "음악을 즐기는 것은 옳지 않다."[87]

묵자는 많은 쾌락을 추구하는 삶보다는 기본적이고 필수적인 생활 조건들이 제공되어 생존을 위해 허덕이지 않고, 각자가 능력에 맞는 일을 하면서 살아갈 수 있는 삶을 행복한 삶으로 간주하였다. 그래서 묵자는 여러 곳에서 사람마다 자신이 능한 것에 종사하며 살아가는 것이 중요함을 강조하였는데, 대표적인 것으로는 다음 이야기를 증거로 들 수 있다.

---

86) 『墨子』, 「辭過」, "儉節則昌, 淫佚則亡, 此五者不可不節." 번역은 孫詒讓 校注, 李相夏 책임번역, 金太年 · 李奎泌 공동번역, 『墨子閒詁 1』, 211쪽.

87) 『墨子』, 「非樂上」, "子墨子之所以非樂者, 非以大鍾鳴鼓, 琴瑟竽笙之聲 以爲不樂也, 非以刻鏤華文章之色, 以爲不美也, 非以犓豢煎炙之味, 以爲不甘也, 非以高臺厚榭邃野之居, 以爲不安也, 雖身知其安也, 口知其甘也, 目知其美也, 耳知其樂也, 然上考之不中聖王之事, 下度之不中萬民之利. 是故子墨子曰: '爲樂非也.'" 번역은 孫詒讓 校注, 李相夏 책임번역, 金太年 공동번역, 『墨子閒詁 3』(전통문화연구회, 2020), 163~165쪽.

제자인 치도오와 현자석이 묵자에게 물었다. 인민을 이롭게 하는 의를 실천하려면 무엇을 가장 힘써야 할까요? 묵자가 말했다. 비유를 들면 담장을 쌓는 것과 같다. 흙을 잘 다지는 사람은 흙을 다지고, 흙을 잘 운반하는 사람은 흙을 나르게 하고, 흙을 잘 파는 사람은 삽질을 시켜 제각기 능한 일로 협동해야 담장을 쌓을 수 있다. 의로운 일을 행하는 것도 이와 같아서 변론을 잘 하는 사람은 변론을 하고, 글을 잘 쓰는 사람은 글을 쓰고, 일을 잘 처리하는 자는 일을 관리토록 하여 제각기 능한 일을 해 내면 의로운 일이 이루어진다.[88]

많은 쾌락을 얻는 것보다는 고통에서 벗어나 편안하게 생존하며 자신의 기능을 잘 발휘하며 살아가는 행복을 진정한 이로움으로 본 묵자의 관점은 공리주의자보다도 아리스토텔레스의 견해와 가깝다고 할 수 있다.[89] 그러나 이로움을 곧 쾌락과 동일시하지 않는 점에서는 차이가 있지만, 묵자 의론의 기본 관점은 공공의 이로움을 위하는 것이 옳다고 본다는 점에서 분명 공리주의적이라고 할 수 있다. 본래 정의란 '각자에게 알맞은 몫을 주는 것'이라고 할 때, 공리주의적 관점에서 각자에게 돌아갈 몫을 결정하는 최우선적 기준은 공공의 이익을 최대화할 수 있는 길이 무엇이냐가 된다. 이 점은 묵자의 의론 역시 마찬가지라고 할 수 있다.

그런데 공리주의는 공적 이익의 최대화만을 중시하다 보니 구체적인 분배 문제에서 개인의 권리, 능력, 성과 등을 충분히 반영하기 어려운 문제가 있다.

---

88) 『墨子』, 「耕柱」, "治徒娛, 縣子碩問於子墨子曰: '爲義孰爲大務?' 子墨子曰: '譬若築牆然, 能築者築, 能實壤者實壤, 能欣者欣, 然後牆成也. 爲義猶是也. 能談辯者談辯, 能說書者說書, 能從事者從事, 然後義事成也.'" 번역은 기세춘 역저, 『묵자』, 833쪽. 이 밖에도 "각각 자신이 능한 것에 종사하게 한다"고 한 「節用中」의 이야기(『墨子閒詁 2』, 295쪽), "사람마다 자신의 능력을 발휘하여 번갈아 서로를 이롭게 해야 한다고 하였으니, 이것이 성왕의 법이다"라고 한 「節葬下」의 이야기(『墨子閒詁 2』, 361쪽) 등도 있다.
89) 이로움과 쾌락 그리고 행복의 관계에 관한 아리스토텔레스와 공리주의자의 견해에 대해서는 이 책의 1부 '3. 다수의 이익: 공리주의 정의론' 참조.

또 균등한 분배를 넘어 좀 더 배려가 필요한 사회적 약자들에 대한 분배 문제도 공리주의적 원리만 가지고는 해결하기 어려운 점이 있다.90) 놀랍게도 묵자는 일찍이 공리주의적 입장이 초래할 수 있는 이런 문제점을 보완할 수 있는 의견들도 제시하고 있다.

우선 묵자는 사람이 얼마나 노력을 했으며 어떠한 공을 이루었느냐에 따라 그에 알맞은 보상을 해 주는 것이 마땅하다는 것을 분명히 밝혔다. 그는 "만약 진실로 어진 사람을 상 주지 않고 포악한 사람을 벌주지 않는다면, 바로 어진 사람이 되는 것을 권장하지 못하고 포악한 사람이 되는 것을 막지 못할 것"91)이라고 이야기한다. 그래서 "성왕의 시대에는 덕에 따라 벼슬을 주고 관직에 따라 정사를 복무하며 노력에 따라 상을 정했고, 공적을 헤아려 녹을 분별했다"92)고 하면서 분배 몫을 정할 때는 개인의 노력과 성과를 고려해야 한다고 주장하였다. 이런 묵자의 생각은 현명한 사람을 골라 쓸 때는 그에 걸맞게 높은 작위와 후한 봉록을 주어야만 인민의 신뢰를 얻을 수 있다고 하면서 능력에 맞는 대접을 주장한 데서도 알 수 있다.93)

그러나 다른 한편으로 사람의 능력과 성과에 의해서만 각자의 몫을 정한다면 어려운 상황 때문에 능력을 발휘하고 눈에 띄는 성과를 내기 어려운 사회적 약자들은 더 곤란한 처지에 빠지기 쉽다. 그러므로 사회적인 분배는 사회구성원 모두에게 생존에 필요한 최소한의 것들을 제공하고, 사회적 약자들을 우선 배려한다는 원칙도 반드시 고려해서 이루어져야만 한다. 그래서 묵자는 누구

---

90) 이 책의 1부 '3. 다수의 이익: 공리주의 정의론' 참조.
91) 『墨子』, 「尙賢中」, "若苟賞不當賢而罰不當暴, 則是爲賢者不勸而爲暴者不沮矣." 번역은 孫詒讓 校注, 李相夏 책임번역, 金太年·李奎泌 공동번역, 『墨子閒詁 1』, 264쪽.
92) 『墨子』, 「尙賢上」, "當是時, 以德就列, 以官服事, 以勞殿賞, 量功而分祿." 번역은 기세춘 역저, 『묵자』, 422쪽.
93) 『墨子』, 「尙賢中」, "爵位不高, 則民不敬也, 蓄祿不厚, 則民不信也." 孫詒讓 校注, 李相夏 책임번역, 金太年·李奎泌 공동번역, 『墨子閒詁 1』, 255쪽 참조.

보다도 사회적 약자들에 대한 배려를 강조하였다. 묵자의 위대한 성인으로서의 면모는 무엇보다도 그가 언제나 부유하고 힘센 자들이 아니라 가난하고 약한 자들의 편에 섰다는 점에 있다. 『묵자』의 곳곳에는 '배고픈 자, 헐벗은 자, 피로한 자', '처자가 없는 늙은이', '가련하고 외로우며 형제가 없는 자', '어리고 약한 고아들'과 같은 사회적 약자들에 대한 따뜻한 관심과 배려가 가득하다.

그래서 묵자는 의로운 정치는 바로 사회적 약자들을 배려해 주는 정치라고 주장하였다. 그것은 우선 우월한 위치에 있는 자들이 열세에 있는 자들을 이용하고 그들의 이익을 침해하면서 자신들의 이익만을 도모하지 않도록 하는 것이다.

> 의로운 정치란 어떻게 하는가? 큰 나라는 작은 나라를 공격하지 않고, 강자는 약자를 모욕하지 않으며, 다수는 소수를 해치지 않고, 지혜로운 자는 어리석은 자를 속이지 않으며, 귀한 자는 천한 자를 업신여기지 않고, 부한 자는 가난한 자에게 교만하지 않으며, 젊은 사람은 노약자를 약탈하지 않는 것이다.[94]

그러나 사회적 약자들에 대한 배려는 단순히 강자들이 약자들의 이익을 침범하지 않는 정도로 그치는 것이 아니라, 적극적으로 그들의 어려움을 해결할 수 있도록 노력하는 데까지 나아가야 한다. 묵자는 이런 적극적 배려를 이렇게 주장하였다.

> 굶주리면 먹이고 추위하면 옷을 입히며 병을 앓으면 돌보아 주고 죽으면 묻어 주니, '아우름'을 주장하는 사士의 말이 이와 같고 행동이 이와 같다.[95]

---

94) 『墨子』, 「天志下」, "義正者何若? 曰大不攻小也, 強不侮弱也, 衆不賊寡也, 詐不欺愚也, 貴不傲賤也, 富不驕貧也, 壯不奪老也." 번역은 기세춘 역저, 『묵자』, 623~624쪽.

이처럼 묵자의 의론은 공공의 이익을 최대화하려는 공리주의 원칙을 기본으로 하면서도 각자의 분배 몫을 정할 때는 한편으로는 개인의 능력이나 노력 그리고 공적도 고려하고, 또 다른 한편으로는 사회적 약자들도 배려해야만 한다는 생각을 포함하고 있다. 이러한 묵자의 견해는 각자에게 알맞은 몫을 정하는 정의의 문제를 해결하려 할 때 어느 한쪽으로 치우치지 않고 다양한 요소들을 균형 있게 고려하는 합리적이고 탁월한 견해라고 할 수 있다.

공리주의에 대해서는 흔히 또 하나의 중요한 문제가 제기되는데, 그것은 어째서 우리가 개인의 이익(쾌락, 행복)을 추구하는 것이 아니라 공공의 이익(쾌락, 행복)을 추구해야 하는가 하는 것이다. 그런데 이것은 겸애설에 기초해 공리주의적 주장을 펼치는 묵자에게도 똑같이 제기될 수 있는 문제이다.

근대 서구의 공리주의자들은 이익이 좋은 것이라면 나의 이익만이 아니라 타인의 이익도 좋은 것이라거나, 인간에게는 공감이나 자비심, 친교나 평판에 대한 갈망 등의 사회적 감정이 있다는 것을 공리 추구의 근거로 제시하였다. 그러나 모든 사람이 각자 자신의 이익을 좋은 것이라 간주한다는 것이 내가 나의 이익이 아니라 타인의 이익을 위해 행동해야 할 충분한 이유를 제공하는 것은 아니다. 또 인간에게는 자신의 욕망을 충족하고 이익을 도모하려는 개인적 성향도 사회적 감정 못지않게 있으며, 사회적 감정의 정도는 개인마다 다를 수 있으므로 사회적 감정을 마땅히 공리를 추구해야 한다는 근거로 삼기도 어렵다.[96]

그렇다면 묵자는 우리가 차별 없이 두루 아울러 사랑(兼相愛)을 해야만 하는 이유, 최대한 모든 사람을 이롭게(交相利) 해야만 하는 근거를 무엇이라고 제시하

---

95) 『墨子』, 「兼愛下」, "飢則食之, 寒則衣之, 疾病侍養之, 死喪葬埋之, 兼士之言若此, 行若此." 번역은 孫詒讓 校注, 李相夏 책임번역, 金太年·李奎泌 공동번역, 『墨子閒詁 2』, 122쪽.
96) 이상과 같은 공리 추구의 근거에 대한 공리주의자들의 답변과 그 문제점에 대한 자세한 논의는 이 책의 1부 '3. 다수의 이익: 공리주의 정의론' 참조.

였는가? 어떤 사람들은 묵자가 외재적인 인격신인 하늘(天)이나 귀신 등의 뜻이 겸애이기 때문에 우리도 마땅히 겸애해야 한다고 주장했다고 한다.[97] 그러나 만약 그렇다면, 외재적 인격신인 하늘이 그것을 원한다고 해서 우리가 그것을 따라야만 할 이유는 무엇인가? 하늘이 정말로 '외재적'이라면 그 뜻을 따라야 할 이유는 만약 따르지 않는 경우 처벌을 받을 것이라는 두려움밖에 없을 것이다. 그러나 이런 외적인 강제력이 진정한 도덕적 당위의 근거라고 하기는 어렵다. 이 때문에 우리는 묵자의 하늘(天)과 겸애의 근거에 관한 생각을 상세히 살펴볼 필요가 있다.

중국 고대의 천 개념은 상제上帝 관념으로 나타났다. 하늘(하느님, 天)을 가리키는 상제는 여러 부족신 등을 통합하는 더 상위의 신으로서 상정되었다. 여러 부족신을 통합한 상위의 하늘 개념은 세계의 다른 여러 나라에서도 공통으로 나타나는 개념이다. 상제는 흔히 의지를 지닌 인격신으로서 인간들의 활동을 감시하고 상벌을 관장하는 존재이며, 때로는 자연현상과 온갖 인간사도 지배하는 존재로까지 여겨지기도 하였다. 중국에서는 춘추시대 이후 점차 이런 관념에서 벗어나 자연현상은 자연법칙으로 설명하고 인간사는 인간의 주체적인 활동으로 설명하려는 생각들이 확대되었다. 그러나 자연과 인간사를 지배하는 외적인 주재자로서의 하늘이라는 전통적 관념은 춘추시대 이후에도 여전히 남아 있었으며, 특히 일반 민중들 사이에서는 계속해서 커다란 영향력을 행사하고 있었다.

---

97) 예컨대 전재성은 묵자 겸애설의 근거에 대해 이렇게 이야기하고 있다. "묵자는 외재적 인격신인 天과 하늘의 뜻(天志)을 근거로서 상정하였다. 차별 없이 모든 사람을 비처 주고 살게 해 주는 하늘의 뜻이야말로 겸애 그것이어서, 하늘은 사람이 겸애하는 것을 바라고, 그 반대되는 행위를 미워한다는 것이다. 하늘이 각기 상벌을 내려서 악인이 망하고 선인이 잘 된다는 교리야말로, 묵자의 생각에는 내재적 도덕성보다 사회개선에 훨씬 실효성이 있다고 여긴 것이다." 전재성, 「공자와 묵자의 철학사상 비교 연구」(성균관대학교 대학원 유학과 유교철학전공 박사학위논문, 2001), 79쪽.

묵자의 하늘에 관한 생각은 상당 부분 중국 고대의 천天 관념을 이어받고 있다. 그래서 때때로 묵자는 실제로 외적인 인격적 주재자로서의 신이라는 하늘 개념을 내보이고 있는 것이 사실이다. 하늘이 온갖 자연현상을 지배하고 정치를 비롯한 모든 인간사를 주관하고 선악에 따라 상벌을 내리는 주재자라는 관념이 가장 뚜렷이 드러나 있는 것은 다음과 같은 말이다.

> 나는 하늘이 백성을 사랑하심이 돈후한 까닭을 알고 있다. 하늘은 일월성신
> 을 갈마들게 하여 밝게 비추어 인도하고 사시를 마련하여 춘하추동으로 질서
> 를 삼고 눈과 서리와 비와 이슬을 내려 오곡과 삼실을 자라게 하여 백성들이
> 그것을 얻어 재화로 이용하기 때문이다. 또한 산천과 계곡을 펼쳐 놓으시고
> 만사를 주관하시어 백성들의 선악을 다 살피시며 왕공과 후백을 세워 그들로
> 하여금 어진 자는 상을 주고 포악한 자에게는 벌을 주도록 하고 쇠와 나무와
> 새와 짐승들을 내려주셔서 오곡과 삼실을 가꾸어 백성들이 먹고 입는 재화로
> 삼게 하시기 때문이다.[98]

묵자는 이런 하늘 이외에도 선악에 따라 인간들에게 상벌을 내리는 것을 돕는 존재라는 전통적인 귀신 관념 또한 수용하기도 하였다. 하늘과 귀신이 걸桀・주紂・유幽・려厲와 같은 폭군들에게 죽음의 형벌을 내리고 집안이 멸망하고 후사가 끊어지게 만들었다고 하는 묵자의 말[99]과 같은 것이 그 대표적인 예이다.

앞에서 말한 이런 전통적인 천天과 귀신 관념은 상당히 미신적이고 자연현

---

98) 『墨子』, 「天志中」, "吾所以知天之愛民之厚者有矣, 曰以磨爲日月星辰, 以昭道之, 制爲四時春
秋冬夏, 以紀綱之, 雷降雪霜雨露, 以長遂五穀麻絲, 使民得而財利之, 列爲山川谿谷, 播賦百
事, 以臨司民之善否, 爲王公侯伯, 使之賞賢而罰暴, 賊金木鳥獸, 從事乎五穀麻絲, 以爲民衣食
之財." 번역은 기세춘 역저, 『묵자』, 607~608쪽.
99) 『墨子』, 「尙賢中」. 기세춘 역저, 『묵자』, 437~438쪽 참조.

상과 인간사에 대한 과학적이고 주체적인 파악을 가로막는 후진적인 면을 가지고 있는 것이 사실이다. 이에 대해 일찍이 후한의 왕충王充은 일부 백성들의 말에 따라 귀신을 숭상하는 묵가의 의견이 사실과 부합하지 않아 신빙성이 없다고 비판한 바 있다.[100] 그러나 과연 묵자가 다분히 미신적인 옛날의 하늘과 귀신 관념을 자신의 진지한 철학적이고 종교적인 이념으로서 주장한 것인가, 그리고 그것이 그의 사상에서 그리 큰 비중을 차지하고 있는가에 대해서는 크게 의심하지 않을 수 없다. 묵자사상에서 외적인 인격적 주재자로서의 하늘과 천지天志 그리고 귀신의 중요성을 너무 과대평가하면 묵자의 참뜻을 제대로 보지 못하고 묵자사상의 합리적이고 진보적인 부분을 제대로 평가하고 계승하기가 어렵다.

예컨대 중국의 현대 철학자인 리쩌허우(李澤厚)는 묵자의 하늘과 귀신 관념을 비과학적인 것으로 간주하면서, 그것은 묵자가 소생산 노동자의 일상경험이라는 좁은 시야에 갇혀서 넓은 시야와 과학적이고 전체적인 세계관을 갖지 못했기 때문이라고 비판하였다.[101] 이것은 그 시대에 묵자가 하늘과 귀신 관념을 동원해서 민중들에게 말하고자 했던 뜻과 그렇게 한 이유를 충분히 고려해 주지 않은 채 혹독하게 비판하기만 하는, 묵자에 대한 너무나 야박한 평가이다.

우리나라의 학자들을 보면, 박문현은 "일반적으로 묵학의 중심사상은 겸애

---

100) 王充, 『論衡』, 「薄葬」. 梁啓超, 「墨子學案」(1921년), 『梁啓超全集』第六册, 3298쪽 참조.
101) 리쩌허우는 이렇게 이야기하고 있다. "경험과 공리에서 출발하여 현실에 아주 충실하고 이성적으로 깨어 있는 사상이론인 것 같은데, 왜 이렇게 살아서 활동하는 상제라는 인격신을 필요로 하는가? 왜 '강력'을 강조하여 숙명에 반대하는 묵자가 오히려 선한 사람에게 상을 내리고 악한 자에게 벌을 줄 수 있는 '天', '鬼'를 통해서 인간세상을 통치하려고 하는가? 소생산 노동자의 일상경험의 좁은 시야로부터 정신적 근거를 귀납할 수는 없었고, 진정한 의미의 넓은 시야와 과학적이고 전체적인 세계관을 연역하거나 추론해 내는 것이 더욱 어렵기 때문.…… 절대적 권위를 가지고 있는 인격신을 최고의 주재자로 삼은 환상이다."(리쩌허우 지음, 정병석 옮김, 『중국고대사상사론』, 152~153쪽)

로 보고 있으나, 겸애 역시 천天의 의지에 근거하고 있으므로 천지天志가 묵학 중의 최고의 가치규범인 것이다.…… 그러므로 그 근원적 의의를 따른다면 천지天志의 위치는 겸애보다 더욱 중요한 것이다"라고 주장한다. 이것은 하늘과 하늘의 뜻을 묵자사상에서 무엇보다도 근본적이고 중요한 관념으로 간주하는 주장이다. 그러나 그러면서도 그는 곧바로 이어서 "묵자는 인간의 숙명적 운명론을 배격하고 인간의 실천의지를 강조하고 있다. 비록 천지天志가 있고 귀신이 있으나, 사람들은 노력하여 복을 구할 것이지 가만히 앉아 신의 도움을 기다려서는 안 된다는 것이다"라고도 주장한다. 그런데 이렇게 본다면 묵자의 주장에는 심각한 모순이 있는 셈이 된다. 이렇다면 묵자는 하늘의 뜻이야말로 모든 것을 주재하는 근원적인 것이라고 하면서 동시에 인간의 실천의지를 강조하는 것이기 때문이다. 이처럼 하늘과 하늘의 뜻(天志)이 묵자사상에서 그토록 중요하고 근원적인 것이라고 간주하게 되면 묵자의 사상을 매우 모순적인 것으로 평가하지 않을 수 없다.

전재성 역시 외재적인 주재자로서의 하늘이라는 개념을 묵자의 하늘 개념에서 중심적이라고 보면서 묵자의 사상이 매우 타율적인 성격을 띠고 있다고 비판하고 있다. 그는 공자와 묵자의 천天 개념을 비교하면서 이것을 이렇게 표현하고 있다. "공자와 묵자의 천天 개념을 간단히 요약해 보면, 공자는 도덕적 자각을 중시하였으며, 따라서 공자의 천天은 인간의 '자율'을 그 특징으로 하고 있다고 하겠다. 묵자는 현실개선을 위한 강력한 초월적 근거로서 천지天志를 요청하게 된 것이며, 따라서 묵자의 천天은 '타율'을 특징으로 한 것이라 볼 수 있다."[102] 그러나 그는 또한 묵자의 외재적인 하늘 개념이 타율적이라고 하면서도 동시에 묵자가 인간 자신의 선택과 책임을 강조하였다고 주장하기도

---

102) 전재성, 「공자와 묵자의 철학사상 비교 연구」, 47쪽.

하였다.[103] 이렇게 되면 묵자사상은 모순에 가득 찬 매우 불합리한 것이 되지 않을 수 없는데, 이에 관해서는 아무런 설명이 없다.

문제는 하늘과 하늘의 뜻 그리고 귀신에 대한 묵자의 이야기를 묵자사상에서 매우 근원적이고 중심적인 것으로 파악하는 것이다. 그러나 묵자의 사상 체계에서 하늘과 귀신의 뜻과 작용이 그렇게 근원적이고 중심적인 것이라고 보기는 어렵다. 묵자에게서 하늘과 귀신의 존재는 그 자체로 신앙의 대상이 되며 무엇이건 그 뜻에 따라야만 하는 존재가 아니다. 앞에서 본 것처럼 외재적인 인격적 주재자로서의 하늘과 같이 우리를 오도하는 이야기가 있는 것은 사실이지만, 묵자가 하늘과 귀신에 관해 이야기하는 것은 거의 전부가 그의 근본 주장인 겸애를 뒷받침하기 위한 것이다. 즉 하늘과 귀신에 관한 이야기는 사람들에게 겸애를 실행하도록 권장하는 방편의 성격이 강하다고 할 수 있다.[104] 실제로 묵자가 말하는 하늘과 귀신의 뜻과 역할은 사람들이 서로 사랑하고 이롭게 하는 겸애를 실천하도록 하는 데에서 조금도 벗어나지 않는다. 묵자는 하늘의 뜻에 대해 다음과 같이 말한다.

---

103) "묵자 天사상의 특징은 공자가 외재적 天을 어느 정도 인정하면서도 天이 인간 안에 덕을 부여함으로써 천명이 내재함을 주장한 데 비하여, 묵자는 천의 외재성만을 강조하면서 천지와 천덕을 강조한 점에 있다. 결국 하늘의 뜻을 겸애로 본 묵자는 天志에 따른 인간의 겸애 실천에 있어서 인간 자신의 선택과 책임을 강조한 것이다." 전재성, 「공자와 묵자의 철학사상 비교 연구」, 46쪽.

104) 이 점에서 이계석의 다음과 같은 이야기가 매우 합당하다고 할 수 있다. "묵자는 사람들에게 겸애교리의 실천을 유도하기 위하여 '하늘'을 끌어들였다. 그러나 묵자의 목적은 '하늘의 뜻(天志)'을 받드는 데 있는 것이 아니었다. 그는 오직 사람들에게 겸애교리의 실천을 유도하기 위한 근거로 삼은 것이었다. 묵자는 겸애교리의 실천을 강화하기 위해 '귀신의 힘'을 동원했다. 겸애를 잘 실천하면 상과 복을 받고 그렇지 않으면 재앙과 벌을 받는다는 상벌이론을 제시하고 상벌을 내리는 주체로서의 귀신의 존재를 상정했다. 묵자의 관심은 귀신의 존재 그 자체에 있었던 것이 아니라 단지 활용하는 데 있을 뿐이다." 이계석, 「묵자의 이상사회론 연구—선진유가의 대동사회론과 비교를 중심으로」, 46쪽.

하늘은 사람들이 서로 아끼고 서로 이롭게 하는 것을 바라지 사람들이 서로
미워하고 서로 해치는 것을 바라지 않는다는 것을 어떻게 아는가. 하늘은 (만
물을) 아울러 아껴 주고 아울러 이롭게 해 주기 때문이다. 하늘은 (만물을)
아울러 아껴 주고 아울러 이롭게 해 준다는 것을 어떻게 아는가? 하늘은 (만
물을) 아울러 살려 주고 아울러 먹여 주기 때문이다.[105]

하늘의 뜻은 오직 겸애에 있을 뿐이며, 하늘은 결코 이를 벗어난 어떤 자의
적인 명령도 내리지 않는다. 이는 귀신도 마찬가지다. 묵자가 귀신의 존재를
겸애를 권장하기 위한 방편으로 사용했다는 것은 다음과 같은 말에 잘 드러나
있다.

묵자가 말했다. 일찍이 귀신이 능히 어진 자에게 상을 주고 포악한 자에게
벌을 준다는 신앙을 나라와 인민에게 펴는 근본 취지는 그것이 실로 나라를
다스리고 만민을 이롭게 하는 도리이기 때문이다.[106]

묵자가 귀신의 존재를 방편적으로 이용하려 한 것은 제사에 관해 만약
귀신이 존재한다면 조상신과 같은 귀신들이 제사 음식을 먹고 마시게 되니
좋고, 귀신이 없다 해도 집안과 마을 사람들이 제사 음식을 함께 나누어 먹고
마시게 되니 좋다고 한 데에서도 잘 알 수 있다. 여기서 우리는 묵자가 관심을
가진 것은 귀신의 존재 여부가 아니라 귀신을 믿음으로써 생겨나는 효용이었다
는 것을 잘 알 수 있다.

---

105) 『墨子』, 「法儀」, "奚以知天之欲人之相愛相利, 而不欲人之相惡相賊也? 以其兼而愛之, 兼而
利之也. 奚以知天兼而愛之, 兼而利之也? 以其兼而有之, 兼而食之也." 번역은 孫詒讓 校注,
李相夏 책임번역, 金太年・李奎泌 공동번역, 『墨子閒詁 1』, 146~147쪽.
106) 『墨子』, 「明鬼下」, "子墨子曰: '嘗若鬼神之能賞賢如罰暴也. 蓋本施之國家, 施之萬民, 實所
以治國家利萬民之道也.'" 번역은 기세춘 역저, 『묵자』, 649쪽.

묵자가 하늘과 귀신의 뜻을 동원하여 겸애를 뒷받침하려 한 것은 민중들 사이에는 선악에 대해 상벌을 내리는 하늘과 귀신이라는 종교적 관념이 여전히 큰 힘을 발휘하고 있었기 때문이다. 비록 철학적으로는 이미 자연현상과 인간 사에 대한 과학적이고 주체적인 설명이 어느 정도 제시되고 있다 해도 그것이 광범위한 민중들을 이끄는 이념으로 작용하기에는 아직 상당한 거리가 있었다. 이 때문에 묵자는 아직 민중들에게 익숙한 종교적 관념을 방편으로 사용해 겸애라는 자신의 이념을 뒷받침하려 한 것이라고 할 수 있다. 그 당시 인간에게 어떤 명령(천명)을 내리고 상벌을 부과하는 하늘이라는 전통적인 관념을 완전히 배제한 사상가는 거의 없었다. 이 점은 공자도 마찬가지다. 특히나 묵자와 그를 추종하는 집단의 많은 구성원은 하층민 생산자 계급이었다. 그 때문에 묵자는 인격을 가지고 있고 자연과 인간의 일을 주재하며 상벌을 내리는 신이라는 민중에게 친숙한 전통적인 하늘 개념을 수용하고 그를 내세워 겸애라는 주장의 설득력을 확보하려 한 것이다. 그러나 그가 말하는 하늘과 하늘의 뜻은 자의적인 뜻에 따라 마음대로 세상을 좌지우지하는 것이 아니라 모든 사람을 똑같이 사랑한다는 것일 뿐이다. 지금도 우리는 못된 사람이나 행실을 보면 천벌을 받을 것이라고 이야기한다. 그렇다고 해서 우리는 정말로 의지를 가진 인격적인 하늘이 있어 모든 인간사를 관장한다고 진지하게 믿는 것도 아니고 또 믿어야만 하는 것도 아니다. 그것은 악에 대한 비판이며 악은 응분의 대가를 치러야만 한다는 의사의 표현일 뿐이라고 할 수 있다. 하늘이나 귀신에 대한 묵자의 이야기 역시 이와 같다고 할 수 있다. 이렇게 해석할 때 우리는 묵자의 사상을 훨씬 더 정합적으로 이해할 수 있다.

묵자가 하늘과 귀신의 뜻을 다분히 겸애를 권장하는 방편으로 사용했다는 것은 인간을 스스로 운명을 개척하는 주체로 분명하게 세웠다는 점을 통해서도 알 수 있다. 묵자야말로 당시 그 누구보다도 자율적인 인간의 노력과 실천을 중시한 사상가이다. 묵자는 '비명론非命論'을 통해 인간의 운명은 하늘이나 귀신과 같은 외적인 존재가 정하는 것이 아니며, 운명을 개척하는 것은 인간 자신이라는 것을 분명히 했다. 이것은 너무나도 확고한 묵자의 입장이며, 이에 비추어 본다면 하늘과 귀신에 관한 이야기는 아무래도 방편에 불과하다고 하지 않을 수 없다.

묵자는 개인이 부유하거나 가난한 것, 나라가 제대로 다스려지거나 혼란한 것 등의 온갖 인간사를 운명 탓으로 돌리는 운명론을 비판했다.[107] 만약 사람들이 모두 운명론을 믿는다면 각자가 해야만 하는 일을 열심히 할 이유나 필요가 없게 된다. 사람이 아무리 열심히 일을 해 보았자 그 성패는 어차피 운명에 의해 정해져 있기 때문이다. 이렇게 되면 모든 사람이 각자의 직분에 태만해짐으로써 세상이 이루 말할 수 없이 어지러워질 수밖에 없다. 묵자는 당시에 유가들이 그런 운명론을 펼쳐 세상을 어지럽히고 있다고 하면서 가차 없이 비판하였다.

> 유가들은 운명론을 고집하며 말하기를, 오래 살고 일찍 죽는 것, 부유하고 가난한 것, 편안하고 위태한 것, 태평하고 어지러운 것, 이것들은 본래부터 하늘이 정한 운명이어서 덜하거나 더할 수 없는 것이며, 곤궁하고 영달하며, 상을 받고 벌을 받으며, 행·불행도 이미 정해져 있는 것이므로 사람의 지혜나 힘으로는 어찌할 수 없다고 한다. 그러나 관리들이 이것을 믿으면 맡은 직분에 태만하고, 서민들이 이것을 믿으면 종사하는 일을 태만히 할 것이다. 관리들이 다스리지 않으니 어지럽고, 농사를 게을리하니 가난할 것이다. 가난과 어지러움은 정치의 근본에 어긋나는 것이다. 그러니 유가들이 도라고 가르치는 것은 천하 인민을 해치고 있다.[108]

---

107) 『墨子』, 「非命上」. 기세춘 역저, 『묵자』, 669~670쪽 참조.
108) 『墨子』, 「非儒下」, "有强執有命以說議曰: '壽夭貧富, 安危治亂, 固有天命, 不可損益, 窮達賞罰幸否有極, 人之知力, 不能爲焉.' 群吏信之, 則怠於分職. 庶人信之, 則怠於從事. 吏不治則

그래서 묵자는 운명론을 철저하게 배격하여 "천명은 없다.…… 운명은 하늘에서 내리는 것이 아니고 스스로 얻는 것이다"[109]라고 선언하고 있다. 이렇게 운명론을 부정하는 묵자는 개인의 부귀영화나 나라의 안녕과 번영은 모두 인간 노력의 결과라고 주장했다.[110] 이런 묵자의 입장은 외재적인 주재자로서의 하늘이나 귀신 관념과는 정면으로 부딪친다. 그러므로 이런 묵자의 확고한 비명론非命論에 비추어 볼 때, 하늘이나 귀신의 뜻이라는 것은 겸애의 실천을 북돋아 주는 방편일 뿐이라고 간주하는 것이 합당할 것이다.

이렇게 본다면, 묵자가 서로를 차별 없이 두루 아울러 사랑(兼相愛)하고 최대한 모든 사람을 이롭게(交相利) 해야만 하는 진정한 근거를 외재적 인격신인 하늘이나 귀신의 뜻에서 찾았다고 보기는 어렵다. 그렇다면 마치 공리주의자들이 공리 추구의 근거를 인간에게 있는 사회적 감정에서 구한 것처럼 겸상애와 교상리의 근거를 마치 공리주의자들처럼 인간의 마음에서 찾는 것은 어떨까? 이것은 앞에서 우리가 살펴본 것처럼, 인의仁義를 모든 인간에게 내재해 있는 자연스러운 본성으로 보면서 이런 본성적으로 착한 마음에 따르기만 한다면 된다는 맹자의 관점과 가깝다고 할 수 있다. 그러나 묵자는 인간의 심성에 관해 이와는 전혀 다른 관점을 가지고 있어서 겸애의 근거를 인간의 마음에서 구한 것도 아니다. 묵자는 모든 생명체에게는 자신의 생존을 유지하고자 하는 욕망이 있으며, 그 본성이 착하다거나 악하다고 할 수는 없다고 보았기 때문에, 겸애와 도덕적 행위의 근거를 심성론에서 구하지 않는다. 묵자는 인간의 성품이 본래 정해져 있는 것이 아니라고 보았다. 인간의 마음은 오히려 백지와 같아서 상황에 따라 얼마든지 바뀔 수 있는 것이다. 이것을 묵자는 "행실과

亂, 農事緩則貧, 貧且亂政之本, 而儒者以爲道敎, 是賊天下之人者也." 번역은 기세춘 역저, 『묵자』, 700쪽.
109) 『墨子』, 「非命下」, "無天命……不自降天之哉得之." 번역은 기세춘 역저, 『묵자』, 686쪽.
110) 『墨子』, 「非命下」. 기세춘 역저, 『묵자』, 689·694~695쪽 등 참조.

도리와 성품은 물들어지는 것이다"[111]라고 이야기하였다. 그래서 묵자는 상황에 따라 사람이 어질고 착하거나 인색하고 포악해지기도 하며[112], 인의를 좋아하는 사람들과 친하게 지내는가 아니면 탐욕스럽고 포악한 사람들과 친하게 지내는가에 따라 자신도 그렇게 된다고 주장하였다[113].

그렇다면 겸애의 근거가 무엇인가는 여전히 문제가 된다. 설령 하늘의 뜻이 겸애라 해도 더 근원적인 물음은 왜 하늘의 뜻이 겸애인가 하는 것이라고 할 수 있다. 이에 대한 묵자의 대답은, 천하의 모든 것은 같은 하늘에 속하는 것이며 유기적인 전체의 부분으로서 서로 둘이 아니기 때문이라고 할 수 있다. 묵자에게 하늘은 사람을 포함한 만물의 바깥에 존재하는 것이 아니다. 하늘은 천하의 모든 것을 감싸 안고 있는 것이며 천하 만물은 그 부분으로서, 하늘과 모든 사물은 둘이 아니고, 부분들인 사물들 역시 서로 둘이 아니다. 유기체 전체와 그 부분인 개체는 서로 떨어져 존재할 수 없는 불이적不二的 존재인데, 묵자는 하늘(전체 우주)과 만물의 관계를 그와 같이 유기적인 것으로 보는 것이다. 묵자는 겸애의 궁극적 근거를 이처럼 만물이 서로 떨어질 수 없는 둘이 아니라는 존재론에서 찾았다.

묵자는 만물이 일체인데 이것을 나누어서 이야기하게 되면 개별적 존재들이 되는 것이라고 함으로써 만물이 서로 독립적으로 분리될 수 없는 유기적인 관계에 있다는 것을 말한다. 묵자는 이것을 다음과 같이 표현한다.

---

111) 『墨子』, 「所染」, "行理性於染當." 번역은 기세춘 역저, 『묵자』, 388쪽.
112) 『墨子』「七患」의 다음과 같은 구절을 참조. "時年歲善, 則民仁且良, 時年歲凶, 則民吝且惡. 夫民何常此之有."(풍년이 든 때에는 인민들이 어질고 착하지만 흉년이 들면 인민들은 인색하고 포악해지는 것이다. 어찌 인민들이 恒心을 가질 수 있겠는가?) 번역은 기세춘 역저, 『묵자』, 399~400쪽.
113) 『墨子』의 「所染」편 전체가 이런 취지의 글이다.

만물. 모두를 하나로 묶는 것은 소와 말을 네발 달린 짐승이라 하는 것과 같
다. 이것은 우마에 해당하는 말이다. 그러나 소를 헤아리고 말을 헤아리면
우마는 둘로 나뉜다. 또 우마로 헤아리면 우마는 하나로 통일된다. 마치 손가
락을 세는 것처럼 손가락은 다섯이나 손은 하나다.[114]

여기서 묵자는 우리가 손가락을 하나씩 세면 다섯 개의 손가락이 되지만
그것은 함께 하나의 손을 이루고 있는 것처럼, 만물은 따로따로 보면 각기
다른 사물로 보이지만 사실은 함께 연결된 하나의 전체, 하나의 하늘, 하나의
우주를 이룬다는 것을 말하고 있다. 묵자가 세상 만물을 유기적인 것으로 보았
다는 것은 개체와 전체의 관계를 이야기하고 있는 다음과 같은 말들에서도
잘 드러난다.

개체. 전체를 나눈 것이다.[115]

개체라는 것은 비롯된 싹이다. 마치 둘 중에 하나와 같고 길이에 있어서 점과
같은 것이다.[116]

덞. 한쪽이란 아우른 것 중에서 하나의 개체다.[117]

여기서도 묵자는 세상의 개체 사물들은 마치 하나의 선을 구성하고 있는
점과 같이 다른 사물들과 떨어질 수 없이 유기적으로 연결된 존재들이라고

---

114) 『墨子』, 「經說下」, "俱: 俱一, 若牛馬, 四足; 惟是, 當牛馬. 數牛, 數馬則牛馬二, 數牛馬則牛
馬一. 若數指, 指五而五一." 번역은 기세춘 역저, 『묵자』, 755쪽.
115) 『墨子』, 「經上」, "體, 分於兼也." 번역은 기세춘 역저, 『묵자』, 716쪽.
116) 『墨子』, 「經說上」, "體, 體也, 若有端. 若二之一, 尺之端也." 번역은 기세춘 역저, 『묵자』,
716~717쪽.
117) 『墨子』, 「經說下」, "損, 偏去也者, 兼之體也." 번역은 기세춘 역저, 『묵자』, 728쪽.

이야기하고 있다. 하나의 선은 수많은 점으로 이루어져 있다. 그러나 점 하나하나가 서로 독립적으로 존재하는 것이라면 선을 이루지 못한다. 그러므로 전체로서의 선과 낱낱의 점은 서로 둘이 아니다. 개체 사물들과 우주 전체도 그와 같다.

만물을 포괄하고 있는 하나의 유기적인 우주, 이것을 묵자는 하늘이라고 말한다. 하늘은 모든 것을 감싸 안고 있는 유기적 전체이며, 모든 개체는 서로 분리될 수 없는 하늘의 부분이다. 이것을 묵자의 말로 하자면 "천하의 대국大國과 소국小國을 막론하고 모두 하늘의 고을이며, 사람은 장유長幼와 귀천貴賤을 막론하고 모두 하늘의 신하"118)라고 할 수 있다. 이렇게 이 세상에 존재하는 모든 것은 하늘이라는 전체의 부분이기 때문에 하늘은 모든 사물을 차별 없이 평등하게 사랑한다. 그래서 하늘은 인민을 평등하게 두루 보존해 주고, 인민을 두루 먹여 준다.119) 사람들도 역시 하나의 유기적 전체인 하늘에 속하는 존재이므로 서로가 둘이 아니다. 그러므로 타인을 사랑하는 것은 곧 그와 둘이 아닌 자기를 사랑하는 것이기도 하며, 그 때문에 서로를 사랑하는 것은 지극히 당연한 일이다. 이것을 묵자는 이렇게 이야기하고 있다.

> 인민을 사랑하는 것은 자기를 저버리는 것이 아니다. 자기도 그 사랑하는 인민 속에 있는 것이다. 자기가 사랑하는 속에 머물러 있다는 것은 그 사랑이 자기에게도 이로운 것이다.120)

---

118) 『墨子』, 「法儀」, "天下無大小國, 皆天之邑也. 人無幼長貴賤, 皆天之臣也." 번역은 孫詒讓 校注, 李相夏 책임번역, 金太年·李奎泌 공동번역, 『墨子閒詁 1』, 147쪽.
119) 『墨子』, 「天志上」. 기세춘 역저, 『묵자』, 596쪽 및 「法儀」; 『묵자』, 393쪽 등 참조.
120) 『墨子』, 「大取」, "愛人不外己, 己在所愛之中. 己在所愛, 愛加於己." 번역은 기세춘 역저, 『묵자』, 806쪽.

묵자는 이처럼 모든 사람이 서로 둘이 아니므로 공간적으로는 모든 곳의 사람, 시간적으로는 현세는 물론이고 과거와 미래의 모든 사람까지도 사랑해야 마땅하며[121], 어느 한 사람이라도 빠트려 사랑하지 않는다면, 그것은 곧 사람을 사랑하지 않는 것[122]이라고까지 이야기하고 있다.

이처럼 묵자가 겸애의 진정한 근거로 본 것은 하늘이나 귀신의 뜻도 아니고, 인간의 착한 본성도 아니었다. 그것은 인간을 포함한 만물이 같은 하늘에 속하는 둘이 아닌 존재들이라는 것이었다. 이 세상의 어떤 인간도 다른 인간들과 떨어져 존재하지도 않고 존재할 수도 없다는 존재론적 진리에 근거할 때만 진정으로 서로 사랑하고 개인의 이익과 행복만이 아니라 모두의 이익과 행복, 최대다수의 이익과 행복을 고려해야 한다는 주장이 정당화될 수 있다. 그런 존재론적 진리에 기초할 때만 사회적 재화의 분배 몫을 정하는 정의 문제에서 나의 이익이 아니라 전체의 이익을 고려하는 공리주의 원칙을 취하는 것이 당연하게 된다. 또 모든 사람이 서로 둘이 아니라는 존재론적 관점을 취할 때 비로소 사회적인 약자를 우선 배려해야 한다는 원칙 또한 정당화될 수 있다. 그것은 마치 우리 신체 중에서도 특히 약하거나 아픈 부분이 있으면 그곳을 우선 배려하고 보살피는 것과 마찬가지로 당연한 일이기 때문이다.

---

121) 『墨子』, 「大取」, "愛衆衆世與愛寡世相若. 兼愛之有相若. 愛尙世與愛後世, 一若今之世人也."(사람이 많은 세상을 사랑하는 것과 사람이 적은 세상을 사랑하는 것이 서로 같으니, 겸애하는 것이 또 서로 같으며, 옛날의 세상을 사랑하는 것과 후대의 세상을 사랑하는 것이 오늘날 세상 사람을 사랑하는 것과 꼭 같다.) 번역은 孫詒讓 校注, 李相夏 책임번역, 邊球鎰 공동번역, 『墨子閒詁 4』(전통문화연구회, 2020), 430~431쪽.

122) 『墨子』, 「小取」, "愛人, 待周愛人, 而後爲愛人. 不愛人, 不待周不愛人, 不周愛, 因爲不愛人矣."(사람을 사랑한다는 것은 모든 사람을 두루 사랑한 연후에야 사람을 사랑한 것이다. 그러나 사람을 사랑하지 않는 것은 모든 사람을 두루 사랑하지 않기를 기다릴 필요가 없다. 한 사람을 사랑하지 않아도 사람을 사랑하지 않는 것이라고 말할 수 있다.) 번역은 기세춘 역저, 『묵자』, 828쪽.

2) 겸애와 의義의 실천과 실현

이미 본 것처럼 묵자의 중심사상은 겸애이며 그것은 '차별 없이 두루 아울러 사랑하고 번갈아 서로 이롭게 하는 것'(兼相愛, 交相利)이었다. 그리고 그것은 곧 나만이 아니라 모든 사람을 공평하게 이롭게 해야 한다는 의론이 되기도 했다. 아울러 묵자의 의론은 공공의 이익을 최대화하려는 공리주의의 원칙을 기본으로 하면서도 개인의 능력이나 노력 및 공적도 고려하고, 동시에 사회적 약자도 배려하는 균형 잡힌 의론이었다. 또 묵자는 인간을 포함한 만물이 서로 둘이 아니라는 존재론적 진리로써 이런 의론의 확고한 근거를 제시하기도 하였다. 묵자의 다른 모든 이론은 묵자가 말하는 이런 겸애와 의를 실천하고 실현하기 위한 방도를 제시한 것이라고 할 수 있다. 이제부터는 그것을 고찰해 보기로 한다.

많은 사람이 묵자 이론의 중심 주제를 '십론十論'으로 묶어서 이야기한다. 묵자 자신이 십론에 해당되는 이야기를 「노문魯問」편에서 직접 언급하고 있다. 묵자는 제자인 위월魏越에게 각국을 돌며 나라를 다스리는 방도에 대해 다음과 같이 유세하라고 이야기한다.

> 무릇 나라를 다스림에는 화급히 힘쓸 일을 선택하여 종사해야 한다. 즉, 나라
> 가 혼란하면 그에게 어진 인재 등용(尙賢)과 화동 일치를 말해 주고(尙同), 나라
> 가 가난하면 절도 있는 소비(節用)와 간소한 장례(節葬)를 권하고, 나라가 음악
> 과 술에 탐닉해 있으면 음악을 절제하고(非樂) 운명론을 없애도록(非命) 하고,
> 나라가 음란하고 예의가 없으면 하느님을 섬기고(尊天) 귀신을 섬기도록(事鬼)
> 하고, 다른 나라를 속이고 약탈하고 침략하고 능욕하려 하거든 평등한 사랑
> (兼愛)과 서로를 이롭게 하는 도리(交利)와 전쟁의 무익함(非攻)을 깨우쳐 주도
> 록 하라!123)

여기에 등장하는 열 가지의 주장은 『묵자』의 중요한 편명을 이루기도 하는 것인데, 이 중 존천尊天을 천지天志로, 사귀事鬼를 명귀明鬼로 바꾸면 보통 말하는 십론이 된다. 즉 십론은 상현尙賢, 상동尙同, 절용節用, 절장節葬, 비악非樂, 비명非命, 천지天志, 명귀明鬼, 겸애兼愛, 비공非攻을 말한다. 이 십론 가운데서 겸애는 묵자의 중심사상이며, 천지와 명귀는 겸애를 권장하는 방편이며, 비명은 민중들을 겸애와 의를 실천하는 주체로 고무하는 이론으로서, 이것들에 대해서 우리는 이미 앞에서 어느 정도 살펴보았다. 그러므로 여기서는 십론 가운데 나머지 여섯 가지를 겸애와 의를 실천하고 실현하기 위한 방도로써 고찰해 볼 필요가 있다. 이 가운데 상동과 상현과 비공은 정치 사회적인 측면에서 겸애와 의를 실천하기 위한 방도라고 할 수 있으며, 절용과 절장과 비악은 경제 사회적인 측면에서 겸애와 의를 실천하기 위한 방도라고 할 수 있다.

　　먼저 상동은 나라의 통치자를 뽑고 백성의 뜻을 모아 온 백성을 이롭게 하는 의로운 정치를 펼치는 것을 말한다. 「상동尙同」편의 요지는 다음과 같이 요약해 볼 수 있다. 통치자가 선출되고 나라가 성립되어 잘 다스려지기 전에는 사람마다 옳다고 생각하는 바가 달라 갈등과 다툼이 일어나 천하가 혼란스럽다. 이를 해결하기 위해서 최고 통치자인 천자를 세운다. 천자의 임무는 옳다는 것에 대한 사람들의 의견(의)을 조화롭게 모으는 일(和同시키는)이다. 이것은 혼자만의 힘으로는 불가능하므로 여러 관료 등을 통해 백성의 실정과 뜻을 살펴 의를 화동시켜야 한다. 이를 위해서는 착하고 악한 것에 대한 의견을 수렴하고, 옳고 그른 것에 대한 자유로운 의견 개진을 보장하고, 의견을 살펴 상벌을 빈틈없이 하여야 한다. 의를 화동시키고 뜻을 모아 해야 할 일은 천하의 이로움

---

123) 『墨子』, 「魯問」, "凡入國, 必擇務而從事焉. 國家昏亂, 則語之尙賢尙同, 國家貧, 則語之節用節葬, 國家憙音湛湎, 則語之非樂非命, 國家淫辟無禮, 則語之尊天事鬼, 國家務奪侵凌, 則語之兼愛非攻." 번역은 기세춘 역저, 『묵자』, 906~907쪽.

을 일으키고 해를 제거하는 것이다. 이를 위해서는 옥사의 판결을 제대로 하고, 재물의 분배를 균등하게 하고, 생활과 거처를 편안하게 해 주어야 한다. 그리고 가난하고 외로운 사람은 부유하고 고귀하게 하며, 위태로운 것을 평안하게 하고, 혼란과 어지러움을 다스려야만 한다.[124]

---

124) 이상과 같은 「상동」편의 의견은 상동의 상, 중, 하 모두에 공통적으로 나타나지만 특히 「尙同中」에 잘 정리가 되어 있다. 상당히 길지만 인용해 보자면 다음과 같다. 『墨子』, 「尙同中」, "子墨子曰: 方今之時, 復古之民始生, 未有正長之時, 蓋其語曰: '天下之人 異義.' 是以一人一義, 十人十義, 百人百義, 其人數玆衆, 其所謂義者亦玆衆. 是以人是其義, 而非人之義, 故相交非也. 內之父子兄弟作怨讎, 皆有離散之心, 不能相合. 至乎舍餘力不以 相勞, 隱匿良道, 不以相敎, 腐朽餘財, 不以相分, 天下之亂也, 至如禽獸然, 無君臣上下長幼之 節, 父子兄弟之禮, 是以天下亂焉. 明乎民之無正長, 以一同天下之義, 而天下亂也, 是故選擇 天下賢良聖知辯慧之人, 立以爲天子, 使從事乎一同天下之義. 天子旣以立矣, 以爲唯其耳目之 請, 不能獨一同天下之義, 是故選擇天下贊閱賢良聖知辯慧之人, 置以爲三公, 與從事乎一同天 下之義. 天子三公旣已立矣, 以爲天下博大, 山林遠土之民, 不可得而一也, 是故靡分天下, 設 以爲萬諸侯國君, 使從事乎一同其國之義. 國君旣已立矣, 又以爲唯其耳目之請, 不能一同其國 之義, 是故擇其國之賢者, 置以爲左右將軍大夫, 以遠至乎鄕里之長, 與從事乎一同其國之義. 天子諸侯之君, 民之正長, 旣已定矣. 天子爲發政施敎曰: '凡聞見善者, 必以告其上, 聞見不善 者, 亦必以告其上. 上之所是, 必亦是之, 上之所非, 必亦非之. 己有善傍薦之, 上有過規諫之. 尙同義其上, 而毋有下比之心……故古者聖王之爲刑政賞譽也, 甚明察以審信.'"(묵자가 말했 다. 지금 민중이 처음 생겼을 때로 돌아가 법을 집행하는 통치자가 없었을 때를 생각 해 보자. 그들이 주장하는 의리는 천하 인민이 각자 다를 것이다. 즉 한 사람이면 한 가지 주장, 열 사람이면 열 가지 주장, 백 사람이면 백 가지 주장이 있었을 것이다. 사람이 많아지면 이른바 의리도 많아질 것이다. 그래서 사람들은 자기의 주장은 옳 다고 여기고 남의 주장은 그르다고 하며 서로가 상대방을 그르다고 비난할 것이다. 안으로는 부모와 자식, 형과 아우가 서로 원수처럼 모두 갈라져 화동하여 통합할 수 없고, 여력이 있어도 버릴지언정 서로 돕지 않고, 좋은 도리가 있어도 숨기고 서로 교화하지 않고, 재물이 남아돌아 썩힐지언정 서로 나누지 않고, 천하는 어지러워 마 치 짐승과 같았을 것이다. 임금과 신하, 윗사람과 아랫사람, 어른과 어린이 사이에 법도가 없고, 부모와 자식, 형과 동생 사이에 예의가 없을 것이니, 천하는 어지러웠을 것이다. 이것을 볼 때 천하에 인민을 통치하는 우두머리가 없다면 천하의 의리를 하나로 화동할 수 없으므로 천하가 어지러울 것은 자명한 일이다. 그래서 인민들은 천하에 어질고 훌륭하고 성스럽고 지혜롭고 분별 있는 사람들을 선택하여 그를 세워 천자로 삼고 천하의 의리를 하나로 화동시키는 일을 맡도록 했다. 천자를 세웠으나 오직 한 분의 귀와 눈으로 보고 들은 실정만으로는 천하의 의리를 하나로 화동시키 는 것은 부족하므로, 천자를 도울 만한 현명하고 양순하며 성스러운 지식과 분별 있 고 지혜로운 사람을 선택하여 三公으로 삼아 천하의 의리를 하나로 화동하는 일에 함께 종사토록 했다. 천자와 삼공을 세웠으나 천하는 넓고 커서 산림 속에 사는 사람

「상동」편에서는 이처럼 정치 지도자의 선출, 올바른 정치를 해 나가기 위해 가장 필요한 것, 올바른 정치가 해야만 하는 일 등, 정치의 가장 기본적인 사항에 대해 매우 합리적인 의견을 제시하고 있다. 그런데 묵자 정치론의 가장 기본이 되는 이 상동 이론을 둘러싸고 몇 가지 쟁점들이 제기되었다. 그 대표적인 것으로 첫째는 정치 지도자를 선출하는 주체가 누구냐는 문제이며, 둘째는 상동 이론이 전제주의적 통치를 정당화하는 것이 아니냐 하는 것이다.

사람마다 옳고 그름에 관한 생각(의에 대한 생각)이 달라 세상이 어지럽고 분쟁이 끊이지 않아서 생존이 불안정한 사람들이 정치 지도자를 뽑아 권력을 위임해 문제를 해결했다고 보는 것은 사회계약론의 일반적인 견해이다. 정치 지도자(천자)의 선출에 대한 묵자의 생각도 이와 같다고 받아들이는 것이 가장 상식적이고, 거기에 별다른 문제는 없어 보인다. 그러나 이와는 전혀 다른 해석을 하는 사람들이 있다. 이 문제는 소위 정치 지도자(천자)의 천선설天選說과 민선설民選說의 대립이라고 할 수 있는데, 박문현은 이 두 가지 입장을 소개하면서 천선설을 옹호하는 자신의 근거를 자세히 논하고 있다.

우선 박문현은 인민이 천자를 선출해 세우는 것이라는 민선설을 주장하는

들과 먼 고장 인민들까지 하나로 화동시킬 수 없었다. 그러므로 천하를 여럿으로 나누어 제후 나라를 세우고 거기에 군주를 두어 나라의 의리를 하나로 화동시키는 일에 종사케 했다. 나라에 군주를 세웠으나 또 생각하기를 그의 눈과 귀로 들을 실정 만으로는 나라의 의리를 하나로 화동시킬 수 없으므로 그 나라의 어진 이를 선출하여 군주를 돕도록 공경과 대부로 삼아 먼 고을과 마을의 우두머리가 되게 하여 나라의 의리를 하나로 화동하는 일을 함께 종사케 했다. 천자와 군주들과 인민들의 우두머리가 정해지면 천자는 정령을 펴고 교화를 실시한다. 이르기를, 무릇 착한 것을 보고 들으면 반드시 윗사람에게 고하도록 하며, 착하지 못한 것을 보고 들어도 역시 반드시 윗사람에게 고하도록 하며, 윗사람이 옳으면 반드시 옳다고 말하고, 윗사람이 그르면 그르다고 말하도록 했다. 또한 아랫사람들이 착하면 그것을 널리 천거하고, 윗사람에게 허물이 있으면 그것을 감시하고 간하여 바로잡아 윗사람을 따라 의리를 화동시키고, 아랫사람들이 파당을 지어 편벽된 마음이 없도록 했다.…… 그러므로 옛 성왕들은 형벌로 다스리고 상으로 기리는 일을 참으로 밝고 빈틈없이 해서 신뢰를 쌓았던 것이다." 번역은 기세춘 역저, 『묵자』, 462~465쪽.

학자로 량치차오(梁啓超)를 소개하고, 민선설은 묵자사상과 들어맞지 않는다며 천선설을 주장한 학자로 샤오공취안(蕭公權)을 들고 있다.[125] 그리고 네 가지 이유를 들어 천선설을 옹호한다. 그 첫째는, 「상동하尙同下」에 나오는 "시고천하지욕동일천하지의야是故天下之欲同一天下之義也, 시고선택현자是故選擇賢者, 입위천자立爲天子"라는 구절의 해석과 관련되어 있다. 손이양孫詒讓은 이 구절을 "이런 까닭에 하늘은 천하의 의를 동일하게 하고자 한다. 이런 까닭에 현능賢能한 자를 가려 뽑아 그를 세워 천자로 삼는다"라고 해석하였다. 그리고 여기에 주를 달면서 앞에 나오는 '천하天下'라는 두 글자는 응당 '천天'이 되어야 한다고 주장하였다. 박문현은 이런 손이양의 주장을 그대로 받아들여 천선설이 맞다고 주장한다. 둘째는, 「상동중尙同中」에 나오는 삼대의 성왕들이 겸애兼愛와 교리交利로 만민을 다스리고 하늘과 귀신을 공경하고 잘 모셨기 때문에 하늘이 그들을 천자로 선립選立했다는 구절을 볼 때 천선설이 맞다는 것이다. 셋째는, 「천지중天志中」에 나오는 천제天帝가 하늘의 법을 어김없이 따르고 있는 문왕에게 상으로 은나라를 내리고 천자라는 귀한 자리에 앉혔다는 표현을 볼 때 천선설이 맞다는 것이다. 넷째는 「상동尙同」 각 편에서 천자의 위에 하늘이 있다고 이야기하고 있으며, 「천지天志」 각 편에서는 하늘이 지고무상의 존재로 모든 의가 하늘로부터 나오는 것으로 여기고 있으므로, 천선설이 맞다는 것이다.

그런데 묵자가 정치 지도자를 뽑는 주체를 하늘이라고 간주했다는 천선설은 도저히 수긍하기 어렵다. 천선설의 밑바탕에는 묵자가 외적인 주재자로서의 하늘과 하늘의 뜻을 무엇보다도 중시하여 그 이론의 근본으로 삼았다는 견해가 깔려 있다. 천자나 백성 모두의 위에 군림하는 하늘이 있어 모든 것을 자기 뜻대로 결정한다고 보면 천자의 선출 역시 하늘이 주관하는 것이라 보게 되는

---

125) 박문현, 「묵자의 경세사상연구」, 94~95쪽 참조.

것이다. 그러나 앞에서 이미 우리는 묵자의 사상체계에서 하늘의 뜻과 작용이 그렇게 근원적이고 중심적인 것은 아니며 오히려 방편의 성격이 강하다는 것을 밝힌 바 있다. 이 점을 염두에 두면 묵자는 정치 지도자의 선출은 어디까지나 백성이 하는 것이라 간주했다고 보는 것이 합당하다.

외재적 하늘이 아니라 사람을 인간사의 주체로 간주하게 되면, 앞에서 손이양에 따라 박문현이 천선설의 근거로 인용한 「상동하尚同下」의 구절에서 엄연히 존재하고 있는 '천하天下'라는 글자를 억지로 '천天'의 잘못이라고 바꾸면서 천선설을 주장할 이유가 없다. 옳고 그름에 대한 사람들 각자의 의견이 달라 어지러워서 사람들이 모여 지도자를 뽑아 의견을 화동시키고자 했다는 지극히 상식적이고 합리적인 생각을 구태여 왜곡해서 외부의 하늘이라는 존재를 끌어들일 이유가 전혀 없다. 그렇게 보면 앞에서 인용한 "시고천하지욕동일천하지의야是故天下之欲同一天下之義也, 시고선택현자是故選擇賢者, 입위천자立爲天子"라는 구절은 기세춘의 해석처럼 "천하 인민은 천하의 의리를 화동 일치시키고자 어진 이를 선출하여 천자로 삼았던 것이다"[126]라고 하는 편이 훨씬 더 타당하다고 할 수 있다. 성왕들이 백성을 사랑하고 이롭게 했으므로 하늘로부터 상을 받아 천자가 되었다는 표현이나 천제가 문왕에게 상으로 은나라를 내리고 천자라는 귀한 자리에 앉혔다는 표현 등은, 우리가 흔히 착한 사람은 하늘로부터 상을 받는다거나, 어려운 일이 이루어졌을 때 하늘이 도왔다고 하는 것처럼 상투적인 표현이라고 할 수 있다.

묵자는 천자가 권력을 남용하여 인민이 도탄에 빠지면 임금을 주살하거나 몰아낼 수 있다고 보았는데, 이것을 표현할 때에는 "하늘이 그들을 주벌할 것을 명령하셨다"[127]고 하였다. 이것도 글자 그대로 읽으면 백성들이 폭군을

---

126) 기세춘 역저, 『묵자』, 481쪽.
127) 『墨子』, 「非攻下」, "天命殛之." 번역은 기세춘 역저, 『묵자』, 549쪽.

몰아내는 것이 아니라 하늘이 벌을 내려 저절로 바뀐 것이라 보아야 한다. 이처럼 글자 그대로 하늘이 온갖 인간사를 주관하는 주체라고 해석하면 곤란하다. 폭군을 몰아내는 문제에 대해 박문현은 "군주의 독재를 허용하지 않는 묵자의 혁명정신은 군주의 무상의 권위에 절대복종해야 할 뿐 아무런 저항권을 인정하지 않는 홉스의 이론보다 훨씬 앞서 있는 것으로 보인다"고 이야기하고 있다. 그러나 만약 천자를 하늘이 선출하는 것으로 보고 하늘의 명령에 의해서만 그의 폐위도 결정되는 것으로 본다면, 묵자의 이론은 홉스보다도 더 후진적이라고 하지 않을 수 없다. 그러므로 자꾸만 외재적 하늘을 인간사를 주관하는 주체로 해석하게 되면, 묵자의 사상은 전혀 합리성이 없는 매우 우스꽝스럽고 후진적인 견해에 불과한 것이라 보지 않을 수 없다.

하늘(天)을 인격과 의지와 감정을 가진 절대적 존재로서 우주의 온갖 일을 주재하는 자로 인정한다면, 예정설처럼 이 세상 모든 것은 정해져 있는 것으로 보지 않을 수 없다. 앞에서 본 것처럼, 이것은 인간을 자신의 운명을 개척해 나가는 주체로 인정한 묵자의 비명설非命說과 어울릴 수 없다. 묵자는 누구보다도 인간을 주체적 인간으로 인정했으며, 민중을 정치의 주체로 간주한 진보적 사상가이다. 그러나 시대적 제약 탓에 당시의 관행을 모조리 무시할 수는 없었으므로 민중들이 신봉하고 있는 하늘과 귀신 같은 것을 끌어들여 자신의 주장을 뒷받침하기도 했고, 천자를 비롯한 신분과 계급의 존재를 완전히 부정하지는 못하고 그들에게 백성을 널리 사랑하고 위하는 정치를 할 것을 주장하기도 했다. 우리는 그런 시대적 한계를 인정하면서도 그의 주장 속에 포함되어 있는 위대한 사상을 읽어 내고, 오늘날 그것이 던져 주는 의미를 되새겨 보는 것이 중요하다.

이것은 상동론에 대해 제기되는 또 다른 하나의 비판에 대해서도 똑같이 이야기할 수 있다. 이 비판이란 묵자의 상동론이 전제주의적 통치를 정당화한다는 것이다. 상동론이 전제주의적 논리를 펴고 있다는 이런 비판에 대해서는 천웨이런(陳爲人)이 비교적 자세히 소개하고 있는데, 다음과 같다. 이중톈(易中天)은 묵자가 주장하는 바는 "표면적으로는 민주집권이지만 실제로는 군주독재"이며 "겸애가 묵가 학설 가운데 최대의 장점이라고 한다면, 상동은 최대의 단점"이라고 하였다.[128] 또한 량치차오(梁啓超)는 "상동의 상尙은 곧 상上이며, '위로 천자와 같게 한다'는 뜻"이라고 하면서 그것은 "인민 모두에게 황제를 따르라는 것"으로, "묵자의 학설은 홉스와 같은 단계에 이르렀을 뿐, 루소의 단계에까지 이르지 못했다"고 하였다.[129] 궈모뤄(郭沫若)는 "묵가의 주장 가운데 상동을 '전제주의적 노예도덕'이라고 정의"했으며, 류쩌화(劉澤華)는 "이처럼 단계를 따라 올라가는 상동사상의 체계는 전제주의 체계"라고 하였다.[130] 또한 리쩌허우(李澤厚) 역시 묵자사상은 "현자와 유능한 이를 존중하라고 요구하면서 다른 한편으로 상동과 복종을 강조하고, 겸애와 평균을 추구하면서 다른 한편으로 전제통치를 주장"한다고 비판하였다.[131]

상동론이 전제주의적 통치를 정당화한다는 이런 비판들은 오늘날의 기준으로 보자면 시대적 제약 때문에 군주정치를 완전히 벗어던지지는 못했던 묵자가 어느 정도는 한계를 가질 수밖에 없었다는 점을 전혀 고려해 주지 않고 혹독하게 비판하기만 하는 너무나도 야박한 평가이다. 묵자가 주장하는 바에 따르면, 옳고 그름에 관한 생각이 각기 달라 어지러운 상황을 바로잡기 위해 민의에 의해 선출된 정치 지도자(천자)가 할 일은 무엇보다도 백성들의 뜻을 모으고 조화시켜서 어떤 일을 어떻게 하는 것이 가장 올바른지를 결정하는 것이다. 묵자는 최고의 통치자 혼자서는 이런 일을 감당할 수 없으므로 그 아래의 모든

---

128) 陳爲人 지음, 윤무학 옮김, 『묵자가 필요한 시간』, 430쪽.
129) 陳爲人 지음, 윤무학 옮김, 『묵자가 필요한 시간』, 431쪽.
130) 陳爲人 지음, 윤무학 옮김, 『묵자가 필요한 시간』, 432쪽.
131) 陳爲人 지음, 윤무학 옮김, 『묵자가 필요한 시간』, 436쪽.

관리가 최우선으로 해야 하는 일도 백성들의 뜻을 청취하고 모으는 일이라고 주장한다. 묵자는 백성들의 뜻을 모으기 위해서는 백성들로 하여금 상하를 막론하고 착하거나 악한 것, 옳거나 그른 것을 거리낌 없이 마음껏 말할 수 있도록 해야 한다고 주장했다.[132] 이렇게 해서 정치 지도자와 관리와 백성들 "상하의 마음이 뚫리어 소통"[133]되고, 의견이 하나로 모이면 너나 할 것 없이 하나로 뭉쳐서 그 뜻을 받들어 실천해 나가야 한다는 것이 묵자 정치론의 가장 기본적인 견해이다.

묵자가 말하는 상동尙同이란 이렇게 모아진 국민 자신들의 뜻에 따르는 것이지 천자가 제멋대로 정한 뜻에 복종하는 것이 아니다. 정치 지도자는 국민의 여러 의견을 듣고 다양한 의견을 조화시켜 뜻을 하나로 모아 정책을 결정하고, 국민은 한마음으로 그 정책이 실현될 수 있도록 힘을 모은다. 그러나 또 어디서 누구에게서든 잘못된 일이 벌어진다면 국민은 서슴없이 서로 의견을 개진하고, 정치 지도자는 다시 그것을 수렴하고 조화시켜 새로 뜻을 모아 나간다. 거듭되는 이런 과정을 통해 정치를 해 나가는 것, 이것 이외에 민주주의 정치란 있을 수가 없다. 이런 의미에서 묵자의 상동론은 전국시대 당시에 누구도 필적할 수 없는 진보적인 민주적 정치론이었음은 물론, 오늘날에조차 그것을 능가하는 민주적 정치의 방도를 찾을 수 없는 뛰어난 정치론이라고 말할 수 있다. 단지 묵자가 최고의 정치 지도자를 천자라 불렀다거나 천자를 주기적으로 새로 선출하는 민주적 선거 제도를 제시하지 못했다거나 하는 것은 언제나

---

132) 이것은 앞에서 인용한 다음 글귀에 나타난 대로이다. 『墨子』, 「尙同中」, "上之所是, 必亦是之, 上之所非, 必亦非之, 己有善傍薦之, 上有過規諫之, 尙同義其上, 而毋有下比之心." (윗사람이 옳으면 반드시 옳다고 말하고, 윗사람이 그르면 그르다고 말하도록 했다. 또한 아랫사람들이 착하면 그것을 널리 천거하고, 윗사람에게 허물이 있으면 그것을 감시하고 간하여 바로잡아, 윗사람을 따라 의리를 화동시키고 아랫사람들이 파당을 지어 편벽된 마음이 없도록 했다.) 번역은 기세춘 역저, 『묵자』, 464~465쪽.
133) 『墨子』, 「尙同中」, "上下情請爲通." 번역은 기세춘 역저, 『묵자』, 475쪽.

일정한 시대 속에서 살아갈 수밖에 없는 역사적 존재가 가지는 한계로, 얼마든지 이해할 수 있는 문제이다. 오히려 그런 시대적 한계 속에서도 그토록 민주적인 정치론을 제시한 점이야말로 묵자가 진정으로 위대한 점이다.

묵자의 정치론을 대표하는 또 다른 이론은 상현론(尙賢論)이다. 상현의 요지는 매우 간단하고 명료하다. 그것은 현명한 사람을 숭상하는 것이 정치의 근본이라는 것이다. 통치자인 왕은 의로운 사람을 가까이해야 한다. 의로운 사람이란 곧 현명한 사람이며, 또 능력이 있는 사람이다. 이런 현명하고 능력 있는 사람을 덕과 노력, 공적에 따라 쓰고 마땅한 대우를 해 주어야 한다. 사람을 쓸 때는 혈연이나 신분에 따르는 것이 아니라 오로지 덕과 능력에 따라야 한다. 현자가 관장이 되면 성실히 일해 관부를 충실하게 하고 만민을 부유하게 할 것이며, 굶주리고 피로한 자를 먹여 주고 쉬게 하며, 만민을 잘 기르고 부양해 줄 것이다. 이처럼 더할 나위 없이 명쾌한 논리가 상현의 요지이다.

상현론에서 눈에 띄는 것은 능력주의(공적주의)와 평등주의이다. 능력주의(공적주의)는 정치에서 사람을 쓸 때 오직 덕과 능력과 공적에 따라서만 알맞은 사람을 골라 쓰고 그에 합당한 대우를 해야 한다는 것이다. 이것을 묵자는 다음과 같이 표현했다.

성왕의 시대에는 덕에 따라 벼슬을 주고 관직에 따라 정사를 복무하며 노력에 따라 상을 정했고, 공적을 헤아려 녹을 분별했다. 따라서 관리라 해서 언제까지나 귀한 것이 아니고 백성이라 해서 언제까지나 천하지는 않았다. 유능하면 곧 등용되며 무능하면 곧 쫓겨났다.[134]

---

134) 『墨子』, 「尙賢上」, "當是時, 以德就列, 以官服事, 以勞殿賞, 量功而分祿. 故官無常貴, 而民無終賤, 有能則擧之, 無能則下之." 번역은 기세춘 역저, 『묵자』, 422쪽.

이처럼 유능한 사람을 찾아서 적재적소에 쓰고 그에 합당한 대우를 하는 것이야말로 '각자에게 알맞은 몫을 주는' 의라고 할 수 있다. 그런데 이런 의로움을 가로막는 것이 다름 아닌 종법체계라는 당시의 혈연과 신분질서였다. 당시의 종법체계 아래서는 정치에서 사람을 쓸 때 혈통과 가문에 따른 친소 관계나 신분과 계급의 차이가 가장 중요한 기준이 되었다. 이것이야말로 덕이 없고 무능한 사람이 분수에 넘치는 직을 차지하여 나라를 망치는 가장 중요한 요인이었다. 정치에서 능력이 아닌 친소 관계에 따라 사람을 쓰는 일이 얼마나 어리석은 일인가를 묵자는 다음과 같이 이루 말할 수 없이 적절한 비유로 통렬하게 비판하고 있다.

> 지금 왕공대인이 옷 한 벌 지을 옷감이 있는데 마름질할 수 없다면 반드시 바느질 잘하는 이의 손을 빌릴 것이고, 소나 양 한 마리가 있는데 잡을 수가 없다면 반드시 좋은 요리사의 힘을 빌릴 것이다. 그러므로 이러한 두 일을 당해서는 어진 사람을 높이고 유능한 사람을 부려서 정치를 한다는 것을 왕공대인이 본래부터 알고 있다. 그러나 국가가 어지럽고 사직이 위태로운 지경에 이르러서는 (어진 사람을 높이고) 유능한 사람을 부려서 정치할 줄 모르고 친척이면 그를 부리고, 공이 없는데도 부귀하거나 용모가 아름다우면 그를 부린다. 대저 공이 없는데도 부귀하거나 용모가 아름다우면 그를 부리니 어찌 그들이 반드시 지혜롭고 총명하겠는가?[135]

> 만약 지혜로운 자가 아닌데도 그 국가를 다스리게 한다면, 그 국가가 어지러워질 것을 알 수 있다.[136]

---

135) 『墨子』, 「尙賢中」, "今王公大人, 有一衣裳不能制也, 必藉良工, 有一牛羊不能殺也, 必藉良宰. 故當若之二物者, 王公大人, 未知以尙賢使能爲政也. 逮至其國家之亂, 社稷之危, 則不知使能以治之, 親戚則使之, 無故富貴, 面目佼好則使之, 夫無故富食, 面目佼好則使之, 豈必智且有慧哉." 번역은 孫詒讓 校注, 李相夏 책임번역, 金太年·李奎泌 공동번역, 『墨子閒詁 1』, 267~269쪽.

옷을 만들거나 음식을 하는 일처럼 평범한 일을 맡길 때도 우리는 할 수만 있다면 가장 능력 있는 사람을 쓰려고 한다. 아무리 나와 가깝고 친하다고 해도 결코 그런 일에 소질과 능력이 없는 사람을 쓰려고는 하지 않을 것이다. 이것은 너무도 자연스럽고 당연한 일이다. 그런데 정작 그보다 훨씬 중요한 일이라 할 수 있는 나라의 정사를 보는 일에는 능력이 아닌 친소 관계나 자신의 호불호에 따라 사람을 쓴다면 이 얼마나 어리석은 일이겠는가? 이런 관점에서 묵자는 당시의 신분질서와 계급제도를 넘어서 인재를 공정하게 채용할 것을 주장하였다. 이 또한 각자에게 알맞은 몫을 분배해야 한다는 정의 개념에 딱 들어맞는 주장이라 할 수 있다. 묵자의 이런 상현론은 당시의 그 어떤 이론보다도 진보적인 평등주의적 이념을 제창한 것이라 할 수 있다.

겸애와 의를 실천하기 위한 또 하나의 정치 사회적인 방도로 묵자가 힘써 주장하고 있는 것은 비공론非攻論이다. 이것은 두말할 필요가 없이 어떠한 침략 전쟁도 하지 않아야 한다는 것이다. 묵자는 이 세상 그 무엇도 전쟁만큼 의롭지 못하고 이롭지 못한 것이 없다고 보았다. 사람은 누구나 어떤 사람이 남의 것을 훔치거나 남을 상해하거나 죽인다면 그것이 잘못임을 분명히 알고 모두 비난한다. 그러나 예를 들어 자기 나라 지도자가 전쟁을 일으켜 남의 나라를 점령하여 자국의 영토를 넓히고 많은 것을 빼앗아 자국의 부를 증대시켰다면, 흔히 그를 위대한 왕이라고 칭송한다. 이 얼마나 어리석고 어처구니없는 일인가? 묵자는 이런 불합리한 일을 통렬하게 비판한다. 그는 누군가가 남을 해쳐 자기를 이롭게 하면 그것은 불인不仁·불의不義한 것이며, 남을 해침이 클수록 불인하고 불의한 정도도 심한 것이라고 이야기한다. 남을 해치는 것 가운데서도 사람을 죽이는 것이야말로 해악이 가장 심한 것이며 전쟁이야말로 그 극에

---

136) 『墨子』, 「尙賢下」, "若不知, 使治其國家, 則其國家之亂." 번역은 孫詒讓 校注, 李相夏 책임 번역, 金太年·李奎泌 공동번역, 『墨子閒詁 1』, 322쪽.

달하는 것이다. 그래서 묵자는 이렇게 이야기했다.

한 사람을 죽였으면 그것은 불의이며 반드시 한 번 죽을죄를 지었다고 말한
다.…… 그런데 지금 더 크게 불의를 행하여 남의 나라를 공격하면 그 잘못을
알지 못하고 오히려 그것을 따르고 기리며 의롭다고 칭송한다면 진정으로 불
의를 모른다고 해야 할 것이다.[137]

의와 리利(公利)를 통일적으로 파악했던 묵자가 전쟁을 불인·불의하다고
본 까닭은 당연히 전쟁이야말로 그 무엇보다도 수많은 사람의 이익을 해치기
때문이다. 전쟁이 백성의 이익을 해치는 것은 이루 다 말할 수가 없다. 전쟁은
백성의 생업을 망치고, 수많은 물자의 손실을 초래하고, 수많은 사람을 죽음으
로 몰아넣는다. 묵자는 이것을 이렇게 말했다.

전쟁의 낭비를 계산해 보면 이것이야말로 삶의 근본을 해치는 것으로 천한
인민의 재물과 이용을 고갈시킴이 다 셀 수조차 없다. 그러므로 전쟁은 인민
의 이익에 맞지 않는 것이다.[138]

이렇게 전쟁이 의롭지 않고 그것이 끼치는 해악이 이루 말할 수 없이 큰데도
아랑곳하지 않고 걸핏하면 전쟁을 벌이는 당시 각국의 통치자들을 묵자는 전쟁
을 즐기는 전쟁광이라고 통렬하게 비판하였다.

전쟁이야말로 인민에게 이로울 것이 없으며 천하에 끼치는 해독은 너무도 큰

---

137) 『墨子』, 「非攻上」, "殺一人, 謂之不義, 必有一死罪矣.……今至大爲不義攻國, 則弗知非, 從
而譽之, 謂之義, 情不知其不義也." 번역은 기세춘 역저, 『묵자』, 528~529쪽.
138) 『墨子』, 「非攻下」, "計其費此, 爲周生之本, 竭天下百姓之財用, 不可勝數也, 則此下不中人之
利矣." 번역은 기세춘 역저, 『묵자』, 545쪽.

것이다. 그런데도 왕공대인들은 즐겨 전쟁을 일으키니 이것은 천하 인민을 해치고 멸망시키는 것을 즐기는 것으로 어찌 인류의 도리에 어긋난 짓이 아니겠는가?[139]

너나없이 끊임없이 남을 해치고 남의 것을 빼앗으려 침략전쟁을 벌이던 전국시대의 한 가운데서 누구보다도 앞장서서 평화를 외치며 전쟁을 막아보려 했던 묵자의 눈물겨운 노력은 「공수公輸」편에 잘 나타나 있다. 거기에 보면, 공수반公輸盤이 초나라를 위하여 성을 공격할 수 있는 무기인 운제雲梯를 만들어 송나라를 공격하려고 하였다. 묵자가 그 소식을 듣고 공수반을 찾아가 공격을 하지 않도록 설득하였다. 아무 죄도 없는 송나라를 공격한다는 것은 어진 일이 아니며, 많은 사람을 죽이는 것은 의로움이 아닌데, 그것을 모르면 사리분별을 모르는 것이다. 설복당한 공수반의 주선으로 초나라 왕을 만난 묵자는 목숨을 걸고 초왕에게도 송나라를 공격하면 의리만 손상하는 것이라고 설득한 끝에 결국 전쟁을 하지 않게 할 수 있었다. 그런데 이렇게 전쟁을 막고 돌아가는 길에 송나라를 지나가면서 비를 피하고자 했을 때 마을 문지기는 그를 들여보내 주지 않았다.

「공수」편에서는 묵자가 제자들과 더불어 전쟁을 막기 위해 엄청난 노력을 했으며 어떠한 희생과 노고도 마다하지 않았다는 것을 감동적으로 그리고 있다. 그러면서도 여기에는 전쟁을 벌여 수많은 사람을 죽이고 다치게 만들면서 남의 것을 빼앗은 왕은 위대하다고 칭송하면서 정작 전쟁을 막아 수많은 사람을 살린 사람은 알아주지도 않는 세상의 모습도 그려져 있어 씁쓸한 심정을 금할 길이 없다.

---

139) 『墨子』, 「非攻下」, "其爲不利於人也, 天下之害厚矣. 而王公大人, 樂而行之. 則此樂賊滅天下之萬民也, 豈不悖哉?" 번역은 기세춘 역저, 『묵자』, 548쪽.

묵자가 경제 사회적인 측면에서 겸애와 의를 실천하기 위한 방도로 제시한 것은 절용節用과 절장節葬과 비악非樂이었다. 앞에서 이미 이야기했듯이, 묵자는 많은 쾌락을 얻기 위한 화려하고 사치스러운 삶이 아니라 기본적인 생활이 보장되면서도 절제하고 검약하며 사는 평안한 삶을 이상적인 것으로 보았다. 그러므로 묵자는 모든 생활 부문에서 불필요한 사치와 낭비를 억제하는 절용을 백성의 안정된 삶을 위해 가장 중요한 것으로 간주하였다. 묵자가 절용을 강조했다고 해서 산업발달과 생산활동의 중요성을 간과하거나 부정한 것140)은 아니다. 다만 묵자는 산업을 일으키고 생산활동을 장려해야 하지만 백성의 삶에 도움이 되지 않는 쓸데없는 분야의 활동과 낭비는 극력 절제해야 함을 강조했을 뿐이다. 이것을 묵자는 이렇게 표현하고 있다.

성왕의 정치는 정령을 펴 산업을 일으키고 백성들로 하여금 재화를 풍족하게 사용토록 하되 이용후생에 보탬이 되지 않는 것을 결코 하지 않았다. 그리하여 재화를 소비하는 데 낭비가 없으므로 백성의 노동력이 지치지 않으면서도 이익은 더욱 커지는 것이다.141)

사실 묵자가 그토록 절용을 강조한 것은 무엇보다도 당시 일반 백성들의 삶은 '굶주린 자가 먹을 수 없고, 헐벗은 자가 입을 수 없고, 고달픈 자가 쉴 수 없는' 소위 삼환三患에 시달리고 있는데, 귀족통치자들은 요란한 사치나 번거

---

140) 리쩌허우는 묵자가 "철저하게 기본 생존에 필요한 것을 제외한 모든 소비를 제한하고, 심지어 억제하면서 실제로는 사회발전의 객관적 규율을 위반"했다고 비판한다. 그래서 '묵자가 주장하는 균등한 소비와 하향평준화의 동일성은 오히려 천하를 어지럽고 빈곤하게 만들어 버린다'라고 주장하는 순자에게 동조하면서 순자가 훨씬 더 넓은 시야와 기개를 가지고 있다고 주장한다. 이에 대해서는 리쩌허우 지음, 정병석 옮김, 『중국고대사상사론』, 144·159쪽 참조.
141) 『墨子』, 「節用上」, "聖王爲政, 其發令興事, 使民用財也, 無不加用而爲者. 是故用財不費, 民德不勞, 其興利多矣." 번역은 기세춘 역저, 『묵자』, 558쪽.

롭고 형식적인 예 때문에 쓸데없는 낭비를 일삼았기 때문이었다. 백성들의 삶에 도움이 되는 산업 분야는 힘써 부흥시키고 별로 도움이 되지 않는 분야는 억제하며, 쓸데없는 사치와 낭비를 없애고 가난하고 약한 자들이 편안하게 살아 갈 수 있도록 경제를 짜 나아가자는 것이 절용론이다. 이것은 무조건적 경제성 장과 소비의 증대를 찬양하는 자본주의적인 성장제일주의를 맹목적으로 추수 하지 않는다면 오늘날에도 지극히 합당한 주장이라고 할 수 있다. 아니, 이윤 획득만을 위해 무조건적 성장만을 추구하는 소비자본주의가 쓸데없는 자원 낭비와 환경오염을 일으켜 지구생태계를 절멸의 위기에 몰아넣고 있는 오늘날 의 현실 속에서 묵자의 절용론은 더더욱 큰 의미가 있다고 할 수 있을 것이다.

절장節葬과 비악非樂에 관한 묵자의 주장은 절용節用의 부분이라고도 말할 수 있으며, 특히 당시 유가의 번잡하고 낭비적인 예절 및 활동에 대한 비판과 밀접하게 연관되어 있다고 할 수 있다. 이것은 다음과 같은 묵자의 말을 통해 알 수 있다.

> 그들은 예와 음악을 번거롭게 꾸며 인민을 방탕하게 만들고, 오랜 복상과 거
> 짓 슬픔으로 죽은 부모를 속이고, 운명을 내세우며 게으르고 가난하면서도
> 고고한 척하며, 생산 활동을 천시하고 오만하고 안일을 탐한다. 먹고 마시는
> 것은 탐내면서도 노동은 싫어하여, 헐벗고 굶주려 굶어 죽고 얼어 죽어도 거
> 기서 벗어날 길이 없다.[142]

묵자는 유가들의 도가 천하를 해친다고 하면서 그 가운데 하나로 후한 장례와 오랜 상례를 들면서 다음과 같이 비판하였다.

---

142) 『墨子』, 「非儒下」, "夫繁飾禮樂以淫人, 久喪僞哀以謾親, 立命緩貧而高浩居, 倍本棄事而安 怠傲, 貪於飮食, 惰於作務, 陷於飢寒, 危於凍餒, 無以違之." 번역은 기세춘 역저, 『묵자』, 700~701쪽.

관곽을 겹으로 하고, 수의를 많이 하고, 죽은 사람 보내는 것을 산 사람이 이사 가듯이 하며, 삼 년 동안 곡을 하고, 상주는 부축해야 일어나고, 지팡이를 짚어야 다닐 수 있으며, 귀는 들리지 않고 눈은 보이지 않을 정도이니, 이것은 족히 천하를 해치는 것이다.[143]

묵자는 상례에는 당연히 예가 필요하지만 슬퍼하는 마음이 근본이 되는 것인데, 당시의 유가들은 너무나 형식적이고 번거로운 예를 내세움으로써 세상에 큰 해를 끼치고 있다고 생각하였다. 그래서 나라와 백성의 이익에 맞도록 하려면 그런 형식적이고 번거로운 예를 버리고 절제된 장례와 상례를 따라야 한다고 주장하였다.[144] 예의 형식과 절차는 시대와 지역과 상황에 따라 얼마든지 변할 수 있다. 장례와 상례 역시 마찬가지다. 그것이 백성들의 삶과 생업에 지장을 주고 폐해를 끼치기까지 한다면 고치고 간소화하는 것이 마땅하다. 이 점에서 묵자의 절장론은 널리 백성들을 사랑하고 이롭게 하려는 정신을 실천하기 위한 고심에서 나온 것이라 할 수 있다.

너무 화려하고 번잡한 음악을 비판하며 절제를 주장한 묵자의 비악론非樂論에 관해서는 이미 앞에서 「비악상非樂上」에 나오는 이야기를 언급하며 살펴보았다. 거기서 말한 것처럼 묵자는 음악이 즐겁고 아름답다는 것을 부정하는 것이 아니며, 다만 지배층이 너무 화려하고 번잡한 음악을 즐겨 백성에게 해로움을 끼치는 것을 비판할 뿐이다. 「삼변三辯」편에서도 묵자는 옛날 왕이나 제후들이 음악을 만들어 즐겼다는 것을 인정하지만, 음악이 번잡할수록 그 치적은 적었으

---

143) 『墨子』, 「公孟」, "重爲棺槨, 多爲衣衾, 送死若徙, 三年哭泣, 扶後起, 杖後行, 耳無聞, 目無見, 此足以喪天下." 번역은 기세춘 역저, 『묵자』, 879~880쪽.
144) 『墨子』, 「節葬下」, "上欲中聖王之道, 下欲中國家百姓之利, 故當若節喪之爲政, 而不可不察此者也."(위로는 성왕의 법도에 맞고 아래로는 나라와 백성의 이익에 맞도록 하려면 마땅히 절제된 장례법으로 정치를 한다는 것을 바르게 알지 않으면 안 된다.) 번역은 기세춘 역저, 『묵자』, 587쪽.

며, 성왕聖王일수록 음악이 간소하여 번잡한 것에 비하면 없는 것이나 마찬가지일 정도였다고 이야기하고 있다.[145] 묵자는 왕공대인부터 일반 백성에 이르기까지 위로부터 아래까지 모든 사람이 자신의 직분을 제대로 수행하지 않고 가무에 탐닉한다면 나라의 정사는 어지러워지고 경제는 피폐해질 것이라고 보았다.[146] 실제로 중국 역사에는 왕을 비롯한 상류층이 음주가무를 탐닉하여 나라를 망친 사례가 숱하게 나타났다. 묵자가 비판하는 음악이란 사실은 좁은 의미에서의 음악이 아니라 바로 그런 부패한 음주가무와 오락을 가리킨 것이라 할 수 있다. 그러므로 묵자의 비악론의 참뜻은 사치하고 음란한 가무와 오락에 빠져 환란에 신음하는 백성들을 도외시한 채 정사를 돌보지 않음으로써 사람을 널리 사랑하고 이롭게 하는 의義를 무너뜨리는 당시의 지배층을 신랄하게 비판하고자 한 데 있는 것이다.

---

145) 『墨子』, 「三辯」. 기세춘 역저, 『묵자』, 414~416쪽 참조.
146) 다음과 같은 구절을 참조. 『墨子』, 「非樂上」, "今惟毋在乎王公大人說樂而聽之, 即必不能蚤朝晏退, 聽獄治政, 是故國家亂而社稷危矣. 今惟毋在乎士君子說樂而聽之, 即必不能竭股肱之力, 亶其思慮之智, 內治官府, 外收斂關市山林澤梁之利, 以實倉廩府庫, 是故倉廩府庫不實. 今惟毋在乎農夫說樂而聽之, 即不能蚤出暮入, 耕稼樹藝, 多聚叔粟, 是故叔粟不足. 今惟毋在乎婦人說樂而聽之, 即不必能夙興夜寐, 紡績織絍, 治麻絲葛緒綑布縿, 是故布縿不興. 曰: 孰爲大人之聽治而廢國家之從事? 曰: 樂也. 是故子墨子曰: '爲樂非也!'"(지금 왕공대인들이 오로지 음악만을 즐겨 듣는다면 반드시 아침에 조회하고 늦게 퇴근하며 옥사를 판결하고 정사를 다스리는 일을 할 수 없게 될 것이다. 그 결과 나라는 어지럽고 사직은 위태로울 것이다. 지금 또 선비와 군자들이 오로지 음악을 즐겨 듣는다면 있는 힘을 다하고 지혜를 다 바쳐 안으로 관부를 다스리고 밖으로 관문과 시장, 산림과 택량의 이익을 거두어 창고와 곳간을 채우는 일을 할 수 없을 것이다. 그 결과 나라의 재정은 부실할 것이다. 지금 또 농부들이 오로지 음악만을 즐겨 듣는다면 아침 일찍 들에 나가 저녁에 들어오며 밭 갈고 씨 뿌려 곡식을 많이 거두지 못할 것이다. 그 결과 식량이 부족할 것이다. 지금 또 부인들이 오로지 음악만을 즐겨 듣는다면 아침 일찍 일어나 밤늦게까지 실을 뽑고 길쌈하며 삼과 누에고치와 칡과 모시를 다듬어 베와 비단을 짜지 못할 것이다. 그 결과 베 짜는 사업이 일어나지 못할 것이다. 과연 무엇 때문에 대인들이 정사를 폐하게 만들고 천인들이 종사하는 직분을 버리게 한 것인가? 그것은 바로 음악이다. 그래서 묵자는 말했다. 오늘날 음악은 비난받아 마땅하다.) 번역은 기세춘 역저, 『묵자』, 665~666쪽.

4. 묵자 의론義論의 현대적 계승

앞에서 우리는 공자와 맹자를 중심으로 하는 유가의 의론과 묵자의 의론을 살펴보았다. 묵자는 유가사상을 배웠으나 이를 비판하고 넘어서서 자신의 독자적인 사상을 제창하였다. 그 후 맹자는 공자를 계승하고 묵자를 비판하면서 유가사상을 발전시켰다. 이 때문에 유가의 사상 및 의론과 묵자의 사상 및 의론은 여러 가지 면에서 대조를 이룬다. 필자는 중국의 전통사상이 포함하고 있는 의론 가운데서 묵자의 의론이야말로 정의의 문제에 관해 가장 포괄적이고 깊이가 있으며, 여러 면에서 오늘날에도 여전히 큰 의미가 있는 진보적인 의견을 제시하고 있다고 생각한다. 묵자 의론의 의미와 오늘날 우리가 계승할 만한 점들을 밝히기 위해서는 앞에서 살펴본 유가와 묵자의 의론을 대비해 상호 간의 비판점과 양자의 공통점, 그리고 각자의 장단점을 정리하고 거기로부터 취할 점들을 끌어낼 필요가 있다.

유가와 묵가 양자의 관계를 어떻게 봐야 할 것인지를 놓고는 양자의 공통점을 강조하는 주장과 차이점을 강조하는 주장이 나뉘어 있는데, 이에 대해서는 전재성의 논문을 참고할 수 있다. 이에 따르면, 공통점을 강조하는 사람 중에서 당나라의 한유韓愈는 유가와 묵가의 대립은 공자와 묵자의 대립이 아니라 그 후예들의 대립이라고 보았으며, 청나라의 유월俞樾은 공자와 묵자의 사상이 근본적인 차원에서 동일하다고 주장했으며, 현대의 왕한성(王寒生)은 공자와 묵자 모두가 다만 정도의 차이가 있을 뿐 모두 근검과 겸애를 숭상했다고 지적했다고 한다. 또 전재성에 따르면, 반면 유가와 묵가의 차이를 강조하는 것이 맹자와 송대 신유학의 영향으로 중국철학사상사에서 더 일반적인 관점이라고 할 수 있으며, 특히 현대 학자인 팡서우추(方授楚)는 공자와 묵자의 사상은 친친親

親과 겸애兼愛, 번례繁禮와 절용節用, 중상重喪과 절장節葬, 통천通天과 천지天志, 원귀遠鬼와 명귀明鬼, 정악正樂과 비악非樂, 지명知命과 비명非命, 존인尊仁과 귀의貴義 등으로 서로 근본적으로 대립하는 것으로 보았다고 한다.147) 그런데 유가와 묵자는 서로 비판을 주고받았으며 실제로 서로 다른 점도 있으나, 다른 한편으로는 공통점과 서로 수렴할 수 있는 점도 있어서, 양 측면을 다 고려해야 한다.

유가에 대한 묵자의 비판은 무엇보다도 『묵자墨子』「비유하非儒下」편에 잘 제시되어 있고, 그 밖의 여러 편에서도 부분적으로 이루어지고 있다. 이런 것을 살펴보면, 묵자가 유가를 비판하는 이유에는 여러 가지가 있다.

우선 유가는 자신과 친하고 소원함에 따라 그리고 신분의 높낮이에 따라 사람에 차등을 두고 차별을 한다는 것이다. 이에 대해 묵자는 이렇게 말한다. "유가들은 친척을 사랑하는 것도 차등이 있고 어진 사람을 높이는 데도 차등이 있어야 한다고 말한다. 즉 친소親疎와 존비尊卑의 차등이 있음을 말한다."148) 묵자는 겸애의 입장에서 이런 유가의 별애別愛를 비판한다.

또 묵자에 따르면, 유가는 운명론을 고집하여 사람의 수명, 부귀, 공명, 행복 등 모든 것이 하늘이 정한 운명이라서 어쩔 수 없다고 함으로써 사람들이 자신이 해야 할 일을 태만하게 하도록 만들어 결국은 백성의 삶과 나라의 정치를 망치고 있다.149)

---

147) 전재성은 그의 논문에서 공자와 묵자 사상의 공통점과 차이점을 강조하는 이론들에 관해 이렇게 소개하고 있다. 전재성, 「공자와 묵자의 철학사상 비교 연구」, 5~8쪽 참조.

148) 『墨子』, 「非儒下」, "儒者曰: '親親有術, 尊賢有等.' 言親疏尊卑之異也." 번역은 기세춘 역저, 『묵자』, 697쪽.

149) 『墨子』, 「非儒下」, "有强執有命以說議曰: '壽夭貧富, 安危治亂, 固有天命, 不可損益, 窮達賞罰幸否有極, 人之知力, 不能爲焉.' 群吏信之, 則怠於分職, 庶人信之, 則怠於從事. 吏不治則亂, 農事緩則貧, 貧且亂政之本, 而儒者以爲道敎, 是賊天下之人者也."(유가들은 운명론을 고집하며 말하기를, 오래 살고 일찍 죽는 것, 부유하고 가난한 것, 편안하고 위태한 것, 태평하고 어지러운 것, 이것들은 본래부터 하늘이 정한 운명이어서 덜거나 더

다음으로는, 앞에서도 지적한 바 있듯이, 묵자는 장례나 상례 및 음악 등과 관련하여 유가가 예와 음악을 화려하고 번거롭게 꾸며 낭비를 초래하며, 생산활동을 천시하고, 옛것만 고수하여 백성에게 해를 끼친다고 비판하였다.[150]

유가에 대한 묵자의 비판에는 상당한 합리성이 있으며, 앞에서 우리가 살펴본 유가의 사상과 의론이 여러 가지 문제를 포함하고 있는 것도 사실이다. 묵자의 비판과 유가 의론에 대한 앞의 분석을 기초로 해서 본다면, 친함과 소원함, 존귀함과 비천함에 따른 유가의 별애別愛는 봉건적인 신분질서와 그에 따른 분배를 정당화하고, 사적인 영역과 공적인 영역을 명확히 구별하지 못하여 공적인 영역에서 친하거나 소원하거나와 상관없이 엄격하게 공정한 입장에 서는 것을 방해한다. 번거로운 전통적 의례 형식을 고수하고, 리禮 그 자체를 의와 대립하는 것으로 간주하면서, 독단적인 성선설에 기초해 인간으로서 지켜야 할 의무와 도리만을 강조하는 것은 공리와 공익에 충분히 주의를 기울이는 것을 가로막는다.

묵자에 대한 유가의 비판의 대표적인 것으로는 맹자와 순자의 비판을 들수 있다. 먼저 묵자에 대한 맹자의 비판에 관해서는 이미 '맹자의 의론' 부분에서 언급한 바 있다. 묵자를 비판하는 맹자의 가장 중요한 논지는 우선 묵자의

할 수 없는 것이며, 곤궁하고 영달하며, 상을 받고 벌을 받으며, 행·불행도 이미 정해져 있는 것이므로 사람의 지혜나 힘으로는 어찌할 수 없다고 한다. 그러나 관리들이 이것을 믿으면 맡은 직분에 태만하고 서민들이 이것을 믿으면 종사하는 일을 태만히 할 것이다. 관리들이 다스리지 않으니 어지럽고, 농사를 게을리하니 가난할 것이다. 가난과 어지러움은 정치의 근본에 어긋나는 것이다. 그러니 유가들이 도라고 가르치는 것은 천하 인민을 해치고 있다.) 번역은 기세춘 역저, 『묵자』, 700쪽.

150) 『墨子』, 「非儒下」, "夫繁飾禮樂以淫人, 久喪僞哀以謾親, 立命緩貧而高浩居, 倍本棄事而安怠傲, 貪於飲食, 惰於作務, 陷於飢寒, 危於凍餒, 無以違之."(그들은 예와 음악을 번거롭게 꾸며 인민을 방탕하게 만들며, 오랜 복상과 거짓 슬픔으로 죽은 부모를 속이고 운명을 내세우며, 게으르고 가난하면서도 고고한 척하며, 생산 활동을 천시하고 오만하고 안일을 탐한다. 먹고 마시는 것은 탐내면서도 노동은 싫어하여 헐벗고 굶주려 굶어 죽고 얼어 죽어도 거기서 벗어날 길이 없다.) 번역은 기세춘 역저, 『묵자』, 700~701쪽.

겸애설이 자신과 더 가까운 사람을 먼저 사랑해야 한다는 인간의 도리에 어긋난다는 것이다. 이는 겸애설에 대한 유가의 친친설親親說에 기초한 비판이다. 이미 지적한 것처럼, 맹자는 친친설에 어긋나는 묵자의 이론은 아버지를 무시하는 금수와 같은 것으로, 인의를 막아 짐승이 인간을 잡아먹고 인간들끼리 서로 잡아먹게 만들 수도 있다는 극단적인 비판도 가하였다.

묵자를 비판하는 맹자의 다음 논지는 묵자의 주장이 과도한 자기희생을 요구하는 극단적 주장이라는 것이다. 이것은 맹자가 양주와 묵자의 입장이 정반대이면서도 모두가 극단에 치우친 주장이라고 한 다음과 같은 말에 잘 드러나 있다.

> 맹자께서 말씀하셨다. "양자楊子(楊朱)는 자신만을 위하는 위아爲我를 주장하였으니, 자기의 털 하나를 뽑아서 천하를 이롭게 할 수 있다 하더라도 하지 않았다. 묵자墨子(墨翟)는 차등 없이 똑같이 사랑하는 겸애兼愛를 주장하였으니, 자기의 정수리를 갈아 발꿈치까지 이르더라도 천하를 이롭게 할 수 있다면 그렇게 하였다. 노나라의 현자 자막子莫은 그 중간을 잡았으니, 중간을 잡는 것이 도에 가까우나, 중간을 잡기만 하고 저울질함이 없으면(執中無權) 한쪽을 고집하는 것과 같다. 한쪽을 고집하는 것을 미워하는 까닭은 도를 해치기 때문이니, 하나만 시행되고 나머지는 모두 버려진다."[151]

또 진秦나라와 초楚나라가 전쟁을 하려 할 때 전쟁이 불리不利하다는 것으로 설득해 그만두도록 하려 한 송경宋牼을 비판한 맹자의 이야기에서도 이미 지적했던 것처럼, 맹자는 묵가에서는 의가 아니라 리利를 앞세운다고 비판하기도 했다.

---

151) 『孟子』, 「盡心上」, "孟子曰: 楊子取爲我, 拔一毛而利天下, 不爲也. 墨子兼愛, 摩頂放踵利天下, 爲之. 子莫執中, 執中爲近之, 執中無權, 猶執一也. 所惡執一者, 爲其賊道也, 擧一而廢百也." 번역은 동양고전종합DB, 『孟子集註』, 「盡心上 26」 부분에 따름.

유가의 또 다른 대표적 사상가인 순자도 묵자에 관해 여러 가지 비판을
가하였다. 우선 친친설에 기초한 맹자의 비판과 마찬가지로 순자 역시 묵자가
사람들 사이의 다름과 차별을 제대로 보지 못하고 절대적 평등과 사랑만을
주장했다고 비판한다. 예컨대 다음과 같은 글귀들이 그렇다.

　　묵자는 같음에 대한 식견은 있으나 다름에 대한 식견은 없고,…… 같음만 있
　　고 다름이 없다면 정치 명령이 미치지 못할 것이다.[152]

　　천하를 하나로 하고 국가를 세울 잣대를 알지 못하며, 공리와 효용만 높여
　　검약을 중히 하고 차등을 업신여기므로 곧 달리 구별하거나 군신간의 거리
　　두는 일에 부족하면서, 그러나 그 주장에는 근거가 있어 그 말이 조리에 닿아
　　족히 어리석은 대중들을 속이고 현혹시킬 수 있으니, 이가 바로 묵적과 송견
　　이다.[153]

　　두 인용문을 보면 순자는 왕과 신하처럼 사람들 사이의 다름을 구별하여
그에 맞추어 직분이나 분배 몫 같은 것을 할당해 주도록 정책을 펴야만 나라가
제대로 다스려지고 사회가 안정될 수 있다고 보고 있다. 그런데 묵자는 그것을
무시하고 대중을 현혹하고 있다는 것이다.
　　앞의 두 번째 인용문에서 나타나듯이, 순자는 묵자가 공리와 효용, 검약만
을 중시하고 있다는 것도 비판하고 있다. 공리와 효용만을 높이는 것은 이익과
실용성만을 따져 의와 예, 도리를 경시하는 것이다. 이것을 순자는 다음과 같이

---

152) 『荀子』, 「天論」, "墨子有見於齊, 無見於畸,……有齊而無畸, 則政令不施." 번역은 이운구
　　옮김, 『순자 1』(한길사, 2006), 82~83쪽.
153) 『荀子』, 「非十二子」, "不知壹天下建國家之權稱, 上功用, 大儉約, 而僈差等, 曾不足以容辨異,
　　縣君臣; 然而其持之有故, 其言之成理, 足以欺惑愚衆: 是墨翟宋鈃也." 번역은 이운구 옮김,
　　『순자 1』, 139쪽.

비판한다.

> 묵자는 실용주의에 가려서 (예절) 꾸미는 것을 알지 못하고,…… 실용성에 따
> 라 이를 일러 도라 한다면 이득만 다하게 되는 것이다.[154]

순자는 묵자가 좁은 실용성만을 따지기 때문에 갖는 심각한 문제점을 무엇
보다도 문화와 음악의 중요성에 대한 무지라고 보았다. 음악은 본래 사람의
감정을 표현하여 즐거움을 주고, 마음을 부드럽게 만들어 사람들 사이의 화합과
조화를 가져다주는 정치 · 사회적인 순화기능을 하기도 한다. 그런데 묵자는
좁은 실용성에 갇혀 이런 음악의 중요한 기능을 보지 못했다는 것이다.

> 본래 사람은 즐거워하지 않을 수 없다. 즐거우면 겉으로 드러내지 않을 수
> 없다. 드러내되 도리에 맞지 않으면 어지러워질 수밖에 없다. 선왕은 그 어지
> 러움을 싫어한다. 그러므로 아雅 · 송頌이란 성조를 제정하여 이끌어 그 소리
> 로 족히 즐거워할 수 있게 하되 음란에 흐르지 않게 하며, 그 악장으로 족히
> 분별할 수 있게 하되 막히지 않게 하며, 그 굽히거나 펼침, 빠르고 질펀함,
> 날카롭고 느릿함, 누르고 올림으로 족히 사람의 선심을 감동하게 하며 저 사
> 악하고 더럽혀진 감정이 접해 들어올 데가 없도록 하였던 것이다. 이것이 바
> 로 선왕이 악을 세운 까닭이다. 그런데 묵자가 이를 부정하니 어찌된 일인
> 가?[155]

---

154) 『荀子』, 「解弊」, "墨子蔽於用而不知文,……由用謂之道, 盡利矣." 번역은 이운구 옮김, 『순
자 2』, 170쪽.
155) 『荀子』, 「樂論」, "人不能不樂, 樂則不能無形, 形而不爲道, 則不能無亂. 先王惡其亂也, 故制
雅頌之聲以道之, 使其聲足以樂而不流, 使其文足以辨而不諰, 使其曲直繁省廉肉節奏, 足以感
動人之善心, 使夫邪汙之氣無由得接焉. 是先王立樂之方也, 而墨子非之奈何." 번역은 이운
구 옮김, 『순자 2』, 151쪽.

실용성만 강조하는 묵자가 비악非樂과 더불어 주장하는 것이 절용이다. 순자는 묵자가 주장하는 절용에 대해서도 비판을 가한다.

> 묵자가 하는 말은 좀스럽게 천하를 위하여 부족할까 걱정하지만 그 부족이란 천하가 공인하는 우환이 아니다. 다만 묵자 혼자만의 걱정이요 지나친 생각이다.…… 내가 생각하기로는 묵자의 비악非樂이란 바로 천하를 혼란하게 하고, 묵자의 절용節用이란 바로 천하를 빈곤하게 하는 것이다. 그를 헐뜯으려는 것이 아니라 논리의 당연한 귀결이다. 묵자가 크게는 천하를, 작게는 한 나라를 가진다면 반드시 걱정이 되어 나쁜 옷을 입고 거친 음식을 먹으며 근심스러워서 음악을 그만둘 것이다. 이와 같다면 수척해지고 수척해진다면 욕망을 충족시키지 못하며, 욕망을 충족시키지 못한다면 상 주는 일도 못할 것이다.156)

여기서 순자는 묵자가 물자 부족만을 걱정하여 지나치게 절용만을 강조하고, 반면에 적극적으로 생산을 증대시켜 인간의 욕망을 충족시키는 것의 중요성을 제대로 알지 못했다고 비판하고 있다.157)

묵자에 대해 비판을 가한 것은 유가만이 아니었다. 예컨대 일찍이 장자

---

156) 『荀子』, 「富國」, "墨子之言昭昭然爲天下憂不足. 夫不足非天下之公患也, 特墨子之私憂過計也……我以墨子之'非樂'也, 則使天下亂; 墨子之'節用'也, 則使天下貧, 非將墮之也, 說不免焉. 墨子大有天下, 小有一國, 將蹙然衣粗食惡, 憂戚而非樂. 若是則瘠, 瘠則不足欲; 不足欲則賞不行." 번역은 이운구 옮김, 『순자 1』, 254~255쪽.
157) 리쩌허우는 이런 순자의 주장에 동조하면서 비슷하게 묵자를 비판하고 있다. 그는 "순자는 묵자가 주장하는 균등한 소비와 하향평준화의 동일성은 오히려 천하를 어지럽고 빈곤하게 만들어 버리는 것으로 생각"(리쩌허우 지음, 정병석 옮김, 『중국고대사상사론』, 159쪽)했다고 하면서, 이렇게 말한다. "묵자는 철저하게 기본 생존에 필요한 것을 제외한 모든 소비를 제한하고 심지어 억제하면서, 실제로는 사회발전의 객관적 규율을 위반하기도 했다. 하지만 이것은 현실적으로 실현되기 어렵고, 또 어떤 결과를 가지고 올 수도 없다. 이것이 바로 소생산 노동자의 좁은 시야가 초래한 비극이다."(리쩌허우 지음, 정병석 옮김, 『중국고대사상사론』, 144쪽)

또한 묵자의 절용론節用論, 비악론非樂論, 절장론節葬論에 대해 비판을 가하였다. 장자는 묵자의 절용, 비악, 절장에 관한 주장들이 너무 지나쳐 세속 풍습을 등지고 사람의 감정과 너무 동떨어져 있다고 보았다. 그래서 예컨대 그는 묵자의 비악에 대해 "노래해야 할 때 노래하지 않고 곡해야 할 때 곡하지 않으며 즐겨야 할 때 즐기지 않음을 주장한다면, 과연 인정人情에 가까울까?"158)라고 하면서, 이런 것은 "천하 사람의 마음에 거역되며 세상 사람이 도저히 감당할 수 없는 일"159)이라고 비판한다.

맹자와 순자, 장자의 이런 비판 외에도 묵자에 대한 후세의 비판으로는, 앞에서 이미 언급했듯이, 묵자의 하늘과 귀신 관념이 비과학적이며 타율적이라는 비판, 묵자의 상동론이 전제주의적 통치를 정당화하는 성격을 갖고 있다는 비판 등이 있다.

묵자에 대한 비판 가운데서도 어느 정도 타당성을 갖고 있다고 할 수 있는 것들이 있다. 예컨대 묵자가 절용을 과도하게 강조하여 적극적으로 생산을 증대시켜 개개인의 다양한 욕구를 충족시키고 자아를 실현해 나가는 것의 중요성을 간과한 점이 있다는 것은 사실이다. 또 여러 사람의 지적처럼 묵자는 금욕주의를 너무 강조한 나머지 음악과 같은 문화 활동의 효용성과 중요성을 제대로 평가하지 못했던 것도 사실이다.

이상에서 살펴본 것처럼 유가와 묵자의 사상 및 의론에는 상당한 차이가 있으며 각자 그 나름의 문제점도 가지고 있다. 그러나 다른 한편으로 유가와 묵자의 사상 및 의론 사이에는 상당한 공통점도 있으며 각자 그 나름의 장점도 갖고 있다. 그러므로 양자의 대립만을 강조하는 것보다는 공통점을 확인하고,

---

158) 『莊子』, 「天下」, "歌而非歌, 哭而非哭, 樂而非樂, 是果類乎?" 번역은 안동림 역주, 『장자』 (현암사, 1997), 783쪽.
159) 『莊子』, 「天下」, "反天下之心, 天下不堪." 번역은 안동림 역주, 『장자』, 783쪽.

깊이 있고 포괄적인 묵자의 의론에다 유가 의론의 장점을 통합하여, 묵자의 의론이 오늘날에도 우리에게 던져 주는 의미를 잘 이해하고 계승해 나가는 것이 중요하다.

유가와 묵자 사이에 격렬한 비판이 오고 갔음에도 불구하고, 그것은 자기 견해에 대한 극단적 강조와 상대에 대한 오해에 기초한 것이 많으며, 의외로 서로 공통되는 점도 적지 않다. 우선 앞에서도 이미 지적한 바이지만, 보통 유가 의론과 묵자 의론의 대표적인 차이라고 간주되는 의와 리利에 관한 입장이 그리 크게 다른 것은 아니다. 공자와 맹자 역시 묵자와 마찬가지로 공리와 공익을 추구하는 것을 옳은 것이라고 본 점은 다름이 없다. 맹자에 나타나는 바와 같이 리利 자체를 의와 대립하는 것이라고 하는 너무 과도한 주장을 고집하지만 않는다면 이에 관한 양자의 대립은 얼마든지 해소될 수 있다.

흔히 유가와 묵자의 가장 근본적인 차이라 간주하는 유가의 친친설에 기초한 별애와 묵자 겸애설의 대립도 다분히 오해에 기초해 있다고 할 수 있다. 유가의 인仁과 충서忠恕는 친친에만 머무르지 말고 모든 사람에 대한 사랑으로 나아가야 한다는 주장을 포함하고 있다. 묵자의 관점에서도 자기 자신, 자기와 친한 부모, 형제자매와 친지에 대한 자연스러운 사랑에서 출발하여 그것을 미루어 점차 더 많은 대상으로 넓혀 나감으로써 궁극적으로는 모든 사람을 사랑하기에 이르도록 한다는 유가의 사상 자체를 반대할 이유는 없다. 그것 자체는 겸애의 사상과도 모순되는 바가 없다. 묵자도 가까운 사람과 먼저 친해야 한다는 것을 다음과 같이 분명히 이야기하고 있다.

가까운 사람들과 친하지 않으면서 먼 사람이 찾아오기를 힘쓰지 말며, 친척들도 의부하지 않으면서 밖의 사람들과 사귀려 애쓰지 말아야 한다.[160]

다만 자신과 친한 가족과 친척 등에 대한 사랑과 배려가 지나쳐 그 밖의 사람들의 정당한 권리와 이익을 침해하거나 공정함을 위배하고 사회 전체의 공익에 해가 된다면 그것은 심각한 문제가 될 수 있다. 유가에 대한 묵자의 비판은 이런 것과 깊은 관계가 있다. 예를 들면 유가의 후장구상厚葬久喪에 대한 묵자의 비판과 절장節葬 주장은 가족 중심의 사랑이 지나친 나머지 생겨난 허례 허식과 그것이 사회에 미치는 폐해에 대한 비판이라고 할 수 있다. 또 가까운 사람부터 사랑해야 한다는 것을 인정한다 해도, 사적인 영역과 공적인 영역은 구분해야만 한다. 신분이나 지도자와의 친소 관계와 상관없이 인재를 적재적소 에 등용해야 한다는 묵자의 상현론尙賢論은 유가적인 친족 중심의 종법제에 기초한 정치체계에 대한 비판이라고 볼 수 있다. 묵자가 겸애를 주장하고 별애 를 비판하는 맥락을 보면, 그것은 대부분 사회 정치 분야에서는 사사로운 친소 관계에 좌우되지 말고 모든 사람을 공정하게 대우해야 한다는 생각과 관련이 있다. 사회와 국가의 질서, 정의의 실현을 위해서는 자신과 가족, 친지를 포함한 누구라도 똑같이 대하고, 모두를 사랑하며, 오히려 약자를 더 배려하는 겸애의 정신과 실천이 필요하다. 사회적인 어떤 직위나 임무를 부여한다든가 사회적 재화를 분배할 경우, 만약 그것을 친소 관계에 따라 한다면 그것은 큰 잘못이며, 그렇게 하지 않고 모든 사람을 두루 사랑하는 겸애의 원칙에 따라 한다면 올바 르다.

개인적인 실천의 영역에서는 유가의 친친의 논리에 따라 사랑을 가까운 곳으로부터 점차 멀리 넓혀 나가는 것에 묵자의 겸애설이 대립할 이유가 없다. 다만 사적인 영역과 공적인 영역을 구분하지 못하고 공적인 영역에서조차 사적 인 친소 관계에 따라 가까운 사람을 우선시한다면, 이는 공정과 정의에 심히

---

160) 『墨子』, 「修身」, "近者不親, 無務來遠, 親戚不附, 無務外交." 번역은 기세춘 역저, 『묵자』, 380쪽.

어긋나는 일이다. 만약 유가의 친친설이 이런 것까지 주장하는 것이라면 그것은 분명 잘못이라고 하지 않을 수 없다. 그러므로 유가가 사적인 영역과 공적인 영역을 구분하지 않고 공적인 영역에까지 무리하게 친친의 논리를 적용하지 않는다면 묵자의 겸애설과 그리 대립할 이유는 없는 것이다.

그런데 당시 사회적 직위나 재화의 분배 문제에서 유가는 대체로 신분제와 종법제에 따른 차별적인 분배를 옹호하는 입장에 섰다고 할 수 있다. 이런 점에서 유가의 친친이라는 주장은 겸애와 어긋나는 별애라는 성격을 갖고 있었으며, 공정한 사회적 분배라는 의미에서의 의와 부딪치는 점이 있었다. 이 때문에 묵자는 사회적 직위나 재화의 분배 등과 같은 사회 정치적 문제에서는 겸애의 관점에서 모든 사람을 공평하게 대하고, 더 나아가 사회적인 약자들을 배려하는 쪽으로 정책을 펴 나가야 한다고 강력하게 주장한 것이다. 별애에 대한 묵자의 비판은 유가의 인仁과 의 사상 자체에 대한 비판이 아니라, 공적인 분야에까지 사사로운 관계를 위주로 하는 왜곡된 편애에 대한 비판이며, 그것은 매우 정당한 것이라고 할 수 있다.

유가와 묵자의 사상 및 의론을 통합할 수 있는 또 하나의 유력한 근거가 될 수 있는 것은 '대동사회론大同社會論'이다. '대동사회론'은 공자와 그 후예들의 책을 정리해 편찬한 『예기禮記』의 「예운禮運」편에 나오는 이상적인 사회에 관한 이론이다. 『예기』는 전한前漢시기에 대성戴聖이 편찬한 것으로, 일반적으로 예와 관련된 유가의 이론과 실제 등에 관한 책으로 간주한다. 『예기』에는 사서四書에 속하는 『대학大學』과 『중용中庸』을 비롯한 여러 편의 글이 있는데, 「예운」 역시 그 중의 하나이다. 「예운」편에는 인간이 꿈꿀 수 있는 이상적 사회인 '대동사회'가 묘사되어 있는데, 이 '대동사회론'이 어느 학파의 이론이냐를 놓고 의견이 분분하다. 여기에는 대동사회론이 유가, 도가, 묵가의 사상이라는 설과 여러 학파의 의견을 반영한 것이라는 설 등 여러 의견이 있다. 이 중에서도 가장

유력한 설은 유가의 이론이라는 설과 묵자의 이론이라는 설 두 가지이다.[161]

필자는 대동사회론이 묵자의 이론에 속한다는 설을 지지한다. 그 이유는 대동사회론에서 묘사하는 이상사회의 내용이 묵자의 사상과 한 치도 어긋남이 없이 완전히 합치하기 때문이다. 이것은 대동사회에 대한 다음과 같은 묘사를 분석해 보면 잘 알 수 있다.

> 큰 도가 행하여진 세상에는 천하가 모두 만인의 것으로 되어 있다. 사람들은 현자賢者와 능자能者를 선출하여 관직에 임하게 하고, 온갖 수단을 다하여 상호간의 신뢰 친목을 두텁게 하였다. 그러므로 사람들은 각자의 부모만을 부모로 여기지 않았고, 각자 자기 자식만을 자식으로 여기지 아니하여, 노인에게는 그의 생애를 편안히 마치게 하였으며, 장정에게는 충분한 일을 시켰고, 어린이에게는 마음껏 성장할 수 있게 하였으며, 과부·고아·불구자 등에게는 고생 없는 생활을 시켰고, 성년 남자에게는 직분을 주었으며, 여자에게는 그에 합당한 남편을 갖게 하였다. 재화라는 것은 헛되이 낭비되는 것을 미워하였지만 반드시 자기에게만 사사로이 독점하지 않았으며, 힘이란 것은 사람의 몸에서 나오지 않으면 안 되는 것이지만 그 노력을 반드시 자신의 사리를 위해서만 쓰지는 않았다. 모두가 이러한 마음가짐이었기 때문에 (사리사욕에 따르는) 모략이 있을 수 없었고, 절도나 폭력도 없었으며, 아무도 문을 잠그는 일이 없었다. 이것을 대동大同의 세상이라고 말하는 것이다.[162]

---

161) 대동사회론이 어느 학파의 이론에 속하느냐에 관한 다양한 의견에 관해서는 이계석, 「묵자의 이상사회론 연구—선진유가의 대동사회론과 비교를 중심으로」, 178~188쪽 참조. 여기서 이계석은 대동사회론이 유가의 이론이라고 보는 학자들로는 중국학자로 郭沫若, 孫廣德, 국내 학자로 김기주, 신백훈, 오석원, 양승태, 김수중, 남경희, 김상현 등을 들었다. 묵자의 이론이라고 주장하는 학자들로는 중국의 학자로 方授楚, 국내 학자로 기세춘, 박문현, 김인규, 정경환 등을 들었다.

162) 『禮記』, 「禮運」, "大道之行也, 天下爲公. 選賢與能, 講信修睦, 故人不獨親其親, 不獨子其子, 使老有所終, 壯有所用, 幼有所長, 矜寡孤獨廢疾者, 皆有所養. 男有分, 女有歸. 貨惡其棄於地也, 不必藏於己; 力惡其不出於身也, 不必爲己. 是故謀閉而不興, 盜竊亂賊而不作, 故外戶而不閉, 是謂大同." 번역은 이상옥 역, 『禮記 中』(명문당, 2003), 617~618쪽.

여기에서 '천하가 모두 만인의 것'이라는 생각은 앞에서 언급한 바 있는 묵자의 '천하의 모든 것은 같은 하늘에 속하는 것이며 유기적인 전체의 부분으로서 서로 둘이 아니라는 존재론과 합치하는 이야기이다. '현자와 능자를 선출하여 관직에 임하게 한다'는 것은 묵자의 상현론과 완전히 일치한다. '각자의 부모만을 부모로 여기지 않고, 자기 자식만을 자식으로 여기지 않는다'는 것은 다름 아닌 묵자의 겸애설에 해당하는 것이다. '장정에게 충분한 일을 시키고', '성년 남자에게 직분을 준다'는 것은 각자의 능력에 알맞은 일을 맡기고 그에 합당한 대우를 한다는 상현론 등의 이야기와 합치한다. '노인이 생애를 편안히 마치게 하고', '과부·고아·불구자 등이 고생하지 않도록' 한다는 것 등은 누구보다도 사회적 약자들에 대한 배려를 강조하였던 묵자의 사상과 완전히 일치한다. '재화의 낭비를 미워하는' 것은 묵자의 절용론과 일치하며, '재화와 힘을 독점하거나 사리를 위해 사용하지 않는다'는 것은 겸상애·교상리라는 묵자의 공리주의 사상과 완전히 일치한다. 이처럼 「예운」편에 나오는 대동사회에 대한 묘사는 묵자의 사상과 조금도 다른 바 없이 완전히 합치한다.

물론 「예운」의 대동사회론이 유가 이론에 속하는 것이라는 주장도 전혀 근거가 없는 것이라 할 수는 없다. 예컨대 량치차오(梁啓超)는 『논어』에도 대동주의와 통하는 부분들이 있다고 하면서 그러한 것으로 다음과 같은 구절을 들고 있다.

> 국가를 다스리는 사람은 백성이 적음은 걱정하지 않고 고르지 않음을 걱정하며, 가난함은 걱정하지 않고 편안치 않음을 걱정한다 하였다. 고르게 되면 가난이 없어지고, 화락하면 백성이 적지 않게 되고, 편안하면 나라가 기울어지는 일이 없는 것이다.[163]

---

163) 梁啓超, 「墨子學案」(1921년), 『梁啓超全集』第六册, 3144쪽에서 재인용. 원문은 『論語』,

량치차오는 또한『논어』「공야장公冶長」편에서 공자가 안연과 자로와 함께 각자 바라는 바에 대해 대화한 내용에서 나온 이야기들이 대동사회론의 이야기와 서로 통한다고 지적하기도 하였다. 「공야장」편에 나오는 이야기는 다음과 같다.

안연과 게로가 공자님을 모시고 있었는데, 공자께서 말씀하셨다. "너희들의 지망志望을 각기 말해 보지 않겠느냐?"
자로가 말하였다. "수레와 말과 옷과 가벼운 갖옷을 친구들과 함께 쓰다가 그것들이 낡아져도 유감없기를 바랍니다."
안연이 말하였다. "선함을 남에게 자랑하지 않고, 공로를 남에게 과장하는 일이 없기를 바랍니다."
자로가 말하였다. "선생님의 지망을 듣고 싶습니다."
공자께서 말씀하셨다. "노인들을 편안하게 해 주고, 친구들에게는 신의를 지키고, 젊은이들은 따르게 해 주고자 한다."[164]

량치차오는 이 이야기를 다음과 같이 해석하면서 대동주의와 통한다고 주장하였다.

자로가 말한 것은 곧 '재화라는 것은 헛되이 낭비되는 것을 미워하였지만 반드시 자기에게만 사사로이 독점하지 않았다'는 것이다. 안연이 말한 것은 '힘이란 것은 사람의 몸에서 나오지 않으면 안 되는 것이지만 그 노력을 반드시 자신의 사리를 위해서만 쓰지는 않았다'는 것이다. 공자가 말한 것은 '각자의

「季氏」, "不患寡而患不均, 不患貧而患不安. 蓋均無貧, 和無寡, 安無傾." 번역은 김학주 편저, 『논어』, 374쪽.
164) 『論語』, 「公冶長」, "顏淵, 季路侍. 子曰: '盍各言爾志?' 子路曰: '願車馬, 衣輕裘, 與朋友共. 敝之而無憾.' 顏淵曰: '願無伐善, 無施勞.' 子路曰: '願聞子之志.' 子曰: '老者安之, 朋友信之, 少者懷之.'" 번역은 김학주 편저, 『논어』, 184쪽.

부모만을 부모로 여기지 않았고, 각자 자기 자식만을 자식으로 여기지 아니하여, 노인에게는 그의 생애를 편안히 마치게 하였으며, 장정에게는 충분한 일을 시켰고, 어린이에게는 마음껏 성장할 수 있게 하였다는 것이다.[165]

대동사회론이 어느 학파의 이론에 속하며 그 연원이 무엇인지에 대해서는 여전히 논란이 존재하고 있는 것이 사실이다. 그러나 여기서 중요한 것은 대동사회론이 유가의 저작을 모아 놓은 『예기』에 들어 있고, 공자의 입을 빌려 그 내용을 말하고 있으며, 오랫동안 유가의 신봉자들이 그것을 유가의 가르침으로 받들어 왔다는 것이다. 이처럼 유가의 가르침으로 받들어져 온 대동사회론의 내용이 앞에서 이야기한 것처럼 묵자의 사상과 완전히 합치한다는 것은 의미가 매우 크다. 이것은 유가와 묵자의 사상이 근본적으로 대립할 까닭이 없으며 얼마든지 서로 소통하고 통합할 수 있다는 것을 보여 주는 것이라 할 수 있다.

이제 앞에서 말한 유가와 묵자의 사상과 의론이 각각의 약점 및 상호 공통점과 서로 소통할 수 있는 점들을 염두에 두면서, 묵자 의론이 함축하고 있는 의미를 밝히고 유가 의론의 장점을 그것과 통합하여 오늘날에도 유효한 의론으로 계승해 나갈 수 있는 길을 찾아보도록 하자.

우리가 앞에서 분석한 묵자의 의론은 매우 진보적이고 선진적인 것으로서 오늘날에도 여전히 정의의 문제에 올바로 대처해 나가는 데 필요한 많은 지침을 제공해 주고 있다. 먼저 묵자는 의가 곧 리利라는 것, 즉 의로운 것이란 백성을 이롭게 하는 것, 공리와 공익을 도모하는 것이란 것을 분명히 하였다. 이것은 정의의 문제가 사람에게 이로움이나 해로움을 끼칠 수 있는 것들의 분배와 밀접한 연관이 있다는 것과 분배 몫을 결정할 때 가장 먼저 고려해야 할 점은

---

165) 梁啓超, 「墨子學案」(1921년), 『梁啓超全集』 第六册, 3144쪽.

공리의 원칙이라는 것을 잘 밝혀 주고 있다. 다음으로 묵자는 사람들 각자에게 재능에 맞는 일을 맡기고 그 능력과 성과에 알맞게 대우를 해야 한다고 함으로써 정의의 문제에서 각자의 노력과 능력에 따른 분배의 원칙도 수용해야 함을 분명히 했다. 그러면서도 묵자는 능력이나 성과를 떠나 사회적 약자들에게는 최소한도의 안정된 삶을 보장할 수 있는 배려의 원칙 또한 정의의 원칙으로 받아들여야 한다는 점 역시 분명히 했다. 또 묵자는 모든 정치·사회적인 문제의 해결을 위해서는 백성의 의견을 모으고 합의를 이끌어 내는 것이 가장 중요하다고 주장함으로써 정의의 문제 역시 민중들의 소통과 합의에 의해서만 해결할 수 있다는 것을 분명히 했다.

묵자가 본 것처럼 천하의 모든 것은 같은 하늘에 속하는 것이며 유기적인 전체의 부분으로서 서로 둘이 아니라는 것 즉, 만물이 서로 떨어질 수 없는 둘이 아니라는 존재론에 기초할 때, 묵자 의론이 공리주의 원칙을 가장 기본적인 원칙으로 취한 것은 지극히 당연하다. 그런데 결과론적인 공리주의 원칙만 완고하게 내세우다 보면 자칫 전체 복리의 양을 증대시키는 것만 중시한 나머지 아무리 공리를 위해서라도 쉽게 어겨서는 안 되는 사람 개개인의 권리라든가 되도록 힘을 다해 지켜야 하는 보편적 도리를 간과할 염려가 있다. 이런 문제점을 보완하기 위해서는 인간의 마땅한 도리와 의무라든가 개인의 수양과 도덕적 각성, 충서라는 보편화 가능한 원리 등을 강조한 유가의 의무론적인 견해를 적극적으로 수용할 필요가 있다. 어느 한쪽의 원리만을 주장하고 다른 쪽은 완전히 배제하는 극단을 택해서는 곤란하다. 일반적으로 공리주의 원칙을 우선으로 하되, 보편화 가능한 의무를 존중해야 한다는 의무론적 원칙도 되도록 어기지 않도록 주의해야 한다. 보통은 공리와 공익을 증대하는 방향으로 일을 처리해야 하지만, 예컨대 어떤 사람들을 노예로 부려 많은 사람의 편안함과 즐거움을 증대시킨다거나, 어떤 사람의 장기를 강제로 적출하여 여러 사람을 살린다거나 하는 일은 아무리 공리를 위해서라도 해서는 안 되는 일이다.

공리주의 원칙에 따른다면 재화의 몫을 정할 때 어떻게 분배하는 것이 공리와 공익을 위해 가장 좋은가를 우선 고려하게 된다. 그런데 이 경우 개인들이 분배하려는 재화와 관련하여 어떤 노력을 하고 어떤 공헌을 했는가를 간과할 염려가 있다. 이것은 각자에게 합당한 몫을 주어야 한다는 정의의 개념과 어긋나는 점이 있다. 개인이 노력하고 성과를 이룬 만큼 그 몫을 주는 것이 합당한 것이기 때문이다. 현대의 자유주의자들이 특히 강조하는 점이 바로 이것이다. 그런데 묵자는 공리주의 원칙을 주장하면서도 다른 한편으로는 개개인이 재능에 맞는 일을 하고 그 능력과 성과에 알맞은 대우를 받도록 해야 한다고 주장함으로써, 일찍이 자유주의 원칙 역시 의론에 포함시켰다.

그러나 자유주의는 자칫 개인의 능력이나 공적을 절대화시킬 염려가 있다. 개인이 가지고 있는 능력이나 그가 이룬 성과에는 다른 사람들의 협력을 비롯한 수많은 사회적 요소가 함께 작용한다. 그러므로 개인의 능력이나 공적만을 분배의 기준으로 절대화해서는 안 된다. 그런 개인의 능력과 공적에 기여한 공동체 전체의 이익도 함께 고려하는 것이 당연하다. 만물이 서로 떨어질 수 없는 둘이 아니라는 존재론에 기초한 '겸상애, 교상리'란 묵자의 사상은 당대의 어떤 이론보다도 그런 공동체주의의 원리를 심대하게 포함하고 있다. 근대 이후 현재까지 자유주의자와 공동체주의자들 사이에서 계속되어 온 논쟁은 개인의 자유(능력, 노력, 공적)와 공동체적 요소와 가치(공리, 공익, 공동선) 중 어느 한쪽만을 절대화하지 않고 양자를 모두 인정해야 한다는 것을 알려 준다. 그런데 묵자의 사상은 일찍부터 그 속에 이런 양 요소를 모두 담아내고 있었다는 점에서 매우 놀라운 사상이라 할 수 있다.

전체 이익의 양만을 중시하거나 개인의 능력과 공적만을 중시하는 것은 모두 사회적 약자들을 제대로 배려할 수 없게 만든다. 모든 사람이 서로 둘이 아니라는 존재론적 진리와 진정한 공동체적 논리에서 출발해야만 사회적 약자에 대한 진정한 배려가 가능해진다. 앞서 본 것처럼 묵자는 그런 존재론적 진리에 기초해 누구보다도 사회적 약자들에 대한 따뜻한 관심과 배려를 표명하였다. 이 점에서도 묵자의 의론은 공리주의와 자유주의가 모두 소홀히 하기 쉬운 사회적 약자들에 대한 배려도 강조한 훌륭한 이론이었다.

공리와 사람의 의무(도리), 개인(자유)과 공동체(공동선), 사회적 약자에 대한 배려, 이 모든 것은 각자에게 알맞은 몫을 분배하려는 정의의 문제에서 어느 것 하나 빼놓을 수 없는 원리들이다. 각자의 몫을 결정하려 할 때 우리는 이 모든 요소를 다 같이 고려해야만 한다. 어느 한쪽만을 절대화하고 고집하게 될 때 심각한 문제와 갈등이 벌어진다. 그런데 여러 가지 원리와 요소들 가운데 어떤 것을 우선시하고 각각의 것에 얼마만큼의 비중을 두어야 하는가에 대한 정답은 정해져 있지 않다. 그것은 문제시되는 분야라든가 상황에 따라 얼마든지 달라질 수 있다. 그러므로 각각의 경우에 무엇이 가장 정의로운 것인가는 원리의 우선성과 각 원리에 대한 가중치를 놓고 서로 다른 의견을 가진 당사자들이 함께 소통하고 협의하여 합의를 만들어 나가는 수밖에 없다. 이것 이외에 정의의 문제를 해결할 수 있는 다른 합당한 방법은 없다. 묵자의 상동론(尙同論)은 이 점 역시 깨우쳐 주고 있다. 앞에서 이미 보았듯이, 묵자의 상동론은 정치에서 가장 중요한 일은 의에 관해 서로 다른 의견을 가진 백성의 뜻을 모으고 화동시키는 일이라고 주장하였다. 이런 묵자의 이론은 오늘날에도 정의의 문제를 해결하기 위해 우리가 반드시 택해야만 할 길을 제시해 주고 있는 탁견이라고 할 수 있을 것이다.

5. 맺는 말

정의를 둘러싸고 논란과 갈등이 벌어지는 경우, 대부분 그 원인은 사람들이 '각자에게 알맞은 몫을 주기' 위해 고려해야 하는 여러 요소 가운데 특정한 것만을 전부인 양 고집하고 다른 것들을 배척함에 있다. 물론 그 밑바탕에는 각자의 이해관계가 도사리고 있겠지만, 적어도 그것을 정당화시키기 위해서 각자는 자기 나름의 정의 개념을 내세우지 않을 수 없다. 앞에서 말한 것처럼, 공리와 사람의 의무(도리), 개인(자유)과 공동체(공동선), 사회적 약자에 대한 배려는 모두 정의 문제에서 고려해야만 하는 필수적인 요소들이다. 그런데 이 가운데 특정 요소만을 옳다고 주장하는 데서 갈등이 벌어지는 것이다. 그리고 이 중에서도 특히 중심이 되는 것은 개인과 공동체라는 요인을 두고 벌어지는 갈등이라 할 수 있다.

흔히 자유주의자라 부르는 사람들은 개인의 독립성과 자유, 개인의 능력과 노력 및 성과를 강조한다. 반면에 공동체주의자들은 공동체적 관계성, 공리와 공익 및 공동선을 강조한다. 사람을 포함한 만물은 서로 떨어질 수 없는 유기적인 전체의 부분들로서 서로 둘이 아니라는 것이 존재론적인 진리이다. 그런데 자유주의자들은 각 개인이 서로 다르고 독립적이라는 개별성만 강조함으로써, 개인들이 다른 사람들과의 관계 속에서 즉 공동체 속에서만 존재하고 살아갈 수 있으며, 서로 다르지 않은 측면도 있다는 점을 무시하기 쉽다. 반면에 공동체주의자들은 자칫 공동체성만을 강조한 나머지 개인들의 독자성을 무시하기 쉽다. 정의의 문제를 해결하기 위해서는 이런 양극단에 치우치지 않는 것이 중요하다.

최근에 우리 사회에서 공정과 정의를 둘러싸고 격렬하게 벌어진 갈등들을 보아도 거기에는 대부분 극단적인 자유주의와 공동체주의적 견해 사이의 대립이 있음을 알 수 있다. 정규직과 똑같은 시험을 거치지 않은 비정규직의 정규직 전환을 반대하는 것, 오로지 수능시험에 의해서만 대학생을 선발하자는 것, 여성 할당제를 폐지해야 한다는 것, 평창올림픽 여자 아이스하키 남북단일팀 구성을 반대한 것 등은 모두 개인의 노력과 능력을 중시하는 자유주의자들의 입장이었다. 이들의 주장 속에는 모든 개인에게 똑같은 기회를 주고, 객관적인 경쟁과 시험을 통해 개인의 능력과 노력 및 성과를 엄격하게 평가해야 하며, 그런 개인적 가치는 결코 침해되어서는 안 되고, 그 결과가 아무리 불평등하더라도 받아들이는 것이 정의로운 것이라는 개인주의와 자유주의적 능력주의가 깔려 있다.

사회적 직위나 재화, 책임 등에서 개인의 몫을 정할 때는 개인의 능력과 노력 및 공과를 고려해야 마땅하다는 자유주의자들의 주장에는 분명 합리적인 점이 있다. 개인의 능력과 노력 및 성과를 제대로 평가해 주지 않는다면 그것은 분명 매우 불공정한 일이 될 것이다. 또 이렇게 되면 개개인의 노력이 빛을 발할 수 없어 사회의 발전에도 큰 저해가 될 것이다. 그러므로 분배 몫을 결정하는 정의의 문제에서 개인의 능력과 노력 및 성과는 적극적으로 반영되어야만 한다.

그러나 문제는 역시 이런 개인에 대한 고려라는 측면만을 극단적으로 중시할 때 발생한다. 우선 개인의 능력과 노력 및 성과를 정확하고 공정하게 판정하는 문제가 쉽지 않다. 어떤 특정 분야의 시험(회사 채용시험, 대학수학능력고사)을 잘 치기만 하면 개인의 능력과 노력과 성과가 높다고 평가해 주어야 하는가? 왜 다른 분야의 능력과 노력과 성과를 고려해서는 안 되는가? 비정규직으로 채용됐지만 관련 업무에 능력을 보이고 많은 노력을 하고 일정한 공헌을 했다면, 그것도 충분히 평가의 대상이 될 수 있는 것이 아닌가? 대학수학능력시험이 아니라 내신이라든가 다른 비교과 영역에서의 능력과 노력과 성과도 충분히 평가의 대상이 될 수 있는 것이 아닌가? 물론 다양한 기준으로 평가할 때 각 기준에 따른 평가는 모두 공정해야 한다는 것은 분명하다. 거기에 편법과 불법이 개입한다면 그것은 비판받아야 마땅하고 시정해야 마땅하다. 그러나 그렇다고 해서 다양한 기준 자체를 거부하고 일률적인 평가 기준만이 옳다고 할 수는 없다.

더 근본적인 문제는 개인의 능력이나 성과가 과연 순전히 개인에서 기인한 것이며 개인의 노력에 의한 것이냐 하는 것이며, 또 개인과 개인적 자유만이 존중해야만 하는 가치가 있는 것이냐 하는 것이다. 이 세상에 완전히 독립적인 개인은 없다. 개인 간의 능력과 실력 차이는 개인의 탓도 있겠지만 개인 탓을 하기 어려운 환경과 구조적 요인도 작용한다. 개인의 의지나 노력과 상관없이 주어진 조건과 환경이 크게 차이가 나는 경우가 많다. 예컨대 흔히 사회적 약자라고 하는 사람들은 출발부터 불리한 여건에 놓여 있는 경우가 많다. 여성 할당제, 장애인 할당제, 대학생 농어촌특별전형제 등은 환경적·구조적 요인들에 의해 불리한 여건에 놓여 있는 사람들을 배려하기 위한 제도이다. 모든 것을 개인 탓으로 돌리지 않는다면 이런 제도는 합당하고 정의로운 것으로 인정할 수 있다. 그러나 또 다른 한편으로는 환경과 사회구조 등의 공동체적 요인만을 강조한 나머지 개인의 능력과 노력이 경시되지 않도록 최대한 노력해야 한다. 그래서 할당의 범위를 어느 정도로 해야 할 것인가에 관해서는 얼마든지 논의의 여지가 있다. 할당의 범위가 너무 넓어 개인의 능력과 노력이 과도하게 침해되지 않도록 유의할 필요가 있다. 하지만 그렇다고 그런 제도 자체의 타당성을 무조건 거부하면서 폐지를 주장해서는 곤란하다.

완전히 독립적인 개인이 없는 이상, 개인이 이룩한 성과라는 것에도 수많은 사회적 요인과 수많은 사람의 협력이 작용한다. 그런데 오직 경쟁과 승리만을 강조하며 제로섬 게임을 벌여 승자에게 모든 것을 몰아주는 승자독식제 같은 것은 그런 공동체적 요인들을 무시하는 것이다. 그러므로 공동체적 요인을 고려한 어느 정도의 분배 몫의 조정이 필요하다.

이런 견해에 대해 자유주의자들은 그렇게 되면 개인의 자유, (개인의 능력과 성과 등의) 개인적 가치가 침해당한다고 항변한다. 여기에는 개인과 개인적 자유 등만을 가치 있는 것으로 여기는 가치관이 작용하는 셈이다. 그러나 개인의 자유, 개인의 능력과 성과 같은 것만을 가치 있다고 하는 것은 매우 일방적인 주장이다. 예컨대 우리는 개인의 능력과 성과가 상당히 떨어진다고 해도 모든 인간이 기본적인 생활의 필요조건들을 충족할 수 있도록 해 주는 것이 중요하다(가치가 있다)고 생각할 수도 있다. 또 개인에 못지않게 공동체의 안정과 발전, 공리·공익·공동선도 소중한 것이므로, 분배 몫의 결정에서 그런 요인들도 함께 고려해야만 한다고 주장할 수 있다.

예컨대 평창올림픽 여자 아이스하키 남북단일팀 구성은 우리 민족의 화해와 통일이라는 공동체적 가치를 위한 일이었다. 그러나 대표팀 선수들이 선발된 상태에서 남북단일팀이 구성되어 선수들 가운데 출전 기회가 주어지지 않는 등의 불이익을 당하는 일도 있었을 것이다. 처음부터 단일팀을 구성하기로 해서 대표팀을 선발했으면 문제는 없었을지도 모른다. 그러나 그런 일은 마음대로 되지 않을 수도 있다. 남북 간의 협의가 잘 이루어지지 않다가 도중에 이루어졌을 수도 있다. 여러 가지 복잡한 사정이 있을 수 있는데, 오직 개인적 입장만 고려해 공동체적인 가치와 민족공동체를 위한 노력을 완전히 부정하는 것은 문제가 있다. 물론 개인도 충분히 고려해야 한다는 주장도 옳다. 공동체적 가치만을 강조한 나머지 개인의 노력이나 성과가 무시되어서는 안 된다. 남북단일팀 참가로 인해 불이익을 받을 수 있는 선수들에게는 그를 상쇄할 수 있게 알맞은 보상을 해 주는 등 세심히 배려해야 마땅하다.

앞서 본 개인주의적 자유주의와 공동체주의 사이의 대립처럼, 정의의 문제에서 자신이 지지하는 원리만이 진리라고 고집하고, 상대방이 지지하는 원리는 오류라고 배척하면, 극단적인 대립과 갈등이 불가피하다. 개인의 자유, 능력과 노력 및 성과와 같은 개인적 가치와 공리, 공익, 공동선과 같은 공동체적 가치 모두가 소중한 것이므로 어느 것 하나 소홀히 해서는 안 된다는 것을 분명하게 인식하고 확고하게 지지하기만 해도 그런 극단적 대립과 갈등은 훨씬 줄어들수 있을 것이다. 잘못되고 무익한 원리상의 대립을 멈추면, 무조건적 반대나 찬성을 벗어나, 경우마다 구체적으로 어떻게 하는 것이 고려해야 할 원리들을 최대한 반영하는 것이 될 것인가 하는 논의에 집중할 수 있을 것이다. 물론 그런 논의 과정과 그를 통한 합의는 쉽게 이루어지지 않는다. 광범위한 관련 당사자들의 충분한 논의를 통해 합의를 이루어야 하며, 또 사후에라도 문제가 발견되고 제기된다면 재논의와 보완책 마련이 필요할 수도 있다. 이런 일은 민주주의 사회에서 일을 처리해 나가는 정상적인 절차이다. 그러므로 각자에게 알맞은 몫을 정하려는 정의의 문제에서도 이런 절차에 따르는 것 역시 지극히 당연한 일일 것이다.

묵자의 의론은 정의의 문제에서 우리가 고려해야만 하는 원리나 요인들을 거의 다 망라하고 있다. 묵자는 상현론尙賢論을 통해 알맞은 사람을 적재적소에 앉히고 그에 합당하게 대우할 것을 주장함으로써 개인의 능력과 노력 및 성과라는 개인주의적·자유주의적 가치를 충분히 중시하였다. 묵자는 겸상애兼相愛와 교상리交相利, 그리고 사회적 약자에 대한 배려와 보호라는 겸애설을 통해 공리, 공익, 공동선이라는 공동체적인 가치를 누구보다도 강조하였다. 또 묵자는 상동론尙同論을 통해 사람들 사이의 논의와 소통, 합의와 통합을 주장함으로써 사회적 대립과 갈등을 해결해 나갈 길을 제시하기도 하였다.

무려 이천몇백여 년 전에 살았던 인물이 오늘날 정의를 둘러싼 논쟁에서도 여전히 제기되고 있는 여러 원리, 그리고 대립과 갈등을 해결하기 위해 가장 중요한 방법을 벌써 선취하고 있었다는 것은 커다란 놀라움과 존경의 염을 불러일으킨다. 이런 점에서 묵자의 의론은 단순히 지나가 버린 케케묵은 유물이 아니라 오늘날에도 여전히 우리가 다시 곱씹어 보고 되살려 내야 할 위대한 산지식이라고 할 수 있을 것이다.

찾아보기

갈홍葛洪　191

계환자季桓子　157

고자告子　175~176

공도자公都子　174~175

공손추公孫丑　180

공수반公輸盤　229

공자孔子　66, 153~169, 174, 188~190, 195, 206,
　　234, 242, 244, 247~248

귀모뤄(郭沫若)　223

글라우콘(Glaucon)　26~27

네이글(T. Nagel)　104

노승魯勝　191

니코마코스(Nikomachos)　35

대성戴聖　244

동중서董仲舒　174

드워킨(R. Dworkin)　104, 120

량치차오(梁啓超)　191, 220, 223, 246~247

레비나스(Lévinas)　130~139, 141~144, 147,
　　149~150

로버트 노직(Robert Nozick)　120

롤스(Rawls)　93~100, 102, 104~106, 110, 113,
　　115, 118, 126

루소(Rousseau)　223

류쩌화(劉澤華)　223

리쩌허우(李澤厚)　205, 223

리쾨르(Ricoeur)　147~149

매킨타이어(A. Macintyre)　104, 107~109, 117

맹자孟子　154~155, 169~188, 195, 211, 234,
　　236~237, 241~242

묵자墨子(墨翟)　147, 149, 153~156, 184~251, 256

밀(Mill)　78~79, 81~83, 86~87, 89

벤담(Bentham)　78~80, 85~86

복돈腹䵍　186~187

부산傅山　191

사르트르(Sartre)　107

샌델(M. Sandel)　104, 110, 114, 116, 121~122,
　　125

샤오공취안(蕭公權)　220

소크라테스(Socrates)　26~27, 82

손이양孫詒讓　191~192, 220~221

송경宋牼(宋鈃)　182~183, 237~238

순자荀子　175, 236, 238~241

스캔론(T. M. Scanlon)　104

시지윅(Sidgwick)　78~79, 81~84, 87~89

아데이만토스(Adeimantus)　27, 34

아리스토텔레스(Aristoteles)　28, 35~52, 81,
　　125, 199

안연顏淵　247

양자楊子(楊朱)　184~185, 190, 237

양혜왕梁惠王　179~181

왈쩌(M. Walzer)　48, 104, 112~113, 117

왕충王充　205

위월魏越　216

유월兪樾　234

이중톈(易中天)　223

이지夷之　186

자공子貢　159

자로子路(季路)　165~166, 247

자막子莫　237

자하子夏　161

장우초張宇初　191

장자莊子　240~241

증자曾子 158
치도오治徒娛 199
칸트(Kant) 49~78, 88~94, 98, 100, 102, 105~
107, 126, 160, 178~179, 183
케팔로스(Kephalos) 26
키에르케고르(Kierkegaard) 107
테일러(C. Taylor) 104, 106, 109, 127
폴레마르코스(Polemarchos) 26
플라톤(Platon) 25, 27~35, 46, 48, 125

필원畢沅 191
하이데거(Heidegger) 131
한유韓愈 234
헤겔(Hegel) 131
현자석縣子碩 199
호메로스(Homeros) 25
홉스(Hobbes) 82, 222~223
후설(Husserl) 131

『공리주의』(Utilitarianism) 78
『국가』(politeia) 25, 28, 34~35
『노사魯史』 154
『논어論語』 149, 154, 159, 165, 168~169, 246~
247
『니코마코스윤리학』(Nikomachos倫理學) 35,
40, 45~46
『대학大學』 244
『도덕과 입법의 원리에 관한 서설』
(Introduction to the Principles of Morals
and Legislation) 78
『도덕형이상학의 기초』(Grundlegung zur
Metaphysik der Sitten) 49~50, 53
『도장道藏』 191
『만수도장萬壽道藏』 191
『맹자孟子』 155, 157, 170, 172, 174, 176, 179,
186, 190
『묵변주墨辯注』 191
『묵자墨子』 191~194, 201, 217, 235
『묵자간고墨子閒詁』 191~192
『사기史記』 188

『시경詩經』 161, 174
『실천이성비판』(Kritik der praktischen Vernunft)
49, 53
『여씨춘추呂氏春秋』 190
『예기禮記』 244, 248
『윤리학의 방법』(The Methods of Ethics) 78
『전체성과 무한: 외재성에 관한 연구』
(Totalité et infini: essai sur l'extériorié) 132
『정의론』(A Theory of Justice) 93, 104, 115,
118
『정치적 자유주의』(Political Liberalism) 115
『정치학』(The Politics) 46
『정통도장正統道藏』 191
『존재와 달리 또는 존재성을 넘어』(Autrement
qu'être ou au-delà de l'essence) 132
『중용中庸』 244
『진서晉書』 191
『춘추春秋』 154, 165, 167, 169
『춘추좌씨전春秋左氏傳』 164
『한비자韓非子』 190
『한서漢書』 191

예문서원의 책들

원전총서

박세당의 노자 (新註道德經) 박세당 지음, 김학목 옮김, 312쪽, 13,000원
율곡 이이의 노자 (醇言) 이이 지음, 김학목 옮김, 152쪽, 8,000원
홍석주의 노자 (訂老) 홍석주 지음, 김학목 옮김, 320쪽, 14,000원
북계자의 北溪字義 陳淳 지음, 김충열 감수, 김영민 옮김, 295쪽, 12,000원
주자가례 朱子家禮 朱熹 지음, 임민혁 옮김, 496쪽, 20,000원
서경잡기 西京雜記 劉歆 지음, 葛洪 엮음, 김장환 옮김, 416쪽, 18,000원
열선전 列仙傳 劉向 지음, 김장환 옮김, 392쪽, 15,000원
열녀전 列女傳 劉向 지음, 이숙인 옮김, 447쪽, 16,000원
선가귀감 禪家龜鑑 청허휴정 지음, 박재양 · 배규범 옮김, 584쪽, 23,000원
공자성적도 孔子聖蹟圖 김기주 · 황지원 · 이기훈 역주, 254쪽, 10,000원
천지서상지 天地瑞祥志 김용천 · 최현화 역주, 384쪽, 20,000원
참동고 參同攷 徐命膺 지음, 이봉호 역주, 384쪽, 23,000원
박세당의 장자, 남화경주해산보 내편 (南華經註解刪補 內篇) 박세당 지음, 전현미 역주, 560쪽, 39,000원
초원담노 椒園談老 이충익 지음, 김윤경 옮김, 248쪽, 20,000원
여암 신경준의 장자 (文章準則 莊子選) 申景濬 지음, 김남형 역주, 232쪽, 20,000원
소학질서 小學疾書 이익 지음, 김경남 역주, 384쪽, 35,000원

퇴계원전총서

고경중마방古鏡重磨方 ─퇴계 선생의 마음공부 이황 편저, 박상주 역해, 204쪽, 12,000원
활인심방活人心方 ─퇴계 선생의 마음으로 하는 몸공부 이황 편저, 이윤희 역해, 308쪽, 16,000원
이자수어李子粹語 퇴계 이황 지음, 성호 이익 · 순암 안정복 엮음, 이광호 옮김, 512쪽, 30,000원

연구총서

논쟁으로 보는 중국철학 중국철학연구회 지음, 352쪽, 8,000원
논쟁으로 보는 한국철학 한국철학사상연구회 지음, 326쪽, 10,000원
중국철학과 인식의 문제 (中國古代哲學問題發展史) 方立天 지음, 이기훈 옮김, 208쪽, 6,000원
중국철학과 인성의 문제 (中國古代哲學問題發展史) 方立天 지음, 박경환 옮김, 191쪽, 6,800원
역사 속의 중국철학 중국철학회 지음, 448쪽, 15,000원
공자의 철학 (孔孟荀哲學) 蔡仁厚 지음, 천병돈 옮김, 240쪽, 8,500원
맹자의 철학 (孔孟荀哲學) 蔡仁厚 지음, 천병돈 옮김, 224쪽, 8,000원
순자의 철학 (孔孟荀哲學) 蔡仁厚 지음, 천병돈 옮김, 272쪽, 10,000원
유학은 어떻게 현실과 만났는가 ─선진 유학과 한대 경학 박원재 지음, 218쪽, 7,500원
역사 속에 살아있는 중국 사상 (中國歷史に生きる思想) 시게자와 도시로 지음, 이혜경 옮김, 272쪽, 10,000원
덕치, 인치, 법치 ─노자, 공자, 한비자의 정치 사상 신동준 지음, 488쪽, 20,000원
리의 철학 (中國哲學範疇精髓叢書 ─理) 張立文 주편, 안유경 옮김, 524쪽, 25,000원
기의 철학 (中國哲學範疇精髓叢書 ─氣) 張立文 주편, 김교빈 외 옮김, 572쪽, 27,000원
동양 천문사상, 하늘의 역사 김일권 지음, 480쪽, 24,000원
동양 천문사상, 인간의 역사 김일권 지음, 544쪽, 27,000원
공부론 임수무 외 지음, 544쪽, 27,000원
유학사상과 생태학 (Confucianism and Ecology) Mary Evelyn Tucker · John Berthrong 엮음, 오정선 옮김, 448쪽, 27,000원
공자曰, 공자는 이렇게 말했다 안재호 지음, 232쪽, 12,000원
중국중세철학사 (Geschichte der Mittelalterischen Chinesischen Philosophie) Alfred Forke 지음, 최해숙 옮김, 568쪽, 40,000원
북송 초기의 삼교회통론 김경수 지음, 352쪽, 26,000원
죽간 · 목간 · 백서, 중국 고대 간백자료의 세계 1 이승률 지음, 576쪽, 40,000원
중국근대철학사(Geschichte der Neueren Chinesischen Philosophie) Alfred Forke 지음, 최해숙 옮김, 936쪽, 65,000원
리학 심학 논쟁, 연원과 전개 그리고 득실을 논하다 황갑연 지음, 416쪽, 32,000원
진래 교수의 유학과 현대사회 陳來 지음, 강진석 옮김, 440쪽, 35,000원
상서학사 ─『상서』에 관한 2천여 년의 해석사 劉起釪 지음, 이은호 옮김, 912쪽, 70,000원
장립문 교수의 화합철학론 장립문 지음 / 홍원식 · 임해순 옮김, 704쪽, 60,000원
왕양명과 칼 바르트 ─유교와 그리스도교의 대화 김흡영 지음, 368쪽, 33,000원
세계의 철학자들, 철학과 세계를 논하다 ─제24회 북경 세계철학대회 대표철학자 25인 사전 인터뷰 李念 主編 / 오현중 옮김, 536쪽, 33,000원

강의총서

김충열 교수의 노자강의 김충열 지음, 434쪽, 20,000원
김충열 교수의 중용대학강의 김충열 지음, 448쪽, 23,000원
모종삼 교수의 중국철학강의 牟宗三 지음, 김병채 외 옮김, 320쪽, 19,000원
송석구 교수의 율곡철학 강의 송석구 지음, 312쪽, 29,000원
송석구 교수의 불교와 유교 강의 송석구 지음, 440쪽, 39,000원

역학총서

주역철학사 (周易研究史) 廖名春·康學偉·梁韋弦 지음, 심경호 옮김, 944쪽, 45,000원
송재국 교수의 주역 풀이 송재국 지음, 380쪽, 10,000원
송재국 교수의 역학담론 —하늘의 빛 正易, 땅의 소리 周易 송재국 지음, 536쪽, 32,000원
소강절의 선천역학 高懷民 지음, 곽신환 옮김, 368쪽, 23,000원
다산 정약용의 『주역사전』, 기호학으로 읽다 방인 지음, 704쪽, 50,000원
주역과 성인, 문화상징으로 읽다 정병석 지음, 440쪽, 40,000원
주역과 과학 신정원 지음, 344쪽, 30,000원
주역, 운명과 부조리 그리고 의지를 말하다 주광호 지음, 352쪽, 30,000원
다산 정약용의 역학서언, 주역의 해석사를 다시 쓰다 —고금의 역학사를 종단하고 동서 철학의 경계를 횡단하다 방인 지음, 736쪽, 65,000원
정현의 주역 林忠軍 지음, 손흥철, 임해순 옮김, 880쪽, 56,000원
주역의 기호학—퍼스 기호학으로 보는 괘의 재현과 관계 박연규 지음, 352쪽, 32,000원

한국철학총서

조선 유학의 학파들 한국사상사연구회 편저, 688쪽, 24,000원
조선유학의 개념들 한국사상사연구회 지음, 648쪽, 26,000원
유교개혁사상과 이병헌 금장태 지음, 336쪽, 17,000원
쉽게 읽는 퇴계의 성학십도 최재목 지음, 152쪽, 7,000원
홍대용의 실학과 18세기 북학사상 김문용 지음, 288쪽, 12,000원
남명 조식의 학문과 선비정신 김충열 지음, 512쪽, 26,000원
명재 윤증의 학문연원과 가학 충남대학교 유학연구소 편, 320쪽, 17,000원
조선유학의 주역사상 금장태 지음, 320쪽, 16,000원
심경부주와 조선유학 홍원식 외 지음, 328쪽, 20,000원
퇴계가 우리에게 이윤희 지음, 368쪽, 18,000원
조선의 유학자들, 켄타우로스를 상상하며 理를 氣를 논하다 이향준 지음, 400쪽, 25,000원
퇴계 이황의 철학 윤사순 지음, 320쪽, 24,000원
조선유학과 소강절 철학 곽신환 지음, 416쪽, 32,000원
되짚어 본 한국사상사 최영성 지음, 632쪽, 47,000원
한국 성리학 속의 심학 김세정 지음, 400쪽, 32,000원
동도관의 변화로 본 한국 근대철학 홍원식 지음, 320쪽, 27,000원
선비, 인을 품고 의를 걷다 한국국학진흥원 연구부 엮음, 352쪽, 27,000원
실학사 實學史 서영이 지음, 264쪽, 25,000원
선사시대 고인돌의 성좌에 새겨진 한국의 고대철학 윤병렬 지음, 600쪽, 53,000원
사단칠정론으로 본 조선 성리학의 전개 홍원식 외 지음, 424쪽, 40,000원
국역 주자문록 —고봉 기대승이 엮은 주자의 문집 기대승 엮음, 김근호·김태년·남지만·전병욱·홍성민 옮김, 768쪽, 67,000원
최한기의 기학과 실학의 철학 김용헌 지음, 560쪽, 42,000원

성리총서

송명성리학 (宋明理學) 陳來 지음, 안재호 옮김, 590쪽, 17,000원
주희의 철학 (朱熹哲學研究) 陳來 지음, 이종란 외 옮김, 544쪽, 22,000원
양명 철학 (有無之境—王陽明哲學的精神) 陳來 지음, 전병욱 옮김, 752쪽, 30,000원
정명도의 철학 (程明道思想研究) 張德麟 지음, 박상리·이경남·정성희 옮김, 272쪽, 15,000원
송명유학사상사 (宋明時代儒學思想の研究) 구스모토 마사쓰구(楠本正繼) 지음, 김병화·이혜경 옮김, 602쪽, 30,000원
북송도학사 (道學の形成) 쓰치다 겐지로(土田健次郎) 지음, 성현창 옮김, 640쪽, 32,000원
성리학의 개념들 (理學範疇系統) 蒙培元 지음, 홍원식·황지원·이기훈·이상호 옮김, 880쪽, 45,000원
역사 속의 성리학 (Neo-Confucianism in History) Peter K. Bol 지음, 김영민 옮김, 488쪽, 28,000원
주자어류선집 (朱子語類抄) 미우라 구니오(三浦國雄) 지음, 이승연 옮김, 504쪽, 30,000원
역학과 주자학 —역학은 어떻게 주자학을 만들었는가? 주광호 지음, 520쪽, 48,000원

불교(카르마)총서

유식무경, 유식 불교에서의 인식과 존재 한자경 지음, 208쪽, 7,000원
박성배 교수의 불교철학강의: 깨침과 깨달음 박성배 지음, 윤원철 옮김, 313쪽, 9,800원
불교 철학의 전개, 인도에서 한국까지 한자경 지음, 252쪽, 9,000원
인물로 보는 한국의 불교사상 한국불교원전연구회 지음, 388쪽, 20,000원
은정희 교수의 대승기신론 강의 은정희 지음, 184쪽, 10,000원
비구니와 한국 문학 이향순 지음, 320쪽, 16,000원
불교철학과 현대윤리의 만남 한자경 지음, 304쪽, 18,000원
유식삼심송과 유식불교 김명우 지음, 280쪽, 17,000원
유식불교, 『유식이십론』을 읽다 효도 가즈오 지음, 김명우·이상우 옮김, 288쪽, 18,000원
불교인식론 S. R. Bhatt & Anu Mehrotra 지음, 권서용·원철·유리 옮김, 288쪽, 22,000원
불교에서의 죽음 이후, 중음세계와 육도윤회 허암 지음, 232쪽, 17,000원
선사상사 강의 오가와 다카시(小川隆) 지음, 이승연 옮김, 232쪽 20,000원
깨져야 깨친다 —불교학자 박성배 교수와 제자 심리학자 황경열 교수의 편지글 박성배·황경열 지음, 640쪽, 50,000원
감산의 『백법논의』·『팔식규구통설』 연구와 유식불교 허암(김명우)·구자상 지음, 400쪽, 36,000원

동양문화산책

주역산책(易學漫步) 朱伯崑 외 지음, 김학권 옮김, 260쪽, 7,800원
동양을 위하여, 동양을 넘어서 홍원식 외 지음, 264쪽, 8,000원
서원, 한국사상의 숨결을 찾아서 안동대학교 안동문화연구소 지음, 344쪽, 10,000원
안동 풍수 기행, 와혈의 땅과 인물 이완규 지음, 256쪽, 7,500원
안동 풍수 기행, 돌혈의 땅과 인물 이완규 지음, 328쪽, 9,500원
영양 주실마을 안동대학교 안동문화연구소 지음, 332쪽, 9,800원
예천 금당실·맛질 마을 -정감록이 끊은 길지 안동대학교 안동문화연구소 지음, 284쪽, 10,000원
터를 안고 [을 펴다 -퇴계가 굽어보는 하계마을 안동대학교 안동문화연구소 지음, 360쪽, 13,000원
안동 가일 마을 -풍산들가에 의연히 서다 안동대학교 안동문화연구소 지음, 344쪽, 13,000원
중국 속에 일떠서는 한민족 -한겨레신문 차한필 기자의 중국 동포사회 리포트 차한필 지음, 336쪽, 15,000원
신간도견문록 박진관 글·사진, 504쪽, 20,000원
선양과 세습 사라 알란 지음, 오만종 옮김, 318쪽, 17,000원
문경 산북의 마을들 -서중리, 대상리, 대하리, 김룡리 안동대학교 안동문화연구소 지음, 376쪽, 18,000원
안동 원촌마을 -선비들의 이상향 안동대학교 안동문화연구소 지음, 288쪽, 16,000원
안동 부포마을 -물 위로 되살려 낸 천년의 영화 안동대학교 안동문화연구소 지음, 440쪽, 23,000원
독립운동의 큰 울림, 안동 전통마을 김희곤 지음, 384쪽, 26,000원
학봉 김성일, 충군애민의 삶을 살다 한국국학진흥원 기획, 김미영 지음, 144쪽, 12,000원

중국철학총서

공자의 인, 타자의 윤리로 다시 읽다 伍曉明 지음, 임해순·홍린 옮김, 536쪽, 50,000원
중국사상, 국학의 관점에서 읽다 彭富春 지음, 홍원식·김기주 옮김, 584쪽, 55,000원
유가철학, 감정으로 이성을 말하다 蒙培元 지음, 주광호, 임병식, 홍린 옮김, 800쪽, 70,000원
중국유학의 정신 郭齊勇 지음, 고성애 옮김, 672쪽, 40,000원
중국철학의 기원과 전개 丁爲祥 지음, 손흥철, 최해연 옮김, 904쪽, 55,000원
중국사상의 지혜 郭齊勇 지음, 고성애 옮김, 624쪽, 38,000원

중국학총서

중국문화정신 張岱年·程宜山 지음, 장윤수·한영·반창화 옮김, 544쪽, 50,000원
중국, 문화강국을 꿈꾸다 許嘉璐 지음, 홍린 옮김, 536쪽, 33,000원
춘추공양학사 상 曾亦·郭曉東 지음, 김동민 옮김, 768쪽, 47,000원
춘추공양학사 하 曾亦·郭曉東 지음, 김동민 옮김, 752쪽, 46,000원

노장총서

不二 사상으로 읽는 노자 -서양철학자의 노자 읽기 이찬훈 지음, 304쪽, 12,000원
김항배 교수의 노자철학 이해 김항배 지음, 280쪽, 15,000원
서양, 도교를 만나다 J. J. Clarke 지음, 조현숙 옮김, 472쪽, 36,000원
중국 도교사 -신선을 꿈꾼 사람들의 이야기 牟鍾鑒 지음, 이봉호 옮김, 352쪽, 28,000원
노장철학과 현대사상 정세근 지음, 384쪽, 36,000원
도가철학과 위진현학 정세근 지음, 464쪽, 43,000원
장자와 곽상의 철학 康中乾 지음, 황지원, 정무 옮김, 736쪽, 45,000원

남명학연구총서

남명사상의 재조명 남명학연구원 엮음, 384쪽, 22,000원
남명학파 연구의 신지평 남명학연구원 엮음, 448쪽, 26,000원
덕계 오건과 수우당 최영경 남명학연구원 엮음, 400쪽, 24,000원
내암 정인홍 남명학연구원 엮음, 448쪽, 27,000원
한강 정구 남명학연구원 엮음, 560쪽, 32,000원
동강 김우옹 남명학연구원 엮음, 360쪽, 26,000원
망우당 곽재우 남명학연구원 엮음, 440쪽, 33,000원
부사 성여신 남명학연구원 엮음, 352쪽, 28,000원
약포 정탁 남명학연구원 엮음, 320쪽, 28,000원
죽유 오운 남명학연구원 엮음, 368쪽, 35,000원
합천지역의 남명학파 남명학연구원 엮음, 400쪽, 38,000원

예문동양사상연구원총서

한국의 사상가 10人 —원효 예문동양사상연구원/고영섭 편저, 572쪽, 23,000원
한국의 사상가 10人 —지눌 예문동양사상연구원/이덕진 편저, 644쪽, 26,000원
한국의 사상가 10人 —퇴계 이황 예문동양사상연구원/윤사순 편저, 464쪽, 20,000원
한국의 사상가 10人 —율곡 이이 예문동양사상연구원/황의동 편저, 600쪽, 25,000원
한국의 사상가 10人 —하곡 정제두 예문동양사상연구원/김교빈 편저, 432쪽, 22,000원
한국의 사상가 10人 —다산 정약용 예문동양사상연구원/박홍식 편저, 572쪽, 29,000원
한국의 사상가 10人 —수운 최제우 예문동양사상연구원/오문환 편저, 464쪽, 23,000원

경북의 종가문화

사당을 세운 뜻은, 고령 점필재 김종직 종가 정경주 지음, 203쪽, 15,000원
지금도 「어부가」가 귓전에 들려오는 듯, 안동 농암 이현보 종가 김서령 지음, 225쪽, 17,000원
종가의 멋과 맛이 넘쳐 나는 곳, 봉화 충재 권벌 종가 한필원 지음, 193쪽, 15,000원
한 점 부끄럼 없는 삶을 살다, 경주 회재 이언적 종가 이수환 지음, 178쪽, 14,000원
영남의 큰집, 안동 퇴계 이황 종가 정우락 지음, 227쪽, 17,000원
마르지 않는 효제의 샘물, 상주 소재 노수신 종가 이종호 지음, 303쪽, 22,000원
의리와 충절의 400년, 안동 학봉 김성일 종가 이해영 지음, 199쪽, 15,000원
충효당 높은 마루, 안동 서애 류성룡 종가 이세동 지음, 210쪽, 16,000원
낙중 지역 강안학을 열다, 성주 한강 정구 종가 김학수 지음, 180쪽, 14,000원
모원당 회화나무, 구미 여헌 장현광 종가 이종문 지음, 195쪽, 15,000원
보물은 오직 청백뿐, 안동 보백당 김계행 종가 최은주 지음, 160쪽, 15,000원
은둔과 화순의 선비들, 영주 송설헌 장말손 종가 정순우 지음, 176쪽, 16,000원
치마 끝 소나무에 갈무리한 세월, 경주 송재 손소 종가 황위주 지음, 256쪽, 23,000원
양대 문형과 직신의 가문, 문경 허백정 홍귀달 종가 홍원식 지음, 184쪽, 17,000원
어질고도 청빈한 마음이 이어진 집, 예천 약포 정탁 종가 김낙진 지음, 208쪽, 19,000원
임란의병의 힘, 영천 호수 정세아 종가 우인수 지음, 192쪽, 17,000원
영남을 넘어, 상주 우복 정경세 종가 정우락 지음, 264쪽, 23,000원
선비의 삶, 영덕 갈암 이현일 종가 장윤수 지음, 224쪽, 20,000원
청빈과 지조로 지켜 온 300년 세월, 안동 대산 이상정 종가 김순석 지음, 192쪽, 18,000원
독서종자 높은 뜻, 성주 응와 이원조 종가 이세동 지음, 216쪽, 20,000원
오천칠군자의 향기 서린, 안동 후조당 김부필 종가 김용만 지음, 256쪽, 24,000원
마음이 머무는 자리, 성주 동강 김우옹 종가 정병호 지음, 184쪽, 18,000원
문무의 길, 영덕 청신재 박의장 종가 우인수 지음, 216쪽, 20,000원
형제애의 본보기, 상주 창석 이준 종가 서정화 지음, 176쪽, 17,000원
경주 남쪽의 대종가, 경주 잠와 최진립 종가 손숙경 지음, 208쪽, 20,000원
변화하는 시대정신의 구현, 의성 자암 이민환 종가 이시활 지음, 248쪽, 23,000원
무로 빚고 문으로 다듬은 충효와 예학의 명가, 김천 정양공 이숙기 종가 김학수 지음, 184쪽, 18,000원
청백정신과 팔련오계로 빛나는, 안동 허백당 김양진 종가 배영동 지음, 272쪽, 27,000원
학문과 충절이 어우러진, 영천 지산 조호익 종가 박학래 지음, 216쪽, 21,000원
영남 남인의 정치 중심 돌밭, 칠곡 귀암 이원정 종가 박인호 지음, 208쪽, 21,000원
거문고에 새긴 외금내고, 청도 탁영 김일손 종가 강정화 지음, 240쪽, 24,000원
대를 이은 문장과 절의, 울진 해월 황여일 종가 오용원 지음, 200쪽, 20,000원
처사의 삶, 안동 경당 장흥효 종가 장윤수 지음, 240쪽, 24,000원
대의와 지족의 표상, 영양 옥천 조덕린 종가 백순철 지음, 152쪽, 15,000원
군자불기의 임청각, 안동 고성이씨 종가 이종서 지음, 216쪽, 22,000원
소학세가, 현풍 한훤당 김굉필 종가 김훈식 지음, 216쪽, 22,000원
송백의 지조와 지란의 문향으로 일군 명가, 구미 구암 김취문 종가 김학수 지음, 216쪽, 22,000원
백과사전의 산실, 예천 초간 권문해 종가 권경열 지음, 216쪽, 22,000원
전통을 계승하고 세상을 비추다, 성주 완석정 이언영 종가 이영춘 지음, 208쪽, 22,000원
영남학의 맥을 잇다, 안동 정재 류치명 종가 오용원 지음, 224쪽, 22,000원
사천 가에 핀 충효 쌍절, 청송 불훤재 신현 종가 백운용 지음, 216쪽, 22,000원
옛 부림의 땅에서 천년을 이어오다, 군위 경재 홍로 종가 홍원식 지음, 200쪽, 20,000원
16세기 문향 의성을 일군, 의성 회당 신원록 종가 신해진 지음, 296쪽, 30,000원
도학의 길을 걷다, 안동 유일재 김언기 종가 김미영 지음, 216쪽, 22,000원
실천으로 꽃핀 실사구시의 가풍, 고령 죽유 오운 종가 박원재 지음, 208쪽, 21,000원
민족고전 「춘향전」의 원류, 봉화 계서 성이성 종가 설성경 지음, 176쪽, 18,000원

기타

다산 정약용의 편지글 이용형 지음, 312쪽, 20,000원
유교와 칸트 李明輝 지음, 김기주·이기훈 옮김, 288쪽, 20,000원
유가 전통과 과학 김영식 지음, 320쪽, 24,000원
조선수학사 —주자학적 전개와 그 종언 가와하라 히데키 지음, 안대옥 옮김, 536쪽, 48,000원
중국수학사 李儼·杜石然 지음, 안대옥 옮김, 384쪽, 38,000원